Sincronicidade

O caminho interior da liderança

Dados Internacionais de Catalogação na Publicação (CIP)
(Jeane Passos Santana - CRB 8ª/6189)

Jaworski, Joseph
Sincronicidade : o caminho interior da liderança = Synchronicity: the inner path of leadership / Joseph Jaworski; introdução de Peter Senge; tradução de Cristina d'Arce e Ricardo Arce. -- São Paulo : Editora Senac São Paulo, 2014.

Traduzido da 2ª edição americana revista e atualizada.
Título original: "Synchronicity: the inner path of leadership".
Bibliografia.
ISBN 978-85-396-0848-5

1. Autorrealização 2. Liderança 3. Sucesso 4. Aprendizagem organizacional I. Senge, Peter. II. Título.

14-291 CDD - 158.4
658.492
BISAC - BUS071000
BUS107000

Índices para catálogo sistemático:

Liderança : Administração 658.492
Liderança : Psicologia aplicada : Sucesso 158.4

Joseph Jaworski

Sincronicidade

O caminho interior da liderança

Synchronicity: the Inner Path of Leadership

Introdução por Peter Senge

Tradução de Cristina d'Arce e Ricardo Arce

Editora Senac São Paulo – São Paulo – 2014

Gerente/Publisher: Luís Américo Tousi Botelho
Coordenação Editorial: Verônica Pirani de Oliveira
Prospecção: Andreza Fernandes dos Passos de Paula,
Dolores Crisci Manzano, Paloma Marques Santos
Administrativo: Marina P. Alves
Comercial: Aldair Novais Pereira
Comunicação e Eventos: Tania Mayumi Doyama Natal

Edição de Texto: Rafael Barcellos Machado
Preparação de Texto: Jandira Queiroz
Revisão Técnica: Cristina d'Arce
Coordenação de Revisão de Texto: Marcelo Nardeli
Revisão de Texto: Gabriela Lopes Adami, Karinna A. C. Taddeo,
Mariana B. Garcia, Bianca Rocha e Janaina Lira
Coordenação de Arte: Antonio Carlos De Angelis
Capa, Projeto Gráfico e Editoração Eletrônica: Sandra Regina Santana
Foto da Capa: Monument Valley, Estados Unidos. YinYang © iStockphoto
Impressão e Acabamento: Gráfica CS

Título original: *Synchronicity: the Inner Path of Leadership*

Editora Senac São Paulo
Av. Engenheiro Eusébio Stevaux, 823 – Prédio Editora
Jurubatuba – CEP 04696-000 – São Paulo – SP
Tel. (11) 2187-4450
editora@sp.senac.br
https://www.editorasenacsp.com.br

Sumário

PARTE II – ATRAVESSANDO O LIMIAR

PARTE III – A JORNADA DO HERÓI

PARTE IV – A DÁDIVA

PARTE V – A JORNADA CONTINUA

Nota à edição brasileira

Sincronicidade é uma palavra que nos faz pensar em sincronia e em coincidência. De fato, foi usada por Jung para descrever eventos coincidentes, ligados não pelo acaso, mas por uma força maior, cheia de significado. É uma palavra que descreve bem aqueles encontros imprevistos com pessoas que farão a diferença na nossa vida, ou os momentos em que uma oportunidade única surge inesperadamente diante de nós. Neste livro, Joseph Jaworski fala justamente a respeito dessas situações e da "força maior" que as rege, mostrando como elas podem nos guiar a um nível mais elevado de liderança, seja qual for a nossa área de atuação.

Tomando como guia a teoria da totalidade, proposta pelo físico David Bohm, Jaworski analisa algumas de suas experiências pessoais para chegar à conclusão de que tudo no universo está interligado. Dos átomos às galáxias, existe uma ordem que entrelaça todas as coisas, a qual podemos vislumbrar ao olhar para dentro de nós mesmos. Quando fazemos isso, entramos em sintonia com essa ordem, conseguimos perceber qual é o propósito de estarmos aqui e agora, e enxergamos o que a própria vida quer que se realize por nosso intermédio. Em outras palavras, descobrimos o propósito pessoal de nossa existência.

Ao aceitarmos essa visão interior e nos entregarmos a ela, os momentos de sincronicidade se tornam mais frequentes e evidentes, pois somos guiados como que por uma mão invisível no cumprimento do propósito de nossa vida. Assim, nosso potencial de liderar se expande exponencialmente e nossa existência se torna plena de significado.

Uma valiosa contribuição do Senac São Paulo para o desenvolvimento de líderes que trilham o caminho interior da liderança.

A meu pai, que liderou pelo exemplo.

Agradecimentos

Este livro acompanha a jornada que tenho vivido há quatro décadas. Ao longo do percurso, encontrei pessoas notáveis, que trouxeram novas e importantes dimensões para a minha vida e para a maneira como a compreendo. Ainda que nem todas sejam mencionadas neste livro, expresso minha mais sincera e profunda gratidão a cada uma delas, e em especial:

- Aos meus sócios na Bracewell & Giuliani, que continuaram a desenvolver o escritório com integridade e excelência. Nossos laços de amizade, forjados durante os anos iniciais em que estabelecemos o escritório, permanecem até hoje.
- Aos curadores nacionais do Fórum Americano de Liderança (American Leadership Forum – ALF) e aos fundadores e diretores executivos das sedes locais, que ao longo dos anos devotaram seu comprometimento, energia e recursos a essa empreitada. Gostaria de citar em especial Dennis Mullane e Harry F. Merrow, respectivamente presidente e diretor executivo da primeira seção independente do Fórum. Eles tiveram a coragem e a visão para aderir desde o início e atuaram como meus mentores e guias durante todo o meu mandato no Fórum.
- Ao pessoal do escritório nacional do ALF e do Executive Ventures Group, com quem tive o privilégio de trabalhar.
- A todos os companheiros de trabalho no ALF, cujo crescimento e desenvolvimento orientaram e iluminaram o meu próprio.

- A Peter Senge e Betty Sue Flowers, meus colaboradores neste livro. Sem sua profunda dedicação e cuidado, esta obra jamais teria sido finalizada.
- A Charles e Beth Miller, que sempre me encorajaram e generosamente me deram a oportunidade de escrever em sua inspiradora residência em Santa Fé, no Novo México.
- A Mavis Jaworski e aos meus filhos, Joe S., Leon e Shannon, pelo carinho, interesse, compreensão e apoio moral demonstrados ao longo dos anos em que trabalhei no manuscrito.
- Às minhas secretárias durante a primeira edição, Mary Dabney, Sheila Sutton e Cinde Hastings, por seu valioso apoio.
- À minha secretária, Deborah A. Moore, por sua dedicação e seu precioso apoio durante a segunda edição.
- Por fim, a Kazimierz Gozdz e Susan M. Taylor, meus parceiros na Generon International, por seus sábios conselhos durante a redação da segunda edição.

Prefácio à segunda edição

Desde a publicação da primeira edição de *Sincronicidade*, tenho buscado compreender os princípios fundamentais do fenômeno que descrevi naquela ocasião – a capacidade que todos temos de sentir e compreender futuros emergentes e de moldar o futuro, em vez de simplesmente reagir às forças em geral. Qual é a *fonte* da nossa capacidade de acessar a sabedoria de que necessitamos para agir em determinado momento? E como podemos aprender a habilitar essa capacidade, tanto individual quanto coletivamente?

As respostas para essas questões foram-me lentamente reveladas ao longo de um período de quinze anos. Por sentir que agora é o momento adequado para tornar público tudo o que aprendi, adicionei a esta segunda edição um importante material, que inclui quatro princípios que estão no cerne da nossa participação no desdobramento do universo.

Nessa busca, refleti seriamente sobre a visão científico-materialista do mundo ocidental – o sistema subjacente de crenças que tem prevalecido no Ocidente por mais de duzentos anos. Acredito que esse sistema não seja mais adequado para as questões com as quais nossa sociedade se depara; que, neste momento, uma mudança histórica está ocorrendo; que uma visão de mundo mais abrangente está surgindo; e que as instituições podem liderar a viabilização dessa visão emergente de mundo.

Na época em que escrevi a primeira edição do livro, as instituições mais admiráveis eram lideradas pelo que Robert Greenleaf chamava de "líderes servidores". Scott Peck os chamava de líderes "estágio III". Agora, acredito que uma geração mais avançada de instituições deva ser liderada pelo que chamo de líderes "estágio IV": aqueles que incorporaram as características e os valores dos líderes servidores, mas alcançaram um nível de desenvolvimento mais abrangente e sutil. Eles apresentam capacidades extraordinárias de rendimento e desempenho. No cerne desse tipo de desempenho está a capacidade para acessar o saber tácito, que pode ser usado para o pensamento gerador de descobertas revolucionárias, para a formação de estratégias e para a inovação, incluindo a visualização e a criação do tipo de instituição ou sociedade que desejamos.

Os líderes estágio IV acreditam que exista uma inteligência subjacente inerente ao universo, capaz de nos guiar e nos preparar para os futuros que precisamos criar. Eles combinam seu entendimento cognitivo do mundo que os cerca com um forte senso pessoal de possibilidade – a possibilidade de efetivar os potenciais dormentes e escondidos no universo, uma visão que traz consigo o poder de transformar o mundo tal como o conhecemos.

Instituições guiadas por esse tipo de liderança, desde os líderes de linha até os do mais alto escalão, irão florescer nas décadas que estão por vir. Por causa do seu sucesso, essas instituições se tornarão exemplos vivos do que se é possível alcançar diante da acelerada complexidade e de grandes turbulências. Atuando com base nessa nova visão de mundo, esses exemplos vivos podem exercer um papel de grande importância na mudança do sistema predominante de crenças.

Espero que esta segunda edição sirva de auxílio em sua trajetória em direção a estágios mais elevados de crescimento e desenvolvimento – e que também possa servir à liderança de sua instituição e da sociedade como um todo.

Joseph Jaworski
Stowe, Vermont
Novembro de 2010

Prefácio à primeira edição

Todos já vivemos aqueles momentos perfeitos, quando as coisas se encaixam de forma quase inacreditável, quando eventos que não poderiam ter sido previstos, muito menos controlados, parecem guiar, de forma extraordinária, o nosso caminhar. Na busca por uma palavra que expressasse o que acontece nessas ocasiões, "sincronicidade" foi a que mais se aproximou. Em seu clássico *Synchronicity: an Acausal Connecting Principle*, Jung define sincronicidade como "uma coincidência significativa de dois ou mais eventos, que envolve algo mais que a probabilidade do acaso" (Jung, 1960, p. 520). No belo fluir desses momentos, temos a impressão de ser auxiliados por mãos invisíveis. Tenho vivido essas experiências, aparentes frutos do acaso, com certa frequência, tanto nos negócios quanto em minha vida pessoal, e sempre fico muito intrigado, perguntando-me como ocorreram. Ao longo dos anos, minha curiosidade aumentou, sobretudo em relação a como essas experiências acontecem *coletivamente*, num grupo ou numa equipe, e comecei a enxergá-las como o território mais sutil da liderança, que cria as condições para a realização de "milagres previsíveis".

Minha busca pela compreensão da sincronicidade nasceu de uma série de eventos que me levaram a um processo de transformação interior. Como resultado dessa transformação, decidi seguir um sonho que acalentei no coração por vários anos. Foi a decisão mais difícil que já tomei, mas, quando o fiz, atravessei um limiar. Daquele momento em diante, tudo o que me aconteceu foi cercado de qualidades enigmáticas. As coisas começaram a se encaixar quase sem esforço, e encontrei-me com pessoas notáveis que me dariam apoio crucial. Isso durou cerca de um ano. Depois, perdi o fluxo e quase destruí o sonho que havia trabalhado tão arduamente para estabelecer. Por fim, recuperei a capacidade de participar daquilo que mais tarde vim a entender como sendo uma ordem criativa em desdobramento.

Essas experiências me levaram a procurar pelo significado subjacente àqueles momentos extraordinários. Por que tantas portas se abriram para mim depois que cruzei o limiar? Por que perdi a capacidade de criar o futuro que havia vislumbrado? De que maneira a recuperei? Que princípios podem ser discernidos por meio dessas experiências? Se essa dinâmica é observada em indivíduos, será que poderia acontecer coletivamente em organizações e até sociedades? Que características de liderança poderiam instigar a ocorrência dessa dinâmica?

Sou o primeiro a admitir que a tentativa de responder a essas perguntas ultrapassa as fronteiras do conhecimento humano, e tudo o que for dito aqui é apenas o princípio. No entanto, essa é a história da minha jornada pessoal em busca das respostas para essas perguntas e da minha transformação interior ao longo do percurso. Convido você a empreender essa jornada comigo. Durante o processo, você vai conhecer algumas das pessoas que lideram o renascimento que ocorre agora em muitas disciplinas: na filosofia, na física, na neurobiologia, na teoria da liderança e na aprendizagem organizacional. Essas pessoas estão rompendo as fronteiras entre as diferentes disciplinas e ampliando seus limites – o que, para mim, aponta para a convergência de todas elas e conduz a uma compreensão mais profunda sobre como os seres humanos, tanto individual quanto coletivamente, podem desenvolver a capacidade de enxergar aquilo que quer vir à tona neste mundo e, dessa forma, ter a oportunidade de moldar o futuro, em vez de simplesmente reagir às forças em geral.

Este livro está organizado em cinco partes; quatro delas refletem a jornada descrita por Joseph Campbell em *O herói de mil faces*. Campbell apresenta uma imagem composta da busca heroica, que representa um arquétipo do processo de mudança pelo qual os seres humanos (e, como eu sugiro, também as organizações) podem passar. Embora esta seja a minha trajetória pessoal, não pretendo transformá-la em uma autobiografia. Ao contrário, a intenção é aproximá-la da história de todos; por isso só faço referência aos meus familiares – que tiveram um papel muito importante na minha caminhada – quando necessário à narrativa. Como Campbell ressaltou, a jornada do herói é a jornada de qualquer um que escolha buscar seu verdadeiro destino. Ela reflete as etapas inevitáveis com as quais nos deparamos ao descobrir como criar o futuro. Nossa linguagem quase não consegue descrever a mudança fundamental de mentalidade que nos permite participar dessa ordem criativa emergente. No entanto, contar uma história parece ser a forma mais poderosa (de fato, a única forma que conheço) de começar.

Minha intenção foi escrever este livro como forma de materializar a própria jornada; portanto, os primeiros capítulos representam o nível de consciência que eu possuía naquele momento em particular. A melhor forma que conheço de trazer o leitor para dentro dessa jornada é ecoar o que eu de fato estava vivendo na época. Lutei contra essa abordagem, porque alguns dos acontecimentos nos primeiros capítulos não são muito enaltecedores. No entanto, todas as nossas experiências são parte essencial do nosso desenvolvimento, pois ajudam a moldar aquilo que somos, no processo de vir a ser. Nesse sentido, quando olho para trás, sou menos crítico em relação ao começo. Assim, encorajo você a fazer o mesmo ao refletir sobre a sua própria jornada.

A história começa com "Preparando-se para a jornada", a descrição de uma vida sem autenticidade e do chamado para a aventura, que chega de variadas formas, tanto sutis quanto explícitas. É o chamado para nos tornarmos aquilo que somos destinados a ser, o chamado para realizar nosso desígnio vital. A segunda parte, "Atravessando o limiar", aborda o momento da decisão, quando dizemos "sim" para o chamado da aventura. Se verdadeiramente estivermos comprometidos em seguir nosso sonho, descobriremos que existe uma força poderosa, maior que nós e nossa vontade consciente, uma força que nos ajuda ao longo do caminho, nutrindo nossa busca e nossa transformação. A terceira parte fala sobre "A jornada do herói", a inevitável provação suprema que testa nosso comprometimento com a direção escolhida e nos oferece a oportunidade de aprender com os nossos erros. A quarta parte, "A dádiva", narra a história da busca alcançada e conta o que ela trouxe, tanto para os indivíduos quanto para a sociedade em geral. Nela descrevo o processo de transformação durante a jornada.

O texto de introdução escrito por Peter Senge foi elaborado como uma espécie de mapa para o leitor. Senge é autor de *A quinta disciplina*, livro pioneiro que causou grande interesse mundial por organizações que aprendem. Nos últimos quinze anos, Senge e seus colegas do Instituto de Tecnologia de Massachusetts (MIT) vêm trabalhando para compreender como as organizações podem trilhar o caminho do aprendizado. Eles acreditam que a essência de uma organização que aprende envolve não apenas o desenvolvimento de novas capacidades, mas também mudanças fundamentais de mentalidade, tanto individual quanto coletivamente – as mesmas mudanças abordadas neste livro. Nada de substancial acontece, afirmam eles, sem esse tipo de transformação. Em razão desse interesse por transformações e em como podemos conduzi-las com mais eficácia, pareceu apropriado pedir a Peter que escrevesse a "Introdução". Mas também tive um motivo pessoal para pedir isso a ele. Como Peter explica, ele se envolveu profundamente me ajudando a escrever o livro e esteve ao meu lado durante quase toda a minha jornada em direção à totalidade que descrevo nestas páginas.

Só me resta falar sobre minhas ressalvas quanto a escrever e publicar este livro. Como eu poderia começar a ensinar os outros sobre a jornada de transformação pessoal, quando frequentemente me deparo com minhas próprias imperfeições? Senti-me reconfortado ao ler o livro *Reaching Out*, de Henri. J. M. Nouwen, que disse ter hesitado por muito tempo em escrevê-lo, mas revelou ter encontrado consolo e incentivo nas palavras do asceta do século VII, São João Clímaco:[1]

[1] São João Clímaco, ou João da Escada, foi um monge cristão que viveu no século VII d.C. Seu nome faz referência à sua obra mais famosa, *A escada da ascensão divina*, que descreve a elevação do corpo e da alma a Deus por meio do desenvolvimento das virtudes ascéticas, numa analogia à escada de Jacó. (N. E.)

> Se alguns ainda são dominados por seus antigos maus hábitos, mas mesmo assim ensinam meramente por palavras, deixe que ensinem... Pois talvez, ao serem envergonhados por suas próprias palavras, comecem finalmente a praticar o que ensinam (Clímaco *apud* Nouwen, 1975, p. 9).

Espero que este livro ajude em sua transformação pessoal, e que você alcance uma compreensão ainda mais profunda do que aquela revelada aqui a respeito de como esses milagres previsíveis podem acontecer na sua vida, na liderança da sua organização e na sociedade como um todo.

Joseph Jaworski
Hamilton, Massachusetts
Fevereiro de 1996

Introdução

Contando uma história

Por muito tempo, afirmei que, apesar de existirem muitos livros sobre liderança, havia apenas um que os estudantes sérios precisavam ler – *Servant Leadership*, de Robert K. Greenleaf. A maioria dos livros atuais sobre o assunto trata das coisas que os líderes fazem e de como agem, do porquê de o mundo dificultar sua vida, e do que as organizações precisam fazer para melhor desenvolverem seus líderes. Esses livros estão repletos de conselhos aparentemente práticos sobre o que os indivíduos e as organizações devem fazer de diferente. No entanto, poucos aprofundam a compreensão acerca da verdadeira natureza da liderança. Em contrapartida, Greenleaf nos convida a levar em consideração um domínio da liderança fundamentado em um estado de ser, não de fazer. Ele afirma que a primeira e mais importante decisão que um líder deve tomar é a decisão de servir, sem a qual sua capacidade de liderar fica profundamente limitada. Essa escolha não é uma ação no sentido convencional – não diz respeito a algo que você faz, mas corresponde a uma expressão do seu ser.

Sincronicidade também é um livro indispensável para todos aqueles que levam liderança a sério. Ele se fundamenta diretamente no pensamento de Greenleaf, mas vai além, em especial ao elucidar a natureza da escolha de liderar e da profunda compreensão ou visão de mundo a partir da qual essa decisão pode emergir.

Para Greenleaf, ser um líder tem a ver com a relação entre o líder e os liderados. *Somente* quando a escolha de servir alicerça a formação moral do líder, o poder hierárquico que o separa dos liderados não é corrompido. Hierarquias não são inerentemente ruins, apesar de não serem bem-vistas hoje em dia. De acordo com Greenleaf, a hierarquia não seria passível de corrupção se os líderes escolhessem servir àqueles que lideram – se enxergassem o verdadeiro servir como o seu trabalho e a razão fundamental de sua existência. Devemos muito a Greenleaf por esse conceito. Suas ideias também ajudam a explicar o "vazio de liderança" na maior parte das instituições contemporâneas, guiadas por pessoas que chegaram a posições de autoridade simplesmente por terem habilidades técnicas, decisórias ou políticas, ou pelo desejo de riqueza e poder.

Joe Jaworski leva as ideias de Greenleaf para mais longe. Ele sugere que a escolha fundamental que possibilita a verdadeira liderança em todas as situações (inclusive a liderança hierárquica, mas não se limitando apenas a ela) é *a escolha de servir à vida*. Sua proposta é a de que, num sentido mais profundo, minha capacidade como líder provém da minha escolha de permitir que a vida se desdobre por meu intermédio. Essa escolha resulta num tipo raro de liderança, que associamos exclusivamente a indivíduos extraordinários, como Gandhi ou Martin Luther King. Na verdade, essa esfera da liderança está disponível para todos nós, e pode ser crucial para o nosso futuro.

Acredito que essa ampliação das ideias originais de Greenleaf seja muito relevante atualmente, por dois motivos. Em primeiro lugar, o livro de Joe leva a conversa para além das hierarquias formais baseadas no poder, entre "líderes" e "liderados". As hierarquias estão se enfraquecendo cada vez mais, e todos os tipos de instituições, desde empresas multinacionais a sistemas escolares, trabalham por meio de redes informais e grupos autogeridos que se formam, operam, se dissolvem e voltam a se formar. Não basta escolher servir aqueles a quem você lidera formalmente, pois talvez você não tenha subordinados formais nas novas estruturas organizacionais. Em segundo lugar, o livro de Joe redireciona nossa atenção para a maneira como moldamos coletivamente o nosso destino.

No Ocidente, temos a tendência de pensar em liderança como uma qualidade que existe em certas pessoas. Essa forma habitual de pensar esconde várias armadilhas. Procuramos por indivíduos especiais, com potencial para liderança, em vez de desenvolvermos o potencial de liderança em todos. Somos facilmente distraídos pelas coisas que esse ou aquele líder faz, por relatos melodramáticos de pessoas tentando manter seu poder ou conquistá-lo. Quando as coisas não vão muito bem, culpamos líderes incompetentes e nos esquivamos de qualquer responsabilidade pessoal pela situação. Quando as coisas se tornam desesperadoras, confortavelmente nos colocamos à espera de um grande líder que possa nos salvar. No meio disso tudo, nos esquecemos completamente da pergunta fundamental: "O que nós, coletivamente, somos capazes de criar?".

Por causa da nossa obsessão pelo comportamento dos líderes e pelo modo como interagem com seus liderados, esquecemos que, na essência, liderar é aprender a moldar o futuro. A liderança existe quando as pessoas não são mais vítimas das circunstâncias, mas participam da criação de novas circunstâncias. Quando as pessoas operam nesse domínio da liderança generativa dia após dia, chegam a uma compreensão profunda sobre "como o universo de fato funciona", como diria Joe. Esse é o verdadeiro dom da liderança. Não tem a ver com o poder de uma posição; não tem a ver com realizações; em última análise, não tem nem mesmo a ver com o que fazemos. Liderar tem a ver com a criação de uma esfera na qual os seres humanos aprofundam continuamente sua compreensão da realidade e se tornam cada vez mais capazes de participar do desdobramento do mundo. Em última instância, liderar é criar novas realidades.

Explorar essa visão de liderança em um livro é quase uma contradição. Como esse território não pode ser compreendido conceitualmente em sua inteireza, qualquer tentativa de assimilá-lo e explicá-lo intelectualmente é, na melhor das hipóteses, apenas um mapa. E o mapa não é o território. Para compreender o território, precisamos conquistar uma compreensão que não vem de graça, mas que adquirimos com nossa experiência de vida. Acho que é mais ou menos isso o que os budistas querem dizer quando afirmam que a "vida é sofrimento". Precisamos sofrer ao longo da vida, não no sentido de padecê-la, mas no sentido de experimentá-la.

Uma forma de "experimentar" esse território sutil da liderança é por meio de uma história. Quando Greenleaf escreveu *Servant Leadership*, ele se "embrenhou" no livro de Hermann Hesse, *Viagem ao Oriente*, a autobiografia da jornada de um homem à procura da iluminação. Ao longo do caminho, Leo, o fiel servo do narrador, o ajuda a enfrentar muitas provações. Anos depois, quando o narrador encontra a sociedade esotérica que procurava, descobre que Leo é o líder dela – portanto, o servo é o líder, e a liderança é exercida pelo servir.

Neste livro, Joe também se embrenha em uma história: a sua própria. O resultado é um livro incomum – raro entre as obras sobre liderança e negócios –, um relato reflexivo e pessoal sobre a jornada de um indivíduo. Isso pode trazer algumas dificuldades para leitores acostumados aos livros de "especialistas" em liderança, que dão conselhos e propõem teorias. No entanto, a compreensão que Joe tem sobre a liderança e o processo pelo qual chegou a ela são inseparáveis. Sua vida tem sido o seu veículo de aprendizado, e seu aprendizado concentra-se em como os líderes devem servir à vida.

Além disso, esta não é apenas a história de Joe, pois está entrelaçada com eventos históricos dos quais muitos de nós participamos. Essa história começa quando seu pai, Leon Jaworski, foi designado como promotor especial no caso Watergate. Durante a investigação, o Coronel Jaworski ficou profundamente perturbado com as numerosas evidências que implicavam Nixon e seus auxiliares mais próximos na conspiração. A única pessoa com quem ele sentia poder conversar, sem medo de comprometer a investigação, era seu filho Joe, também advogado. Pai e filho faziam um ao outro as mesmas indagações que a nação norte-americana logo faria: Como isso pôde acontecer? Como pudemos chegar a esse ponto – nossos mais altos e confiáveis representantes agindo como reles criminosos?

Posteriormente, a convivência com essas questões levou Joe a uma série de projetos notáveis. Após vários anos resistindo a seu chamado, ele resolveu deixar o prestigioso escritório internacional de advocacia que havia ajudado a estabelecer e adentrou um território completamente desconhecido – o da liderança pública – criando o Fórum Americano de Liderança (American Leadership Forum – ALF).

A visão do Fórum era estabelecer uma rede norte-americana de profissionais talentosos e diversificados, comprometidos em fomentar uma nova geração de lideranças públicas. Atualmente, os programas do Fórum acontecem em várias comunidades e regiões dos Estados Unidos, com excelentes resultados. Depois de quase dez anos, Joe deixou o cargo de presidente do Fórum para aceitar a posição de líder da equipe de planejamento de cenários do Grupo Royal Dutch Shell. Nesse encargo, ele ajudou a dar forma ao que muitos consideram ser o melhor processo de planejamento dentre todas as grandes companhias.

Para mim, a história de Joe representa a jornada de um indivíduo em favor de todos aqueles que lutam em prol das profundas mudanças na liderança pública e institucional necessárias no século XXI. Nossa longa experiência com hierarquias encobre e dificulta o pensamento fora desse modelo de liderança. Infelizmente, hoje em dia ainda existem abusos de autoridade hierárquica, como no caso de Watergate, o que desperta grande preocupação a respeito da nossa capacidade coletiva de liderar a nós mesmos. A saga do Fórum Americano de Liderança mostra o que um pequeno grupo de pessoas comprometidas pode fazer para influenciar positivamente a liderança pública.

Para mim, é particularmente interessante a justaposição das experiências do Fórum e da Shell. Os anos em que Joe trabalhou na Shell fornecem um singular ponto de vista interno sobre o funcionamento do processo de planejamento daquela empresa, incluindo as primeiras apresentações públicas de dois cenários globais de longo prazo, que atualmente norteiam o pensamento dos gestores da Shell no mundo inteiro. Grandes empresas multinacionais como a Shell representam uma nova forma de sistema social, com imenso poder de influenciar o futuro, para o bem ou para o mal. Hoje, a corporação global transcende as fronteiras nacionais e provoca um impacto no mundo que supera o dos governos. Neste livro, temos um vislumbre de como esse poder seria capaz de influenciar positivamente o futuro. Em especial, percebemos como o processo de criar cenários pode fomentar novas formas de pensar sobre o futuro e influenciá-lo, tanto interna quanto externamente à própria empresa.

Encontros com pessoas notáveis

Meu contato com este livro também começa com uma história. Era o outono de 1992, e eu estava em Londres, voltando para casa depois de uma viagem pela Europa. Fazia uns cinco anos que eu não via Joe, então marcamos um café da manhã. Nesse ínterim, ele havia deixado o Fórum, onde eu o havia auxiliado no período inicial, de 1980 a 1983, e já trabalhava para a Shell havia dois anos. Por coincidência, eu conhecia dois antecessores dele no mesmo cargo: Pierre Wack e Peter Schwartz. Conhecia também Arie de Geus, ex-chefe de planejamento geral da Shell, e sabia um pouco sobre a natureza extraordinária do trabalho atual de Joe. Por isso estava ansioso para ver meu velho amigo e ficar sabendo mais sobre as suas atividades.

À medida que ele me contava o fascinante trabalho de desenvolver os novos cenários globais da Shell, fui ficando cada vez mais interessado. Então ele me falou sobre o livro que estava escrevendo. Em muitos aspectos, Joe é uma pessoa tímida; portanto, escrever um livro sobre sua vida não seria uma tarefa fácil. Ainda assim, ele sentia que sua história continha lições importantes que só podiam ser partilhadas por intermédio de um livro. De um lado, havia as incríveis histórias do Fórum e agora as da Shell. De outro, no entanto, por trás dos detalhes superficiais dessas atividades, estavam as profundas mudanças pessoais pelas quais Joe havia passado, guiadas por uma série de encontros com pessoas notáveis, como John Gardner, Harlan Cleveland e alguns dos cientistas mais importantes de nossa época. Fiquei atordoado quando Joe me contou sobre o encontro com o físico David Bohm em 1980, sobre o qual ele nunca havia comentado antes. Com o passar do tempo, Joe percebeu que aquele encontro havia sido um marco, que aquela conversa com Bohm havia plantado sementes em seu âmago, que levaram anos para germinar e agora o levavam a uma visão radicalmente nova sobre como os seres humanos podem moldar seu destino. Quando terminamos a refeição, eu disse a Joe que faria tudo para ajudá-lo a finalizar o livro.

Eu também havia tido um encontro marcante com David Bohm. Era o ano de 1989, e eu estava terminando de escrever *A quinta disciplina*. David foi ministrar um rápido seminário no Instituto de Tecnologia de Massachusetts (MIT) para interessados em seu trabalho sobre diálogo. Naquela época, eu buscava desesperadamente uma compreensão teórica mais profunda de um fenômeno particular que havia observado em grupos, o qual acreditava ser essencial para melhor compreender a disciplina do aprendizado em equipe. Meus colegas e eu vínhamos usando o termo "alinhamento" para descrever o que acontece quando pessoas em um grupo começam a operar como um todo. Para dar uma ideia do que era alinhamento, usávamos como exemplo os conjuntos bem entrosados de *jazz* e os times campeões de basquete. Contudo, em um nível mais profundo, eu sabia que não conseguia nem começar a explicar de onde vinha esse misterioso "funcionamento como um todo".

Também sabia que aquilo que eu procurava não estava disponível nas principais teorias modernas de administração de equipes. Muitas dessas teorias são essencialmente individualistas em sua natureza, pois se baseiam na psicologia individual ou na psicologia de grupos. Em meu âmago, sentia que o fenômeno do alinhamento não era de maneira nenhuma individual, mas, sim, fundamentalmente coletivo. Não conhecia teoria alguma que sequer começasse a explicar o funcionamento dos aparentemente misteriosos estados de "entrar no clima" ou de "sentir o ritmo" (como alguns músicos costumam descrever). Teorias baseadas no raciocínio individual, nas interações interpessoais ou nos padrões de comportamento em grupo não pareciam adequadas.

Durante o seminário, enquanto Bohm descrevia seu trabalho com o diálogo, eu pensava: "Pelo menos agora sei que não estou louco". Bohm falou sobre o fenômeno do pensamento e de como nossos padrões de pensamento podem nos aprisionar. "O pensamento cria o mundo e depois diz: 'Não fui eu'", afirmou ele. Falou a respeito de uma "ordem generativa", na qual, dependendo do nosso estado de consciência, "participamos do desdobrar da realidade". A teoria de Bohm foi além da interdependência, chegando à totalidade.

Interdependência é algo observável. Por exemplo, podemos observar que uma mãe e seu filho são interdependentes de inúmeras maneiras. Essa interdependência é como uma janela para um domínio mais profundo da totalidade. A interdependência existe naquilo que Bohm chama de nível "explicado", ou explícito. Entretanto, a totalidade existe no "implicado", que é o nível implícito, não manifestado ou "pré-manifestado". Quando estamos envolvidos em algo profundamente significativo e em sintonia uns com os outros, nós, seres humanos, podemos participar do "desdobramento" da totalidade implicada na ordem explícita ou explicada.

Aquela conversa de 1989 com David Bohm foi como uma semeadura para mim também. Eu sabia que havia captado apenas vagamente o que ele havia dito, mas partes daquela conversa ressoaram profundamente em mim. Outras partes pareciam estranhas, muito diferentes da maneira como eu havia sido treinado a pensar. Ao longo dos anos, ler e reler A *totalidade e a ordem implicada*, em que Bohm apresenta sua teoria básica, me ajudou muito. Contudo, naquela manhã em que Joe começou a falar sobre a sua conversa com Bohm, compreendi que estava diante de uma dádiva muito especial. Posteriormente, quando Joe me mostrou a transcrição da conversa (por algum motivo, ele teve a presença de espírito de gravá-la), fiquei impressionado com a simplicidade e a clareza com que Bohm explicou a Joe sua maneira de pensar. De muitas formas, parece que a natureza pessoal das perguntas feitas por Joe permitiu que David também falasse num tom pessoal. Tendo estudado o trabalho de Bohm, posso dizer que existem sutilezas no seu pensamento que só comecei a compreender por meio da conversa de Joe com ele. Compreendi que, de certo modo, Joe e a história que ele estava e está vivendo tinham o potencial de levar as ideias seminais de David para um público muito maior do que o que ele alcançaria com seus livros.

Talvez David e os outros importantes pensadores com os quais Joe se encontrou também pressentissem isso de alguma maneira. Se não fosse assim, seria difícil explicar como esses encontros aconteceram. Quando Joe o encontrou, em 1980, Bohm já era um físico famoso. Einstein certa vez disse que Bohm havia sido a única pessoa a lhe tornar compreensível a teoria quântica. No início da década de 1950, Bohm já havia escrito o mais importante livro sobre a teoria quântica. Por que esse homem, que era reservado e zeloso de sua privacidade, avisado com apenas um dia de antecedência, concordaria em passar a tarde seguinte com um desconhecido advogado norte-americano que simplesmente lhe havia telefonado?

Talvez parte da resposta resida nas qualidades pessoais de Joe, que de alguma maneira fazem com que as pessoas se abram para ele. De todas as pessoas que conheço, Joe é uma das poucas que não finge compreender as coisas. Ele sempre diz: "Sabe, acho que eu não estou entendendo isso direito" ou "Acho que ainda não entendi a relevância disso". Considerando todas suas realizações, mais a fama que herdou do pai, é realmente incrível que ele tenha preservado essa qualidade, própria da infância, de ser capaz de indagar. Nunca encontrei ninguém tão bom nisso quanto Joe. Talvez esse seja um dos motivos pelos quais as pessoas que o cercam sejam tão abertas com ele.

Outra razão, menos óbvia, é que pessoas como Bohm provavelmente pressentiram a importância de conversar com Joe, de passar um tempo com ele. Existe um senso de destino que acompanha Joe. É um fenômeno delicado de se descrever, já que muitas pessoas têm metas ambiciosas ou um sentimento de superioridade. Joe não possui absolutamente nada disso. O senso de destino que experimentei perto dele está, na verdade, *ao seu redor*, não *nele*. Não está em sua personalidade. Se Joe diz que algo é importante, é porque essa é a realidade que ele está enxergando, e não porque está expressando sua opinião. Ele interfere muito pouco no que acontece à sua volta.

Aprendi a apreciar um dom dos artistas, que é a capacidade de enxergar o mundo como realmente é. A visão que um pintor ou escultor tem daquilo que pretende criar é primordial, mas pouco útil se ele não consegue observar com precisão o estado atual de sua criação. Em geral, não somos muito bons em perceber a realidade como ela é. A maior parte do que "vemos" é moldada por nossas impressões, nossa história, nossa bagagem, nossos preconceitos. Não conseguimos enxergar as pessoas como realmente são, porque nos ocupamos em reagir internamente ao que elas evocam em nós e, por isso, raramente nos relacionamos com a realidade. Acabamos nos relacionando, principalmente, com nossas próprias lembranças, estimuladas e evocadas pelos fatores externos que acontecem diante de nós.

De alguma forma, Joe tem um relacionamento mais direto com as coisas do que a maioria de nós, e acredito que seja isso o que as pessoas sensíveis percebem nele. Não é apenas o fato de ele ser um bom ouvinte, ou de fazer boas perguntas, ou de ter uma avidez pueril por aprender. Acredito que pessoas como David Bohm sintam que sua história será realmente *ouvida* se contada ao Joe. Uma espécie de fidelidade emerge desse processo. Joe conta sua história, mas nós a experimentamos como se olhássemos através de uma janela, muito mais do que como se assistíssemos a um filme. Não apenas escutamos suas memórias; através delas, olhamos para algo que de fato estava lá. E, quando percebemos o que é verdadeiro, algo novo pode emergir. Acho que é por isso que pessoas como David Bohm e o biólogo Francisco Varela, que compreenderam o que significa agir com precisão no momento exato, sentem que precisam passar um tempo com Joe.

Partilho essas impressões sobre Joe não para o elogiar, mas, assim espero, para ajudar o leitor a entender em um nível mais pessoal do que realmente trata esta história. Se pudéssemos ao menos enxergar a realidade como ela é, aquilo que temos de fazer se tornaria óbvio. Não agiríamos mais com base em nossa própria história, ou em nossas necessidades, ou em nossas interpretações puramente reativas. Veríamos o que é necessário no momento exato. Faríamos exatamente o que se demanda de nós, aqui e agora. Era precisamente a isso que David Bohm se referia quando falava em viver a vida "participando do desdobramento". Você não consegue fazer isso, a menos que consiga ver o que realmente está diante de si. Nesse sentido, a história de Joe é uma bela demonstração da orientação pessoal necessária para o funcionamento de uma organização que aprende.

Intercalando eventos públicos históricos e descobertas intelectuais importantíssimas, a história de Joe naturalmente nos absorve. Todos nós procuramos compreender melhor esses tempos notáveis, em que há tantos motivos para o desespero quantos há para a esperança. Ainda que nossa liderança política e institucional esteja perdendo respeito e credibilidade, ainda que crises fermentem no âmago da sociedade, estamos adquirindo um melhor entendimento de como o universo funciona. Está ocorrendo uma mudança histórica na visão científico-materialista do mundo ocidental. Talvez as duas coisas estejam interligadas. Talvez grande parte das nossas instituições e lideranças esteja ancorada em uma forma cada vez mais obsoleta e contraproducente de se pensar o mundo. Talvez por isso todas estejam desmoronando.

A nova liderança deve ser alicerçada em compreensões fundamentalmente novas sobre como o mundo funciona. A visão mecânica newtoniana do século XVI a respeito do universo, que ainda orienta nosso pensamento, tornou-se gradativamente disfuncional nessa era de interdependência e mudanças. As guinadas críticas necessárias para garantir um mundo saudável para nossos filhos e netos não serão dadas se fizermos mais do mesmo. "O mundo que criamos é um produto da nossa forma de pensar", afirmou Einstein. Nada irá mudar no futuro se não houver maneiras fundamentalmente novas de se pensar. Esse é o verdadeiro trabalho da liderança. E este livro é um ótimo lugar para começá-lo.

Mudanças fundamentais de mentalidade

À medida que o livro ia sendo finalizado, a história implícita nas experiências de Joe começou a emergir com tanta coerência que parecia contar a si mesma. Em uma série de encontros com Joe e sua editora, Betty Sue Flowers, descobrimos que, quando algo não estava claro, bastava pedir a Joe que nos contasse o que realmente havia acontecido, e ele o faria. Depois de ouvi-lo, consentíamos e dizíamos: "Bem, escreva dessa forma". Assim, o processo todo se assemelhou a uma espécie de arqueologia pessoal, em que Betty e eu apenas guiávamos Joe ao partilhar suas experiências em primeira mão.

Então, comecei a perceber que precisávamos tomar certa distância da história e refletir de modo mais abrangente sobre a jornada como um todo. Em certo sentido, o grande propósito do livro era sugerir que podemos moldar nosso futuro de maneiras que nem imaginamos. O que torna a história de Joe tão atraente é o fato de oferecer uma compreensão inédita de como isso pode acontecer.

Certa tarde, perguntei a Joe: "Quais são os princípios orientadores, ou organizadores, com os quais este livro se preocupa?". Quase sem hesitar, ele descreveu algumas mudanças de mentalidade necessárias e suas consequências. Reconheceu que tudo aquilo era muito novo para ele e que essas ideias deveriam ser tratadas como compreensões preliminares, vislumbres iniciais de um vasto e inexplorado território. Apesar disso, acredito que são úteis, especialmente para os leitores que gostariam de ter um mapa conceitual da jornada antes de embarcar na história de Joe.

Em primeiro lugar, disse Joe, precisamos nos abrir para *mudanças fundamentais de mentalidade*. Nossos modelos mentais sobre o funcionamento do mundo estão arraigados muito mais profundamente do que imaginamos. É tolice pensar que o mundo vai mudar sem que alteremos nossos modelos mentais. Quando perguntei a Joe mais especificamente sobre quais seriam essas mudanças, ele disse que *era preciso deixar de ver o mundo como se fosse feito de coisas, para podermos ver que ele é aberto e, principalmente, feito de relacionamentos*. Um mundo onde tudo que está manifesto, tudo o que vemos, tocamos, sentimos, provamos e ouvimos, tudo aquilo que parece extremamente real para nós, na verdade não tem substância. Existe um nível mais profundo de realidade, além daquilo que conseguimos articular.

Ao compreender isso, começamos a ver que o futuro não é fixo, mas que *vivemos num mundo de possibilidades*. Ainda assim, quase todos nós carregamos um sentimento profundo de resignação. Resignamo-nos a acreditar que não conseguiremos ter influência alguma no mundo, pelo menos não em uma escala que faça a diferença. Portanto, focalizamos as escalas menores, onde acreditamos ter influência. Damos o melhor para nossos filhos, aprimoramos nossos relacionamentos, ou voltamos nossa atenção para a construção de uma carreira profissional. No entanto, lá no fundo, nos resignamos com a crença de que somos absolutamente impotentes no mundo mais amplo. E, claro, se todas as pessoas no mundo se sentem impotentes, temos um futuro predeterminado. Então, vivemos com esse sentimento de impotência e sem esperança, num estado de grande desespero. E esse desespero é, na verdade, produto de nosso modo de pensar, uma espécie de profecia autorrealizável.

Para a maior parte de nós, esse desespero é indiscutível, especialmente entre pessoas bem-sucedidas. Não ousamos falar sobre ele, porque desejamos manter a aparência de que nossa vida está sob controle. Assim, criamos muitas formas de nos distrair. Nossa própria cultura oferece uma abundância de distrações. Somos ensinados a nos preocupar apenas com nossa aparência. Exercitar-se, deixar o corpo em forma, vestir-se bem. A vida é feita de aparências. Também existem distrações na maneira como contamos a história do mundo – que é dominado pela política e por interesses pessoais, por exemplo. Todas essas distrações são formas de encobrir uma profunda sensação de desespero oriunda do sentimento de que somos impotentes em relação ao futuro.

Porém, quando passamos por uma mudança de mentalidade, começamos a compreender que nossa sensação de desespero vem de uma visão fundamentalmente ingênua do mundo. Na verdade, tudo ao nosso redor está em contínuo movimento. Na natureza, não há nada que permaneça estático. Quando olho para as folhas de uma árvore, estou vendo um fluxo de vida. Em alguns meses, aquelas folhas não estarão mais lá. Neste exato momento, elas estão mudando. Daqui a algum tempo, terão outra cor. Mais um pouco, e estarão repousando no solo. Em seguida, elas se tornarão parte do solo. Um pouco mais, e serão parte de outra árvore. Não existe absolutamente nada na natureza que permaneça estático.

Um dos grandes enigmas do nosso atual estado de consciência é este: como podemos viver num mundo onde absolutamente nada é fixo e, ainda assim, percebê-lo como um mundo de "fixidez"? Todavia, quando começamos a enxergar a realidade como ela é, percebemos que nada é permanente; portanto, como poderia o futuro ser fixo? Como poderíamos viver em um mundo que não fosse o mundo de contínuas possibilidades? Essa compreensão permite que nos sintamos vivos. Pessoas como David Bohm e o especialista em administração W. Edwards Deming possuíam esse sentimento de estarem vivos. E como o alcançaram? Talvez porque apenas uma pequena parte de sua consciência estivesse ocupada em manter a ilusão de fixidez, de modo que lhes sobrasse um pouco mais de vida. Pela nossa maneira de pensar, sufocamos a vida que há em nós mesmos. Mas quando começamos a enxergar o mundo como de fato é, paramos de sufocá-la.

Naquela tarde, durante nossa conversa, Joe disse: "Quando essa mudança fundamental de mentalidade é alcançada, nosso senso de identidade também se altera e começamos a aceitar uns aos outros como legítimos seres humanos". Só agora atingi um estágio da vida em que consigo começar a apreciar o que significa aceitar uns aos outros como legítimos seres humanos. Parte das amarras que mantêm nossa ilusão de fixidez envolve enxergar a nós mesmos e aos outros como fixos. Não vejo você: vejo lembranças, interpretações, sentimentos, dúvidas, desconfianças, coisas boas e ruins que você desperta em mim. É fascinante começar a aceitar uns aos outros como legítimos seres humanos.

Talvez esse seja o significado do amor. Quase todas as religiões do mundo, de uma forma ou de outra, reconhecem o poder do amor como a capacidade de enxergar uns aos outros como legítimos seres humanos.

"Então", disse Joe, "quando começamos a aceitar essa mudança fundamental de mentalidade, passamos a enxergar a nós mesmos como parte do desdobramento. Percebemos também ser impossível que nossa vida não tenha um significado". A única maneira de se experimentar uma vida desprovida de sentido é trabalhar incansavelmente para se convencer de que ela não tem significado. Num nível mais profundo de realidade, é impossível que minha vida não tenha um significado, porque tudo está continuamente se desdobrando, e estou conectado a esse desdobramento de maneiras que nem consigo imaginar. Não é necessário exercer força de vontade, nem possuir uma certa habilidade, nem adquirir um determinado aprendizado ou conhecimento para que a vida tenha sentido. Na verdade, é um direito de nascença. É o significado de estar vivo. Robert Frost disse que o lar é um lugar que não deveríamos ter de conquistar. Não precisamos conquistar esse tipo de significado em nossa vida. Ele já existe.

E Joe continuou: "Ao agirmos nesse estado distinto de ser e pensar, chegamos a uma compreensão muito diferente sobre o que significa estar comprometido". A noção tradicional de comprometimento nos diz que as coisas são feitas por meio do trabalho duro. Precisamos fazer sacrifícios. Se as coisas começam a ruir, trabalhamos com mais afinco e dizemos a nós mesmos que não somos bons o suficiente ou que não nos comprometemos como deveríamos. Assim, oscilamos entre dois estados de ser: um deles sendo uma forma de automanipulação, em que dizemos a nós mesmos que se não trabalharmos mais arduamente não conseguiremos realizar nada; o outro, sendo um estado de culpa, no qual dizemos a nós mesmos que não somos bons o suficiente. Nenhum desses estados de ser está relacionado à verdadeira natureza do comprometimento.

Quando agimos no estado mental em que compreendemos ser parte do desdobramento, *não* conseguimos deixar de estar comprometidos. Na verdade, torna-se impossível não se comprometer. Nada acontece por acaso. Cada evento isolado é parte daquilo que precisa acontecer agora. Só cometemos os erros necessários para aprender o que estamos aqui para aprender. Esse é um comprometimento com o ser, não com o fazer. Como parte do processo de desdobramento, compreendemos que nosso ser está inerentemente num estado de comprometimento como parte do processo de revelação. A única forma de não ter comprometimento é perder essa compreensão e aceitar outra vez a ilusão de que não estamos participando da vida. Essa compreensão leva a uma paradoxal *entrega plena*, uma entrega ao comprometimento: eu concretizo meu comprometimento ao ouvir, e é aí que se origina o meu "fazer". Algumas vezes, os maiores atos de comprometimento envolvem não fazer nada além de sentar e esperar até que se tenha clareza do próximo passo.

Na maioria das organizações atuais, se os gerentes adotassem essa atitude seriam considerados não gerentes, porque não estariam fazendo nada para resolver os problemas. Estamos aprisionados à noção de que comprometimento e atividade são indissociáveis.

Portanto, criamos um fluxo contínuo de atividades, cuidando para que os outros nos vejam sempre ocupados com alguma coisa e, assim, acreditem que estejamos realmente comprometidos. Se nos mantivermos suficientemente ocupados, talvez convençamos até a nós mesmos de que nossa vida possui um significado, embora no fundo saibamos que careça de significação, porque não há esperança, nos sentimos impotentes e não conseguimos, de nenhuma forma, alterar as coisas.

Um interessante indicador dessa relação paradoxal entre o nosso senso de impotência e o nosso fluxo incessante de atividades é a facilidade com que afirmamos não poder fazer nada em relação a isso ou aquilo. Frequentemente, percebemos que as pessoas do meio empresarial precisam inventar a crença de que podem realizar mudanças, a fim de justificar sua atividade sem sentido. Dessa forma, porém, ficam presas numa imensa gama de contradições. Por um lado, acreditam que não podem influenciar coisa alguma. Por outro, criam a ilusão de que "podem fazer acontecer" e se ocupam com coisas que sabem que não terão nenhum impacto. São como hamsters em uma roda de exercícios, que se cansam depois de algum tempo. Recentemente, uma gerente muito bem-sucedida me confessou ter percebido que havia passado a vida toda remando sem sair do lugar. Vivemos num estado contraditório de comprometimento frenético, remando sem sair do lugar, sabendo que não chegaremos a lugar algum. No entanto, ficamos apavorados com a ideia de que, se pararmos, afundaremos e nossa vida não terá significado.

Quando uma nova forma de comprometimento começa a operar, um fluxo se forma ao nosso redor. As coisas parecem simplesmente acontecer. Começamos a perceber que, com pequenas ações, no lugar e na hora certos, todo tipo de consequências é trazido à tona. Desenvolvemos aquilo que os artistas denominam de "economia de recursos": em vez de fazer as coisas mediante grandes esforços e força bruta, começamos a operar de modo muito sutil. Um fluxo de significado começa a operar à nossa volta, como se fizéssemos parte de uma conversa maior. Esse é o significado original de diálogo (*dia-logos*), "fluxo de significado". Começamos a perceber que as coisas são atraídas repentinamente para nós de maneira curiosa. Uma estrutura de causas subjacentes, um conjunto de forças começa a operar como se estivéssemos cercados por um campo magnético, com ímãs alinhando-se espontaneamente ao longo dele. Entretanto, esse alinhamento não é espontâneo – são apenas os ímãs respondendo a um nível mais sutil de causalidade.

Alguns anos atrás, quando fundamos o Centro de Aprendizagem Organizacional, do MIT, algo extraordinário aconteceu. As pessoas simplesmente começaram a aparecer. Num período de cerca de dois ou três meses, três mulheres incríveis vieram até nós. Eu as havia encontrado onze anos antes, numa reunião, e comecei a pensar nelas naquele momento, porque o trabalho que estavam fazendo se relacionava de maneira importante com os novos desenvolvimentos do Centro. Contudo, eu não sabia como contatá-las e não tinha ideia de onde moravam. No espaço de dois meses, as três me telefonaram dizendo que ficaram sabendo sobre o nosso trabalho e perguntaram como poderiam ajudar.

As causas desses acontecimentos são difíceis de entender, mas parece que, quando começamos a operar nesse novo estado mental, alicerçados nessa forma distinta de comprometimento, algo começa a agir ao nosso redor. Algo que talvez pudéssemos chamar de "atração" – a atratividade das pessoas em estado de plena entrega.

E, finalmente, *quando estamos num estado de comprometimento e entrega, começamos a experimentar o que por vezes é chamado de "sincronicidade"*. Ou seja, a sincronicidade é uma consequência. É importante compreender as causas subjacentes da sincronicidade, porque, se não as entendermos, talvez queiramos fazer a sincronicidade acontecer, da mesma forma que tentamos controlar as outras esferas de nossa vida. As pessoas tendem a exaltar a sincronicidade, como se fosse uma forma de experiência mágica e mística. Na verdade, ela é bem pé-no-chão. A água flui para baixo por causa da lei da gravidade, que por si só é um fenômeno muito misterioso, semelhante a um tipo de campo, em que todos os objetos físicos do universo atraem e são atraídos uns pelos outros. Todavia, embora ninguém saiba exatamente como funciona a gravidade, podemos observar a consequência: a água flui para baixo. Essa consequência é indiscutível, porque é observável. E isso se assemelha à forma como a sincronicidade opera em relação a esse nível profundo de comprometimento.

Da mesma forma, essa atração, esse campo que começa a se formar ao redor das pessoas que experimentaram uma mudança no modo de pensar, cria um fenômeno que Joe chama de milagres previsíveis. "Milagre" é uma palavra engraçada, porque tem a conotação de algo incomum ou misterioso. Entretanto, aquilo que parece "milagroso" talvez apenas esteja além da nossa compreensão e do nosso estilo de vida atual. Se não nos esforçássemos tanto para nos distanciarmos da vida, poderíamos experimentá-la dia a dia, minuto a minuto, como sucessivos milagres previsíveis.

Peter Senge

PARTE I

PREPARANDO-SE PARA A JORNADA

O que quer que você consiga realizar, ou sonhe em realizar, comece agora.

A ousadia tem em si genialidade, poder e magia.

Goethe

1. WATERGATE

Era outubro de 1973, e eu tinha 39 anos de idade. Watergate havia vindo à tona em setembro do ano anterior. Eu me ocupava em "viver a vida" e, embora acompanhasse de perto as notícias, deixava o caso em segundo plano. Meus focos eram a minha atuação como advogado em Houston, Texas, o estabelecimento de um escritório internacional de advocacia e a administração dos meus negócios.

A comissão Watergate do Senado estava em plena operação, e o conselheiro do presidente, John Dean, havia testemunhado que o presidente Nixon sabia sobre o acobertamento do Watergate desde setembro de 1972. Havia também o testemunho de que John Ehrlichman, um dos assessores mais próximos do presidente, havia aprovado pagamentos em dinheiro para os homens que haviam invadido o complexo Watergate. A comissão também tinha ouvido testemunhos de que o presidente havia mandado instalar um sistema de escuta no Salão Oval, acionado por voz, que gravava todas as conversas realizadas ali sem o conhecimento ou consentimento dos visitantes.

Os dois assistentes mais próximos de Nixon, Ehrlichman e H. R. Haldeman, renunciaram. John Dean foi demitido. Archibald Cox, o promotor especial do caso Watergate, havia requisitado as gravações feitas na Casa Branca por serem relevantes para o caso, e em seguida foi demitido do cargo por ordem do presidente Nixon. O promotor-geral, Elliot Richardson, que havia nomeado Cox, recusou-se a obedecer às ordens de Nixon e renunciou. Seu substituto, William Ruckelshaus, também se recusou a demitir Cox e foi removido do cargo. O procurador-geral da Justiça, Robert Bork, o próximo na linha de sucessão, foi nomeado como promotor-geral e finalmente afastou Cox.

Essa série de acontecimentos foi chamada pela imprensa de "o massacre de sábado à noite". A essa altura, como a maioria dos norte-americanos, comecei a ficar preocupado e senti que a coisa era mais séria do que aquilo que já havia sido divulgado.

No fim de outubro, o general Alexander Haig, chefe da Casa Civil de Nixon, telefonou para o meu pai, Leon Jaworski, dizendo que gostaria de discutir a possibilidade de ele assumir o cargo de promotor especial no caso. Meu pai voou para Washington na manhã seguinte. A repercussão pública do massacre de sábado à noite aparentemente havia sido muito mais contundente do que a Casa Branca tinha previsto. O Congresso estava pensando em criar um gabinete especial de promotoria, fora do controle do presidente.

Na reunião, Haig insistiu para que o meu pai aceitasse a incumbência. "A situação do país é quase revolucionária. As cosias estão a ponto de desmoronar. A única esperança de estabilidade é que o presidente anuncie alguém em quem o país confia para realizar esse serviço." Meu pai concordou em aceitar o cargo somente se lhe garantissem que poderia realizar a investigação com total independência, e que teria o direito de levar o presidente ao tribunal, se fosse preciso.

Nos meses seguintes, à medida que meu pai ia descobrindo a assustadora envergadura da conspiração de Watergate, compartilhou suas descobertas comigo, em segredo. Essa foi uma experiência que realmente mudou a minha vida.

* * *

Era noite do Dia das Bruxas quando meu pai voltou para casa após a reunião com o general Haig. A notícia de que havia aceitado o cargo tinha vazado em Washington e, por isso, toda a imprensa estava a postos na porta da casa dele. A maior parte dos nossos familiares foi para lá, e o ambiente parecia eletrizado por causa de toda aquela euforia.

Mais tarde, naquela mesma noite, saí sozinho para fazer uma longa caminhada. Pensei no sacrifício que meu pai estava prestes a fazer. Ele tinha 68 anos e estava para se aposentar. Preocupei-me com a saúde dele e com o enorme estresse pelo qual passaria nos próximos meses. A maioria das pessoas o conhecia como um homem da elite, sócio sênior de um dos mais renomados escritórios de advocacia dos Estados Unidos e um dos melhores advogados de causas litigiosas do país.

Eu o conhecia de modo bem diferente. Para mim, ele era filho de imigrantes poloneses, um grande e raro norte-americano – homem modesto, tímido, que tinha uma crença profunda no dever de servir quando se é chamado. Ele não gostava de estar sob os holofotes. Em meio às pressões e controvérsias profissionais, ele buscava prazeres simples, trabalhando com a terra e gastando um bom tempo com jardinagem. Cultivava belas azaleias e camélias, as quais adorava fotografar.

Quando era criança, todos os finais de tarde eu ia de bicicleta até o ponto de ônibus encontrar com meu pai. Depois, caminhávamos juntos de volta para nossa grande casa branca. Muitas vezes, após o jantar, ele voltava para o escritório de carro, sobretudo quando havia julgamentos, o que parecia acontecer sempre. Mas, ainda assim, ele dedicava muito tempo para os filhos: brincávamos juntos nos parques, jogávamos beisebol nos fins de semana, brincávamos na praia, pescávamos. Todos os domingos de manhã, ele colocava os três filhos no colo e lia os quadrinhos dos jornais para nós. Era um pai maravilhoso. Então, veio a Segunda Guerra Mundial, e tudo mudou.

Numa tarde, eu estava brincando no quintal quando, de repente, meu pai apareceu. Era muito mais cedo do que seu horário habitual de voltar. Eu o segui pela casa adentro, onde minha mãe estava lustrando os móveis e fazendo os trabalhos domésticos usuais. Ela ergueu a cabeça e perguntou: "Bem, sr. Jaworski, o que está fazendo em casa a esta hora?". E meu pai respondeu: "Capitão Jaworski para você, meu bem". Lembro-me do olhar triste no rosto da minha mãe. Daquele momento em diante, nossa vida nunca mais seria a mesma.

Depois disso, não vimos muito o meu pai. Enquanto ele esteve fora do país, foi muito difícil para minha mãe. Ela ficava esperando as cartas dele e, quando chegavam, nós todos nos amontoávamos ao redor dela na sala. Ficávamos muito próximos à minha mãe enquanto ela tentava ler as cartas para nós sem chorar. Ela nunca conseguia. Nós todos nos agarrávamos a ela e a abraçávamos apertado enquanto ela chorava, algumas vezes incontrolavelmente, ao ler as cartas.

Quando meu pai voltou da Europa, era uma pessoa completamente diferente. Fomos até a estação para recebê-lo, e a primeira coisa que reparei foi que ele fumava como uma chaminé. Ele nunca havia fumado cigarros antes. O que me lembro mais nitidamente do que qualquer outra coisa é que nos dias seguintes ele praguejava coisas como: "maldição" e "inferno" e "filho da p...". Eu nunca o havia escutado pronunciar essas palavras antes. Eu sentia aspereza e dureza nele. Ele não se importava mais com as flores. Parecia nervoso e começou, quase que imediatamente, a trabalhar duro.

Posteriormente, quando eu já estava mais velho, ele me contou que muitos de seus amigos e sócios ficaram em casa em vez de ir para a guerra. Nesse meio-tempo, haviam ganhado muito dinheiro, ao passo que nossa situação financeira havia ficado precária por causa do seu engajamento no conflito. Ele tinha muito a fazer para alcançá-los; portanto, precisava se dedicar ao trabalho. E continuou assim, até onde consigo me lembrar. Todos os seus sócios e associados mais jovens no escritório se referiam a ele como "o Coronel", e eu também comecei a chamá-lo assim. Em um olhar retrospectivo, percebo que isso pareceu assinalar uma mudança em nosso relacionamento.

Na semana em que retornou, meu pai insistiu para que eu aprendesse a lutar boxe. Quando disse que não queria, ele me chamou de medroso e ficou muito desapontado comigo, o que me magoou. Esse foi o primeiro de uma série de eventos que refletiram o tipo de relacionamento que teria com o Coronel dali em diante. Eu era um rapaz conscientemente desapegado e tolo, mas inteligente e sensível, cheio de ideias e com a imaginação aberta a todas as possibilidades. Sempre estava tentando chamar sua atenção, tentando levá-lo a me aceitar do jeito que eu era e que desejava ser. Foi uma luta que durou muitos e muitos anos. Com o passar do tempo, tornei-me muito independente, me opondo com tanta ferocidade a qualquer um que desejasse me controlar que devo ter passado dos limites.

Talvez por isso eu tenha passado por um longo período de rebeldia. Mesmo antes da quinta série, eu sempre estava fazendo estripulias. Eu pedia ajuda à minha irmã mais velha para colocar grandes pedras sobre os trilhos da ferrovia, só para ver o que aconteceria. Em uma ocasião ateei fogo numa plantação; foi sem querer, mas eu estava brincando com fogo. O incêndio poderia ter queimado várias casas se o corpo de bombeiros não tivesse chegado a tempo. Quando estava na quarta série, vi algumas mulas pastando num campo e pensei que seria divertido soltá-las no pátio da minha escola... e foi o que fiz. Aos 13 anos, eu saía sorrateiramente e empurrava em silêncio o carro do Coronel para fora da garagem. Então, dirigia por algumas horas e voltava pouco antes do amanhecer, antes de o Coronel levantar e sair para trabalhar. Aos 16 anos, peguei a caminhonete do meu pai e fui para o México passar uma semana com alguns amigos.

* * *

Quando meu pai foi para Washington assumir o cargo de promotor especial do caso Watergate, ele não sabia em quais membros da equipe poderia realmente confiar. Os primeiros meses foram difíceis. Ele era tido como o homem do presidente, o advogado que supostamente podia ser controlado, o amigo de Lyndon Johnson, que sabia onde residia o poder e o respeitava. Sua equipe era composta por 75 jovens advogados, em sua maioria herdados da equipe de Cox. Meu pai foi submetido ao desafeto de alguns deles e, como qualquer um nessas circunstâncias, chegou a duvidar de si mesmo. Nesse período inicial, conversávamos muito por telefone.

Num telefonema pouco antes do Natal, o Coronel estava sério. Disse que não podia falar sobre algumas coisas ao telefone, mas perguntou se eu poderia encontrá-lo no rancho da família, onde ele ficaria por alguns dias no período das festas.

Nosso rancho ficava entre as pequenas cidades de Wimberly e Austin, no Texas, no número 12 da Ranch Road. O Coronel havia comprado a terra no fim dos anos 1940, após voltar da guerra, e tinha pago 30 dólares por acre. Lá só havia cedro e muito mato. Naquela época, entre meus 14 e 18 anos de idade, trabalhei com alguns empregados, no verão e na maioria dos feriados, ajudando a limpar o terreno. Muitas vezes, o Coronel se juntava a nós e ficava muito feliz quando abríamos pequenas clareiras em áreas de vegetação tão fechada que nem mesmo grama conseguia crescer. Posteriormente, tornou-se um hábito da família, quase um ritual, o Coronel, meu cunhado e eu passarmos os finais de semana no rancho, levantar cedo, antes que o calor se tornasse insuportável, para serrar carvalhos, arrancar tocos mortos e queimar arbustos. Aquele era um lugar sagrado para o Coronel, onde ele clareava a mente e recompunha sua energia.

* * *

Depois de receber o telefonema do Coronel, consegui alguns dias de folga e fui para o rancho. No caminho, pensei sobre sua seriedade ao telefone. Eu estava ansioso para saber as novidades das semanas anteriores em Washington.

Quando cheguei lá, à noitinha, percebi que o Coronel estava cansado, e depois do jantar aproveitamos para colocar o papo em dia e falar sobre a criação de cavalos quarto de milha no rancho.

Na manhã seguinte, após o desjejum, carregamos o jipe com toda a parafernália necessária: serrotes, machados de dois gumes, picaretas, muita água, frutas e algumas cervejas. Por volta das 7h30, partimos para a "roça", como o Coronel gostava de chamar o nosso local de trabalho, e pusemos mãos à obra. Cortamos cedros durante algumas horas e, quando fizemos uma pausa, sentamos sob um grande carvalho para conversar.

Aquela cena se repetia havia vinte anos. Meu pai sempre usava as mesmas roupas. Minha mãe dizia que ele parecia "algo que o gato tinha trazido da rua para dentro de casa". A calça larga ficava enfiada dentro das botas, presa por um cinto que já tinha visto dias melhores há muito tempo. A camisa era uma cáqui da época do Exército, sem as mangas. Depois de trabalhar algumas horas, suas roupas ficavam encharcadas de suor e seus cabelos e suas sobrancelhas ficavam cheios de farpas de madeira e sujeira. Quando penso nisso, sorrio. O rosto dele parecia o de um limpador de chaminés. Contudo, era nesses momentos que ele parecia mais relaxado e mais feliz.

Assim que nos agachamos sob a árvore, o Coronel começou a me contar o que passava em sua mente. "Meu amigo, estamos escutando as fitas com as gravações. O presidente está metido até o pescoço nesse negócio. Ouvi o presidente dos Estados Unidos, um advogado que prestou o mesmo juramento que eu e você, oferecendo dinheiro para subornar uma testemunha, como um reles criminoso. Ele estava explicando a Haldeman como testemunhar sob juramento sem dizer a verdade e ainda evitar ser acusado de perjúrio. Ali estavam o presidente dos Estados Unidos, seu assessor e seu chefe da Casa Civil... três dos homens mais poderosos deste país, pessoas encarregadas das mais altas responsabilidades do governo, e eu os escutei conversando e tramando contra a Justiça, como marginais. Criminosos desprezíveis de quinta categoria." A voz do meu pai começou a ficar alterada e seus olhos brilharam. Ele se levantou, caminhou até o jipe e pegou um envelope pardo, que jogou na minha direção. "Aqui está... Dê uma olhada nisso!"

Começamos a folhear a transcrição. O Coronel se referia à infame conversa de 21 de março de 1973, entre Nixon, Dean e Haldeman. Como meu pai havia relatado, a transcrição continha a parte em que Nixon instruía Haldeman sobre como mentir sob juramento sem cometer perjúrio. A linguagem que eles usavam era uma mistura de frases desconexas, heresias e obscenidades. Pareciam dois bêbados falando besteiras numa mesa de bar. Eles falavam sobre pagar 1 milhão de dólares como propina para manter tudo em sigilo. O conteúdo daquela transcrição já seria suficiente, na minha opinião, para permitir que um júri concluísse, sem sombra de dúvida, que o presidente fazia parte de uma conspiração. Era evidente que Nixon estava metido até a raiz dos cabelos naquela confusão.

Lembrei-me das muitas vezes em que Nixon havia falado ao povo norte-americano pela televisão sobre Watergate, assegurando-nos de que não estava envolvido, que todo aquele assunto repercutia em proporções desmesuradas. Aquele era o Nixon público. Agora, eu ouvia o Nixon que ninguém conhecia – o verdadeiro Richard Nixon. Sua traição para com a Constituição e seu terrível abuso de poder me deram náuseas. A revolta e o ódio tomaram conta de mim. Senti medo por toda a nação, medo por compreender que estávamos sendo liderados por um homem sem caráter. Como podia alguém com tão pouca moral e sem nenhuma ética ter ascendido ao posto mais elevado da nação mais poderosa do mundo? Como isso aconteceu? Quem era responsável? O que poderíamos fazer para que isso nunca mais voltasse a ocorrer?

Olhei para o Coronel e senti que seu coração e sua alma estavam tão doloridos quanto os meus. Ele olhava para o chão, remexendo a sujeira com um graveto; então, olhou para mim e disse: "Quando fui para lá, não imaginava que o presidente estivesse envolvido nisso. Muito menos que ele fosse o mentor. A situação é um barril de pólvora. E você não pode dizer nem uma palavra sobre isso a ninguém. Prejudicaria o direito de outros, e até mesmo do próprio Nixon, de ter um julgamento justo".

Disso eu já sabia... o Coronel nem precisaria ter me pedido. Sabia que ele precisava com urgência de alguém com quem pudesse se abrir – alguém em quem confiasse, com quem pudesse partilhar tudo aquilo. Ele também disse pressentir que as coisas piorariam muito mais do que qualquer um em Washington pudesse imaginar. E em seus ombros ele carregava a missão de ajudar a nação americana a atravessar um dos mais traumáticos acontecimentos da sua história. Eu o apoiei: "Coronel, não desanime. Sei que continuará fazendo a coisa certa". "Com a ajuda de Deus", ele acrescentou.

* * *

Nas semanas e nos meses seguintes, o mais difícil para mim era saber tudo aquilo e ver o presidente mentir para o povo norte-americano pela televisão. É impossível descrever o sentimento de repulsa que sentia quando o ouvia. Estava desiludido com a nossa liderança política, mas reconhecia que todos nós éramos pessoalmente responsáveis pelo que estava acontecendo em Washington. Estávamos recebendo o que merecíamos. Comecei a pensar sobre o papel que cidadãos comuns, como eu, deveriam assumir na vida do nosso país.

Cerca de um mês depois desse encontro com o Coronel, o procurador-geral e os outros seis réus acusados de encobrir o caso Watergate compareceram à corte do juiz John Joseph Sirica. Eles foram acusados de conspirar para obstruir a justiça. Nas palavras do Coronel: "Uma tragédia norte-americana sem precedentes... um momento histórico". Lá estavam o ex-presidente do Supremo Tribunal do país, o ex-assessor do presidente, o conselheiro especial do presidente, um oficial do comitê para reeleger o presidente e o conselheiro-geral da Agência de Informações dos Estados Unidos. Com exceção de apenas um deles, todos eram advogados – um fato doloroso, sobre o qual o Coronel e eu conversávamos com frequência.

Nos meses que se seguiram, a equipe do Coronel, a mídia e a opinião pública depositaram mais confiança nele. As queixas sobre o fato de o Congresso ter indicado o seu próprio promotor especial ficaram para trás. Foram solicitadas mais 64 fitas com as gravações, inclusive a fita de 23 de junho de 1972, que provou, sem sombra de dúvida, que não apenas os assessores da presidência, mas o próprio presidente, haviam colaborado para que o caso Watergate permanecesse encoberto. Eu estava lá em julho, quando o Coronel e sua equipe apresentaram o caso perante a Suprema Corte dos Estados Unidos. No espaço de três semanas, a corte chegou a uma decisão, confirmando que a "licença" dada pelo presidente ao promotor especial garantia a ele o direito e o poder de levar qualquer pessoa, inclusive o próprio presidente, para o tribunal; que essa licença tinha o efeito de lei; e que a Suprema Corte era a autoridade máxima da lei. A decisão foi unânime e confirmava que o presidente, apontado como cúmplice não indiciado no caso Watergate, precisava entregar as 64 fitas com as gravações. Nixon tentou se safar apresentando alguns resumos editados e transcrições alteradas das fitas, que acabaram se mostrando incompletos e cheios de equívocos.

No intervalo de poucas semanas, o Coronel tinha em mãos as fitas, que incluíam algumas conversas do presidente com Haldeman em 23 de junho, seis dias depois de o caso Watergate ter vindo à tona. Naquela fita, eles falaram sobre usar a CIA para impedir o FBI de acompanhar a investigação. Nem Haig nem o assessor-chefe de Nixon, James St. Clair, tinham conhecimento dessa fita em particular. St. Clair disse a Nixon que revelasse publicamente o fato, ou então ele entregaria o cargo. Na tarde de 5 de agosto, o presidente fez sua declaração e admitiu que as fitas estavam "em desacordo" com seus depoimentos anteriores. Agora sua própria transcrição mostrava que ele tinha conhecimento da operação e havia participado dela, seis dias depois de o caso vir à tona.

Sobre esse momento, o Coronel escreveria mais tarde: "Para mim, a revelação era o fim do pesadelo... As conclusões que tirei sobre a culpabilidade (de Nixon) eram agora confirmadas e ficavam absolutamente claras... Eu caminhava pelas ruas de Washington sabendo que ele continuava distorcendo os fatos, enquanto eu, que sabia de toda a verdade, tinha de permanecer calado. O alívio que senti é impossível de descrever".

Dois dias depois, em 7 de agosto de 1974, Nixon renunciou. O que aconteceu então foi uma operação de limpeza e, quase no fim de outubro, o Coronel deixou o cargo e voltou a Houston.

* * *

Apenas um ano havia passado, mas que ano foi aquele! Watergate provou que a Constituição norte-americana funciona, e como o Coronel disse: "Ninguém... absolutamente ninguém está acima da lei". No entanto, os acontecimentos daquele ano deixaram uma profunda marca pessoal em mim, assim como na maioria dos norte-americanos que viveram essa tragédia nacional. Eu imaginava se a partir dali seríamos capazes de confiar plenamente em algum outro presidente. Mais tarde, percebi que essa não era apenas uma questão de liderança política, mas de liderança institucional em geral. Comecei a ponderar sobre os problemas recorrentes que nos confrontam: líderes inescrupulosos que abusam do poder a eles confiado e cidadãos preguiçosos, autoindulgentes, que na verdade estimulam esse tipo de comportamento.[2] Senti grande preocupação e um verdadeiro senso de responsabilidade pessoal em relação a esse estado de coisas; contudo, o que me incomodou ainda mais foi meu próprio sentimento de impotência para empreender uma mudança duradoura. Como poderíamos lidar com esse problema e realmente fazer alguma diferença?

As sementes do que representaria uma grande mudança na forma como eu passaria o resto de minha vida já haviam sido plantadas, mas muitos anos se passariam até que eu tivesse a capacidade de deixá-las germinar.

2 John W. Gardner falou sobre "cidadãos preguiçosos e autoindulgentes" e "líderes inescrupulosos" que "abusam do poder confiado a eles" na palestra "O Renascimento de uma Nação", realizada em 17 de fevereiro de 1993 no Forum Club, em Houston, Texas.

2. Causando uma impressão

Quando o caso Watergate foi revelado, eu já trabalhava como advogado havia treze anos e, de acordo com a maioria dos parâmetros, era bem-sucedido. Eu havia me casado com minha namorada da época do colegial, Fran, e juntos tivemos um filho. Nós tínhamos tudo o que poderíamos desejar: uma carreira profissional muito próspera, uma casa ampla e confortável em um bairro excelente, todos os bens materiais que desejássemos, um filho de 11 anos de idade, lindo e saudável, muitos amigos e familiares próximos em Houston.

Enquanto durou, foi uma vida perfeita, digna de um álbum de fotografias.

* * *

No fim da década de 1960, eu já era um dos sócios-diretores do escritório de advocacia e estava entre os maiores geradores de honorários e de negócios com novos clientes. Paralelamente, havia ajudado a criar, com alguns velhos amigos da universidade, uma companhia de seguros de vida. Anos depois, a companhia foi vendida a uma instituição financeira reconhecida nacionalmente. Enquanto isso, esses mesmos amigos e eu desenvolvemos uma das primeiras refinarias do Alasca. O projeto ainda estava longe de ser finalizado quando foi adquirido por uma companhia de capital aberto. Nós estávamos no auge – era uma vida de altos riscos, mas financeiramente muito gratificante.

Entretanto, eram o exercício da advocacia e a construção do escritório que demandavam a maior parte da minha atenção.

O empreendedorismo era emocionante para todos nós – quanto mais bem-sucedidos, mais nos empenhávamos. Nós nos comprometemos a alugar um ótimo espaço para o escritório e iniciamos o processo de contratação dos advogados mais brilhantes, formados nas melhores escolas de direito. Por muitos anos, fui responsável pelo processo de seleção e adorava o desafio de competir com as principais firmas de advocacia pelos melhores candidatos. Equipes com os melhores advogados do nosso escritório se espalhavam por todo o país nessas viagens de recrutamento. Foi uma experiência muito gratificante conhecer estudantes de graduação, falar com eles sobre as nossas "batalhas" e incluí-los no nosso sonho. Era motivo de verdadeira celebração quando contratávamos um talento que estava sendo disputado por escritórios renomados.

A essa altura, o meu relacionamento com o Coronel parecia melhor que nunca. Quanto mais nosso escritório de advocacia prosperava e nossa reputação melhorava, mais o Coronel se mostrava feliz. Seu orgulho pelas minhas conquistas era muito importante para mim, mesmo que eu jamais tivesse admitido isso para ele.

Não tinha sido fácil crescer à sombra do Coronel. Ele era um dos advogados mais respeitados do país e havia se tornado uma referência na profissão. Cada vez que eu aparecia nos tribunais, era comparado ao advogado que havia iniciado o exercício da sua profissão aos 19 anos e que jamais havia perdido um caso no júri.[3] Tratava-se de um desempenho impossível de ser igualado. Ainda mais porque o Coronel não se impressionava facilmente com ninguém – era preciso conquistar seu respeito "à moda antiga". De certa maneira, ele era reservado, mas também um pouco egocêntrico. Quando nós, seus filhos, recebíamos dele um elogio, tendíamos a guardar na memória.

O Coronel foi membro, e mais tarde presidente, do American College of Trial Lawyers, o clube mais elitizado de advogados especializados em casos de júri no país. São admitidos nesse clube menos de 1% dos advogados com essa especialização. O Coronel e minha

---

3 O direito de ser julgado por um tribunal composto de jurados é garantido constitucionalmente nos Estados Unidos. (N. T.)

mãe iam às reuniões duas vezes por ano e, no fim dos anos 1960, ele costumava convidar a mim e a Fran para acompanhá-los. Ele me apresentava aos melhores advogados de júri do país, e eu me sentava com eles e escutava suas histórias. Para mim, foi uma experiência maravilhosa. Aprendi muito; aqueles homens foram como verdadeiros mentores para mim, e eu desejava ser como eles.

Em uma daquelas reuniões, Robert Clare, sócio-diretor do escritório de advocacia Sherman & Sterling, um dos mais prestigiados escritórios de Wall Street, começou a me contar a respeito de uma grande causa que ele havia encaminhado para um dos melhores escritórios de Houston. Esse escritório o procurou, informando que seria impossível ganhar aquela causa e que o melhor seria abrir mão do caso. Robert comentou que se sentia mal com aquilo e que deveria haver alguma forma de se reverter aquele cenário. Ele pediu a minha opinião sobre o caso, descrevendo-o brevemente. Eu o olhei nos olhos e disse que poderíamos ganhar a causa. Então, ele enviou o caso para o meu escritório e no final fomos muito bem-sucedidos.

Como resultado disso, Robert (ou Bob, como o chamávamos) passou a nos enviar outros casos, e estabelecemos uma excelente relação com o escritório dele. Em 1976, fui admitido como membro do clube e, em uma das reuniões, Bob, que era um dos amigos mais próximos do Coronel, veio até ele e disse: "Como vai o segundo melhor advogado do mundo?". O Coronel ficou confuso e, antes que conseguisse responder, Bob explicou: "Obviamente seu filho é o melhor". Claro que sabíamos que aquilo não era verdade, mas foi uma excelente forma de Bob me prestar o maior dos elogios – e o Coronel simplesmente adorou. Depois disso, toda vez que os dois se encontravam, Bob o cumprimentava dessa forma, e o Coronel abria um largo sorriso. Pela primeira vez desde que ele tinha voltado da guerra, eu senti que o Coronel havia me "notado".

* * *

A vida de um advogado contencioso tem um ritmo alucinante e é cheia de emoções. Fran e eu parecíamos lidar muito bem com esse ritmo frenético, mesmo diante de circunstâncias incomuns. Quando nosso filho Joey nasceu, eu estava defendendo um caso no Tribunal Federal de Houston. Quando o trabalho de parto começou, Fran não exigiu que eu passasse o dia com ela. "Vá trabalhar", ela disse, "e, assim que o bebê estiver pronto para nascer, aviso o escritório para que você vá ao hospital".

Assim, combinei com um dos sócios do escritório para que me mantivesse informado sobre o andamento do trabalho de parto de Fran. No tribunal, eu planejava informar à corte sobre a minha situação, certo de que o juiz daria a sessão por encerrada naquele dia e eu poderia ir ao hospital. Contudo, não foi como eu havia planejado, porque o juiz daquela Vara era bastante conservador. Quando meu sócio veio me avisar que Fran estava em avançado trabalho de parto, eu me aproximei da tribuna, e o juiz disse: "Pois bem, ela pode ter o bebê sem você. Não é necessário que você vá agora. Apresente sua próxima testemunha, senhor advogado". Por sorte, consegui chegar ao hospital no exato momento em que Joey nascia.

Em 1967, eu e o Coronel iniciamos a criação de cavalos da raça quarto de milha em nosso rancho. A princípio, concebemos o projeto Circle J Enterprises como alternativa para reduzir nossa carga tributária, mas em pouco tempo o projeto deslanchou. Eu era o sócio-administrador, e contratamos um ótimo administrador chamado Royce Baker, que acompanhava as atividades diárias. Dediquei todos os meus finais de semana livres a esse empreendimento. Nas tardes de sexta-feira, Fran, Joey e eu íamos juntos para o rancho. Eu finalizava o trabalho do escritório no banco de trás enquanto Fran dirigia. Chegávamos ao rancho tarde da noite e retornávamos para Houston no fim da tarde do domingo.

À medida que o haras se expandia, passamos a participar de exposições em todo o país. Havíamos comprado um jovem garanhão chamado Magnolia Pay e conseguimos torná-lo um dos campeões da Associação Americana de Cavalos Quarto de Milha, privilégio que cabia a apenas dezesseis animais naquela época. Magnolia Pay se deu muito bem com nossas éguas reprodutoras, e suas crias tornaram-se altamente valorizadas no mercado. Logo no começo, uma das éguas foi eleita campeã mundial de rédeas; no ano seguinte, tivemos uma reservada campeã mundial de rédeas. O sucesso do Circle J era motivo de orgulho para toda a família Jaworski, que se reunia no rancho quase todos os finais de semana. Administrar as atividades relacionadas aos cavalos com Royce se tornou outro trabalho em período integral para mim.

Até 1970, grande parte do trabalho no escritório de advocacia fazia com que eu e meus colegas nos ausentássemos de Houston por longos períodos. Estávamos trabalhando em casos desde a costa leste até a costa oeste, e também no exterior. Além disso, as reuniões do conselho da companhia de seguros com frequência aconteciam em lugares exóticos e divertidos – eram como uma extensão dos bons momentos que havíamos tido na época da república estudantil na Universidade do Texas.

Eu trabalhava com um grupo seleto de brilhantes jovens advogados de júri que começavam a se destacar como alguns dos melhores nas redondezas – realmente ambiciosos. Vivíamos experiências incríveis defendendo casos, trabalhando duro e também celebrando as nossas conquistas. Somado a isso, muitos de nós arrumavam namoradas por onde passavam. Tudo aquilo era parte de um estilo de vida, e eu não refletia muito sobre o que estava acontecendo. Naquela época, era uma espécie de medalha de honra ter êxito nesse quesito em particular, um símbolo de nossa amizade, algo muito bem-aceito entre a maioria dos nossos contemporâneos.

Nunca me esquecerei da celebração de um trabalho muito bem-sucedido – um episódio que, embora singular em um aspecto, era muito típico da vida dupla que levávamos.

Na conclusão de um caso que, com sucesso, conseguiu resolver a disputa de um testamento na cidade de São Francisco, um de meus jovens advogados associados, Ken Wynne, e eu ficamos na cidade uma noite a mais para comemorar. Eu convidei o Ken para ir a Las Vegas no dia seguinte e participar da reunião do conselho de administração de nossa empresa de seguros e se divertir com a gente.

Eu e ele voamos para Las Vegas e, no sábado de manhã, tivemos nossa reunião do conselho e trabalhamos até as 17 horas. Quando o grupo se reuniu, no fim da tarde, eu propus: "Olha, por que não nos encontramos para jogar dados hoje às sete horas da noite? Mas tragam dinheiro, porque estou sentindo que eu vou estourar a banca para vocês". Naquela noite, éramos treze ao redor da mesa. Veja, eu não era um grande jogador de dados, mas brincava de vez em quando. Eu gostava da emoção e do risco, havia lido um pouco e sabia algo a respeito do jogo.

Nós nos reunimos ao redor da mesa e, quando peguei os dados, eu disse: "OK, turma, tirem o dinheiro do bolso, pois a noite será longa". Eu não sabia por que razão estava dizendo tudo aquilo, mas era algo que sentia. Depois que todos colocaram o dinheiro na mesa, eu joguei os dados e me dei mal. Todos perdemos uma grana. Os dados foram passados para o próximo jogador, enquanto os outros gritavam, esbravejavam, bufavam e resmungavam comigo. Então, quando os dados voltaram para mim, em minha segunda chance, eu disse: "Pois bem, vocês aí de pouca fé, todos aqueles que de fato acreditam, saquem seu dinheiro novamente, porque desta vez será inacreditável. Coloquem a grana logo aí e vamos lá".

Pobre Kenny Wynne – ele era um advogado recém-formado e com pouco dinheiro, talvez tivesse apenas 25 dólares, e já havia perdido a metade naquela primeira jogada. Então, eu lhe disse: "Kenny, coloque todo o seu dinheiro aí. Vamos lá!". Eu joguei os dados e me mantive na jogada por 48 minutos. Durante aquele tempo, eu estava acertando todas as apostas em cheio. Os funcionários do cassino tiveram que parar o jogo duas vezes para trazer mais fichas pretas. Quase no final, nós já havíamos esvaziado o cassino inteiro, e as pessoas estavam de pé ao redor da mesa, uma aglomeração de quinze a vinte pessoas. Àquela altura, eu já estava sem meu paletó e com as mangas da camisa arregaçadas, acertando uma jogada atrás da outra. O barulho era ensurdecedor, e o ambiente parecia eletrizante. Eu estava apostando 300 ou 400 dólares na proporção de trinta contra um, a favor dos crupiês, apenas como gorjeta para eles. Eu rolava os dados e a soma dava dois ou doze, e o lucro da jogada ia para eles. Não sei quantas vezes fizemos isso.

Na minha última jogada, a mesa inteira estava coberta de fichas pretas empilhadas em todos os números. Quando joguei os dados e errei, eu já não sabia quantos milhares e milhares de dólares havia lá. No entanto, houve uma grande comoção no momento em que eu fiz aquela última jogada, e, mesmo que, claro, tudo estivesse encerrado, havia sido uma experiência incrível. Nossa turma saiu de lá direto para um bar, onde comprei bebidas para todos da casa. No dia seguinte, partimos para Houston e passamos o dia no avião contando nosso dinheiro.

* * *

Relembrando aqueles tempos, tenho dificuldade de entender como pude manter uma vida tão fragmentada por tanto tempo sem sucumbir àquela incoerência, àquela ausência de eixo e de comprometimento. Minha vida estava completamente vazia – eu pulava de uma atividade para outra sem parar um momento sequer para refletir e considerar o rumo que minha vida tomava.

Naquela época, eu achava que levava uma vida incrível, mas, na verdade, não sabia nada da vida. Minha vida se parecia com a Disneylândia – sem autenticidade, limitada, extremamente previsível e desprovida de qualquer significado.

O fim dessa ilusão chegaria para mim, como chega para muitos, após uma crise pessoal.

3. A JORNADA SE INICIA

No ano de 1975, quando eu tinha 41 anos de idade, o mundo desmoronou à minha volta. Eu havia passado o fim de semana no rancho, caçando com o Coronel e alguns dos meus sócios durante o feriado do Dia de Ação de Graças. No fim da tarde do domingo, voltei para Houston e, ao entrar em casa para guardar o equipamento, Fran se aproximou e disse: "Sente-se, eu tenho uma coisa muito importante para falar com você".

Então, eu me sentei, e ela me contou: "Joe, eu quero me divorciar. Estou apaixonada por outra pessoa". Foi uma surpresa e tanto para mim. Ela havia começado a estudar na Universidade de Houston e lá conheceu um colega de classe com quem estava se relacionando.

Depois da nossa conversa, ela pediu: "Quero que você saia de casa ainda esta noite". Não me recordo dos detalhes dessa conversa; acho que eu estava em estado de choque. No entanto, mesmo com a letargia que tomou conta de mim, senti uma mistura de raiva, confusão, traição e medo. Esse sentimento era avassalador, e eu experimentava uma total e completa sensação de negação e desespero. Meu casamento de vinte anos estava arruinado – ponto final, nova linha, parágrafo.

Arrumei algumas malas, peguei meu carro e fui até o Hotel Howard Johnson, na Interstate 10. Quanto mais afastado o local, melhor seria para mim – eu me sentia humilhado e não queria que ninguém me visse naquele estado. Estava completamente arrasado e sozinho. Eu havia perdido não somente a minha mulher e o meu filho: a minha vida inteira havia sido destruída. Era como se alguém tivesse estraçalhado a minha vida com uma martelada, fazendo-a desmoronar em segundos.

* * *

Durante aqueles primeiros dias após a separação, e mesmo após o divórcio, fui ao escritório e fiz o que eu tinha para fazer, mas, de manhã cedo e no fim do dia, ficava sozinho, olhando para dentro de mim e, de muitas formas, não gostando do que via. À medida que fui entrando em contato comigo mesmo e com os meus sentimentos, a dor da perda e da confusão aumentava e diminuía. Isso acontecia enquanto eu lia, escrevia, ou às vezes enquanto dirigia e ponderava profundamente, ou enquanto caminhava. Cheguei repetidas vezes até o fundo do poço, e as emoções apenas fluíam.

Minha irmã mais velha, Joanie, percebeu o sofrimento pelo qual eu estava passando. Certo dia, depois do trabalho, encontrei um pequeno embrulho na minha porta. Era o livro *Notas para mim mesmo*, de Hugh Prather, acompanhado de um bilhete de Joanie dizendo que talvez pudesse me ajudar. Comecei a ler naquela mesma noite e não larguei até terminá-lo. Nos dias seguintes, eu reli trecho por trecho daquele pequeno livro, que trazia reflexões de alguém que havia iniciado uma jornada de autoconhecimento. O autor tentava compreender quem ele realmente era, a razão pela qual estava naquele caminho e qual era de fato o significado daquela jornada. A cada passagem do livro, eu percebia que o processo de escrever aquelas anotações havia ajudado o autor a clarear as suas ideias, e que ele havia desenvolvido um processo terapêutico próprio por meio daquelas reflexões.

Assim, de forma similar, comecei a escrever diariamente em folhas soltas de papel, reunindo-as em uma pasta no fim do dia. Depois, relia e recordava trechos que eu havia escrito meses antes. Ao longo do tempo, me impressionava ver como eu havia mudado, e como certos padrões de comportamento haviam acontecido em minha vida. Às vezes, eu preferia não recordar o passado. Só o processo de refletir, ou de espontaneamente colocar no papel os sentimentos que me angustiavam, já me ajudava. Esse processo trouxe ordem para a minha mente e certa coerência para a minha consciência. Trouxe também uma paz e uma compreensão que eu não havia encontrado em nenhuma outra atividade.

Comprei então um diário para que pudesse continuar com essas autorreflexões. Ao longo do tempo, esses "diálogos" comigo mesmo tornaram-se muito preciosos para mim. Ficar sozinho se tornou uma espécie de purificação, da qual eu necessitava em meio àquela crise. Agora que me recordo, percebo que, naqueles momentos de "diálogo silencioso" – de vazio –, alcancei importantes compreensões, que me orientaram e me ajudaram a decidir o rumo da minha vida.

À medida que meus pensamentos se tornavam mais claros, me vi espontaneamente pondo as emoções para fora por meio de um choro profundo e doloroso. Talvez eu estivesse chorando pelo fato de ter perdido minha família – mas chorava também pelo fato de ter levado uma vida inconsequente. Talvez, ainda, estivesse liberando toda aquela dor reprimida que carreguei ao longo dos anos. Ou talvez fosse somente o fato de que, pela primeira vez, eu me permitia sentir algo. Até o momento do divórcio, eu não havia derramado lágrimas em minha vida adulta, exceto, e de forma comedida, quando Mike, o filho da minha irmã, morreu em um acidente de carro. Mike era muito próximo do Coronel, que o via como uma segunda chance de criar um filho da forma correta. O Coronel passava muito tempo com Mike, o escutava, o abraçava e dizia o quanto o amava e tinha carinho por ele. A morte de Mike quase destruiu meu pai. Ele entrou em parafuso e só conseguiu se recuperar depois de alguns anos. Quase imediatamente após o acidente, tive que interferir e tomar conta de tudo, pois o Coronel estava desolado. Por isso, não tive muito tempo para expressar minhas emoções. Algumas lágrimas escorreram pelo meu rosto na época, mas aquilo foi apenas um choro breve. Não vinha do âmago.

Com o passar do tempo, nos dias e meses entre a separação e o divórcio, à medida que comecei a me abrir ao que sentia, comecei também a vivenciar a preciosidade de cada dia. Eu nunca tinha experimentado aquilo. Até então, os anos haviam sido opacos, com poucos altos e baixos de verdade. Eu tinha vivido alguns momentos marcantes, mas, estranhamente, passei a achar que aquela havia sido uma vida muito medíocre. Agora, no entanto, as experiências pareciam mais intensas, como se fossem marcadas a ferro e fogo em minha memória, mesmo que não fossem necessariamente grandes eventos. Podiam ser coisas muito simples, como num domingo de manhã em Paris, logo após o sol nascer, quando me deparei com uma criancinha alimentando um pombo em uma praça. Momentos como esses eram súbitas epifanias de harmonia que me deixavam atônito. No início eram poucos e espaçados, mas, com o passar do tempo, se tornaram mais frequentes e mais acessíveis.

Passei a refletir sobre a forma como eu estava vivendo, a direção em que estava indo e o que desejava para minha vida. Além de escrever tudo em um diário, eu estava lendo e, pela primeira vez, pensando profundamente sobre questões filosóficas e pessoais. Enquanto eu viajava, aproveitava para conversar com as pessoas (da minha geração e mais velhas), na tentativa de compreender se os outros compartilhavam das mesmas sensações que eu vinha experimentando. De fato, percebi que grande parte das pessoas da minha geração que haviam atingido considerável sucesso se sentia da mesma forma que eu: tinham quase todos os bens materiais que desejavam, mas não estavam vivendo de verdade. Não eram verdadeiramente livres. Queriam se desprender e fazer a diferença, queriam contribuir, mas estavam imobilizadas pelo medo e pela necessidade de ter mais e mais coisas. Era o desejo de "ter" em vez de "ser". Descobri que, concretamente, as pessoas não têm medo de morrer; elas têm medo de nunca terem vivido, de nunca terem considerado a fundo qual é o propósito maior de suas vidas e de nunca terem dado um passo em direção a esse propósito no sentido de fazer alguma diferença neste mundo.

Anos depois, quando me lembrei dessa época da minha vida, me dei conta de que aquilo era apenas o início de uma nova jornada para mim, uma jornada que se iniciou em meu interior. Na ocasião não soube, mas aquele foi o momento de tomar um novo rumo, completamente diferente de tudo aquilo que eu já havia feito, uma nova forma de ser. Os elementos essenciais da vida eram muito diferentes dos anteriores. Em vez de controlar a vida, eu finalmente aprendi o que significava deixar a vida fluir em mim. Sem o controle, os altos e baixos são mais intensos, e nos sentimos muito mais inseguros que antes. No entanto, esse tipo de vulnerabilidade faz parte do caminho a que me refiro – o caminho que se revela à medida que andamos. Devo estar me antecipando, pois, na verdade, naquele momento, muito pouco disso tudo estava claro para mim. Essas compreensões me foram sendo reveladas muito lentamente no decorrer do tempo. Era como uma caixa, que estava dentro de outra caixa, que estava dentro de outra caixa.

4. Liberdade

Os dias e os meses entre a separação e o divórcio foram traumáticos e cheios de emoções. Foi um período extremamente difícil, tanto para mim quanto para Fran. Procuramos um psicólogo especializado no aconselhamento de casais para nos ajudar a lidar com nossas emoções e também para nos ajudar a verificar se havia alguma chance de recuperar nosso casamento. No fim, concluímos que não havia essa possibilidade e decidimos dar andamento ao processo de divórcio.

Por mérito próprio, conseguimos lidar com a burocracia relacionada ao divórcio de forma relativamente calma e madura. Certa noite, pouco antes do Natal e passado apenas um mês desde a minha saída de casa, nos sentamos em frente à lareira e rabiscamos três folhas de papel na tentativa de encontrar uma forma de administrar questões como a partilha dos bens, a pensão alimentícia e a guarda do nosso filho. Foi um momento reflexivo e de muito carinho no meio daquela turbulência toda, para ambos. E nós nunca deixamos de cumprir com aquele nosso acordo.

No meio de tudo aquilo, resolvi vender o negócio de criação de cavalos. Eu não queria mais dedicar ao Circle J todos os meus fins de semana – meu coração já não estava mais naquilo. O Coronel entendeu, e assim concordamos em realizar um leilão na tarde de um domingo, dia 15 de fevereiro. O leilão ocorreu na Arena Civic Center, na pequena cidade de San Marcos, no Texas, que está localizada ao sul de Austin, a apenas 20 quilômetros do rancho.

O leilão foi sensacional. Havia uma multidão entusiasmada, os cavalos estavam em ótima forma, e o leiloeiro e sua equipe realizaram um trabalho de muita qualidade, o que resultou em excelentes vendas com uma média de preços bem alta. O martelo bateu às 14h30 leiloando o primeiro cavalo, e apenas cinco horas depois já estava tudo encerrado.

A decisão de vender os cavalos trouxe uma carga emocional muito grande para todos nós – a vida de toda a nossa família seria dramaticamente alterada, assim como a vida de todas as pessoas que haviam transformado o Circle J num sucesso naqueles últimos nove anos de trabalho. A maioria daquelas pessoas havia sido criada em ranchos no oeste do Texas, trabalhando como peão e lidando com gado. Elas tiveram a oportunidade de finalmente trabalhar na criação de cavalos, sua verdadeira paixão, e o nosso sucesso era resultado do trabalho duro e dedicado de cada um deles.

Nosso grupo de sete pessoas estava no fundo da cocheira onde o leilão havia acontecido. Todos os outros já tinham ido embora, e havia chegado o momento de dizer adeus. Ficamos por ali relembrando velhas histórias e dando risadas, mas, na hora da despedida, todos tínhamos os olhos marejados. Nós havíamos passado por muitas coisas juntos. Em nossas próprias palavras, havia sido "um grande páreo".

De todos ali reunidos naquela noite, Harold era o que estava lidando pior com a situação. Harold era um "hombre" durão. De botas, pesava em torno de 70 quilos, era rápido como um raio e duro como uma pedra. Mais de uma vez, recebi telefonemas do Royce, já bem tarde da noite, pedindo ajuda com a fiança do Harold, que costumava se envolver em confusão ao tentar resolver, com as próprias mãos, suas diferenças com alguém. Harold tinha apenas 17 anos quando cavalgou Magnolia Pay pela primeira vez; montou-o também no rodeio e na exposição de pecuária de Fort Worth; e também na noite em que Pay conquistou seus últimos pontos para se tornar campeão absoluto.

Agora, estava tudo acabado. Pela última vez, apertei a mão de cada um daqueles homens. Quando chegou a vez de Harold, ele desabou, chorando copiosamente. Eu lhe dei um abraço forte e apertado. Por alguns minutos, que mais pareceram uma eternidade, ninguém falou nada. Finalmente, Harold disse, soluçando: "Por que as coisas não podem ser como antes? Por que a Fran não pode estar aqui com a gente? Por que tem que acabar assim?". Enquanto o abraçava, eu apenas conseguia sussurrar para ele: "Eu não sei, Harold. Eu realmente não sei".

O divórcio foi homologado no mês seguinte. Por mais de dois anos, havíamos tentado reatar nossa relação, mas não deu certo. Entendemos que tínhamos nos distanciado muito e não conseguiríamos retomar nosso relacionamento.

Em abril de 1976, eu morava sozinho naquela casa enorme que um dia havia dividido com Fran e Joey. Fran tinha se mudado para uma residência menor, e eu já havia colocado a nossa casa à venda. No escritório, eu trabalhava em uma disputa judicial muito importante, um daqueles processos que nos consomem. No início de setembro, já estávamos em constantes audiências havia treze semanas quando então o tribunal determinou um recesso de sete semanas. Eu já havia finalizado todo o meu trabalho e transferido os casos restantes para outros advogados da área de contencioso do escritório, uma vez que esse caso e as questões a ele relacionadas me ocupariam pelos próximos um ou dois anos. Assim, quando o recesso foi determinado, eu não tinha nenhum compromisso imediato, e pela primeira vez na minha vida adulta fiz algo totalmente espontâneo. Arrumei minhas malas, comprei uma passagem aérea para Paris e embarquei numa viagem de sete semanas pela Europa. Não tinha nenhum plano, havia colocado poucas coisas na mala e não tinha feito nenhuma reserva ou qualquer outro tipo de preparativo. Considerando minha forma de ser, aquilo para mim definitivamente não era algo natural; eu costumava ser muito metódico, planejava cada passo do caminho. Levei poucos livros para reler – livros que eu havia descoberto nos anos anteriores e que haviam deixado em mim uma forte impressão. Naquele período, aqueles livros foram decisivos para aprimorar meu pensamento.

Na minha passagem pela França, muitas catedrais me chamaram atenção, em especial a grande catedral de Chartres, localizada em uma pequena cidade medieval ao sudoeste de Paris. Essa catedral foi construída em meados do século XIII, quando a alta arquitetura gótica estava em sua forma mais pura, e sua unidade e simetria eram incomparáveis. Ao me aproximar dela, ou mesmo em seu interior, experimentei um sentimento de integração e uma completa abertura para o mundo como um todo. Eu pretendia visitar a catedral por mais ou menos uma hora, mas acabei ficando lá o dia inteiro, primeiro sentado em silêncio, depois caminhando e refletindo, tanto no interior quanto na parte externa daquele vasto edifício.

Enquanto estava lá, vivenciei uma sensação muito incomum: uma espécie de zumbido na minha cabeça e nos meus ouvidos. É bastante difícil descrever, mas era bastante familiar. Era como se eu estivesse num campo de energia totalmente diferente. Eu já havia experimentado aquela sensação várias vezes na natureza selvagem, mas aquela era a primeira vez que acontecia numa estrutura erigida por seres humanos.

Já no fim daquela tarde, e ainda na catedral, me vi pensando sobre duas noções de liberdade, e ambas continuariam comigo durante aquelas sete semanas de viagem. A primeira se referia a "estar livre de", ou seja, a liberdade para se desvencilhar da opressão de determinadas circunstâncias. Uma boa parte do que eu estava vivenciando parecia ligada à minha necessidade de me desapegar da resignação dos quinze últimos anos da minha vida, nos quais lutei contra o fato de viver à sombra do Coronel. No entanto, outra noção de liberdade começava agora a abrir caminho na minha consciência, noção esta que estava muito longe da superfície e que consistia em "ser livre para" seguir o meu propósito de vida, com todo o comprometimento que eu podia reunir, e, ao mesmo tempo, permitir que as forças criativas da vida passassem por mim sem o meu controle, sem a necessidade de "fazer acontecer". Como eu iria comprovar ao longo do tempo, essa é, sem dúvida, uma forma muito mais poderosa de se viver.

A experiência em Chartres me trouxe a vontade de romper com as limitações que eu havia encontrado em mim, especialmente o medo. Um dos livros que eu havia levado comigo para reler e que me ajudou muito foi *Fernão Capelo Gaivota*, de Richard Bach. Até hoje, quando eu digo as palavras "Fernão Capelo Gaivota", sou arrebatado pelos sentimentos que tive na primeira vez em que devorei esse pequeno livro. Recordo-me que estava dirigindo na Interstate 10, indo de Houston para Austin, a caminho de uma reunião de negócios, e uma coisa muito forte me impeliu a iniciar a leitura; foi tão forte que tive que parar num parque à beira da estrada e começar a ler. Enquanto lia, fui sublinhando algumas passagens e pensando: "Nossa, mas é isso mesmo... Isso é verdade".

E uma das verdades que Fernão compartilhou era: "Quebre as correntes do seu pensamento e você quebrará as do seu corpo também" (Bach, 1970, p. 77). Quando li essas palavras, senti que eram verdadeiras também para mim. Pareciam ficção – mas eu sabia que eram a verdade.

Fernão sabia tanto sobre liberdade porque ele de fato entendia o que significava quebrar as aprisionadoras correntes do conformismo. O livro trata essencialmente da força que o motivou a aprender. Trata da possibilidade de atingirmos a parte mais elevada de nós mesmos e sermos compelidos a atingi-la novamente. Trata da necessidade de sairmos da ignorância e nos vermos como criaturas movidas pela excelência, pela inteligência e pela criatividade. Trata da descoberta de nosso mais elevado propósito de vida. E eu queria muito descobrir o meu. Por que mesmo eu estava aqui? O que de fato eu vim fazer na Terra? Trata, na verdade, de vencer o tédio, o medo e a raiva. Trata da capacidade de acessar novas formas de conhecer ou, como Fernão diria, de "uma forma simplificada de telepatia". Trata do princípio de que a vida é mais do que comer, lutar e adquirir poder. Trata da visualização, do processo de nos imaginarmos como parte do nosso sonho mais completo – sentindo-o, tocando-o em nossas mentes. Trata de superar o medo de aprender e o medo de ver a divindade em nós mesmos.

Eu sabia que precisava ter a liberdade de ser eu mesmo, de acessar o que havia de mais elevado em mim, e que nada, absolutamente nada, poderia atrapalhar o meu caminho se eu de fato o quisesse. Essa liberdade está disponível para todo aquele que deseja descobri-la. A forma de alcançá-la é alterar o nosso nível de consciência, mudando a forma como pensamos sobre nós mesmos. Quando saboreamos essa sensação de liberdade, quando a vivenciamos, queremos continuar a vivê-la, até encontrarmos em nosso interior esse ser ilimitado.

5. O Grande Prêmio de Fórmula 1

Durante os dias que fiquei em Paris, passeando por parques, museus, catedrais e outros locais bastante silenciosos, continuei a pensar sobre as lições aprendidas com *Fernão Capelo Gaivota*. Por vezes, eu abria aleatoriamente o livro e relia alguns trechos selecionados. Eu experimentava uma estranha sensação de deslumbramento e alegria ao considerar indagações como: "Qual é o propósito maior da minha vida? Por que, enfim, estou aqui?". Eu nunca havia considerado essas questões a meu respeito. Contudo, olhando para trás, entendi que não estava apto a ponderar de forma profunda sobre aqueles assuntos tão cruciais da vida. Em Paris, apenas comecei a engatinhar nessa direção.

Passei também a considerar a questão de como poderíamos realizar nosso maior sonho. Como seria esse processo? Como poderíamos de fato criar novas circunstâncias ou o futuro que vislumbramos? Arriscando outro "passo", comecei a pensar: e se eu instituísse para mim mesmo um desafio de curto prazo que parecesse impossível, mas que faria de tudo para alcançar? Aquilo seria um ótimo experimento e uma forma maravilhosa de iniciar minha aventura europeia! Desde a adolescência, sempre fui fascinado por Ferraris, e havia alguns anos que eu acompanhava os Grandes Prêmios de Fórmula 1. Na metade dos anos 1970, a Ferrari já estava envolvida em corridas havia aproximadamente 25 anos, e até então havia sido muito bem-sucedida. Naquele ano, Niki Lauda era um dos pilotos da Ferrari. Mais do que qualquer coisa, eu queria assistir ao Grande Prêmio de Monza, na Itália, e estar lá nos boxes com Lauda e a equipe da Ferrari. Aquele seria meu desafio.

Telefonei para a fábrica da Ferrari em Modena e enviei inúmeros telegramas para conhecidos meus nos Estados Unidos para verificar se alguém poderia me ajudar a conseguir um ingresso para o Grande Prêmio da Itália. Finalmente, um grande amigo me ajudou a entrar em contato com o dr. Gotti, um dos altos executivos da Ferrari. Gotti me disse que seria impossível conseguir ingressos para o Grande Prêmio. Todos os assentos já estavam completamente esgotados há mais de seis meses, e, nos últimos meses, apenas os ingressos para o gramado estavam disponíveis. Ele me contou que haveria aproximadamente duzentas mil pessoas somente nos gramados. Disse-me ainda que aquele local era perigoso, que a multidão poderia engolfar as pessoas e que manifestações violentas poderiam ocorrer. Também me disse que a corrida ocorreria no dia 12 de setembro, mas que as pessoas acampavam nos portões com dois dias de antecedência para conseguirem entrar. Se quisesse chegar a tempo para a corrida, às 15h30, eu teria que tomar o trem que partia de Milão às 8 horas da manhã e então passar pela multidão. Segundo Gotti, seria impossível que eu conseguisse entrar. Entretanto, eu estava determinado a ir ao Grande Prêmio e realizar o meu sonho de estar nos boxes perto de Lauda, antes do início da corrida.

Fui para Milão e passei a noite lá, mas, quando acordei, às 4 horas da manhã, estava chovendo muito. Fiquei consternado, pois sabia que a caminhada da estação de trem em Monza até o autódromo era longa – no mínimo, 45 minutos. Eu ficaria ensopado até os ossos se não tivesse algo para me proteger da chuva; e sabia que seria loucura permanecer molhado o dia inteiro, até a noite. Não havia lojas abertas àquela hora da madrugada. Então, sentei no saguão do hotel e comecei a tentar encontrar uma saída para a situação, pensando em qual seria o meu próximo passo.

Foi quando observei um homem, mais ou menos da minha altura, que se dirigia à recepção. Ele vestia uma capa de chuva e tinha um guarda-chuva na mão. Aproximei-me dele e toquei em seu cotovelo. Quando ele se virou, olhei-o diretamente nos olhos e disse: "Senhor, me perdoe o incômodo. Meu nome é Joe Jaworski. Eu sou de Houston e preciso da sua capa e do seu guarda-chuva emprestados por hoje".

Ele não se manifestou. Então, eu continuei: "Estou indo para o Grande Prêmio de Monza, mas deixei minha capa e meu guarda-chuva na Suíça. Preciso ir para o autódromo imediatamente. Por favor, me empreste sua capa e seu guarda-chuva e prometo que os devolverei amanhã". Ele me olhou por mais um instante e, com um meio sorriso, disse: "Claro. Aqui estão". Colocou sua valise no chão, tirou sua capa, me entregou e disse: "Meu nome é Manny Deitz. Ficarei aqui por alguns dias. Você pode me telefonar amanhã quando voltar". Então, ele me entregou seu cartão, eu agradeci imensamente e saí.

Quando cheguei ao Autódromo Nacional de Monza, mal podia acreditar no que estava vendo. Havia pessoas aglomeradas por todos os lados. Escrevi no meu diário: "Só posso descrever isso como sendo dez vezes maior que o Super Bowl.[4] Se o Rice Stadium comporta 85 mil pessoas, deve haver mais de meio milhão de pessoas aqui". Que loucura! Percorri lentamente a área por uma hora. Pensei em todas as maneiras possíveis de entrar. Havia cães de guarda, cercas altas com arame farpado, policiais e soldados por toda parte. Primeiro, fui para a área mais nobre que eu poderia encontrar, a entrada VIP. Os camarotes eram guardados por um oficial militar de alto escalão. Tentei passar na "conversa" e quase consegui, mas um oficial ao qual se referiam como "Generalíssimo" apareceu e ordenou que eu saísse.

Então, decidi ir até a área onde ficavam estacionados os caminhões das emissoras de televisão, pensando em me passar por um jornalista esportivo que cobriria o evento. Isso implicava utilizar de certa desonestidade, algo que hoje eu consideraria inaceitável. Contudo, naquela etapa do meu desenvolvimento, eu estava operando em um nível diferente. (Parte do meu desenvolvimento tem sido aprender a ter compaixão, inclusive compaixão por mim mesmo e por minhas limitações do passado.)

Comecei a reunir informações conversando com os funcionários das emissoras ao redor dos caminhões, e depois falando com alguns de seus superiores. Enfim, fui até a entrada do pessoal de imprensa e

---

[4] O Super Bowl é o maior evento desportivo dos Estados Unidos. Gera a maior audiência televisiva do país e é assistido anualmente por milhões de pessoas na América do Norte e em todo o mundo. (N. T.)

disse ao guarda que precisava falar com a secretária responsável pela assessoria de imprensa. Fui conduzido até o escritório, e lá me apresentei como correspondente da CBS. Disse que havia deixado minha credencial no hotel, que havia vindo do Texas e que só precisava ter acesso à área dos boxes para encontrar meus colegas. Fiquei papeando com a equipe por trinta minutos. Em determinado momento, a secretária disse que havia apenas uma credencial disponível e que estava reservada para um correspondente da Espanha, que chegaria a qualquer momento. Ela tirou a credencial de sua bolsa e ficou segurando-a. Eu a encarei e disse: "Eu preciso muito dessa credencial". Ela parou por um instante, voltou-se para trás, tirou uma credencial extra de dentro de uma pasta e entregou-a para mim. Beijei-a no rosto e saí.

Era uma grande credencial de plástico verde que deveria ser pendurada no pescoço. Ela dava acesso a qualquer lugar no autódromo. Corri para a entrada principal, entrei e passei pelos cães de guarda, pelos oficiais de polícia e pelo exército. Primeiro, fui até a área dos boxes, onde os carros de Fórmula 1 estavam sendo preparados e abastecidos. Aproximei-me da Ferrari de Niki Lauda, depois da Tyrrell de Jody Scheckter e da Ferrari 312-T de Clay Regazzoni. Aquela área dos boxes tinha uma atmosfera de negócios, mas com algo mais do que apenas uma eficiência silenciosa. Não consegui compreender o que senti lá, mas fui totalmente atraído pelo que estava prestes a acontecer.

O início da corrida estava próximo, então fui almoçar nos restaurantes dos patrocinadores, perto da área dos boxes. Lá conheci muitas pessoas, mas voltei rapidamente para a área dos boxes antes da largada. Quando estava saindo, um homem veio até mim e se apresentou. Ele era francês e falava um inglês excelente. Seu nome era Bernard Cahier, e ele era presidente da International Racing Press Association, sediada em Paris. Ele me disse que, em vez de sentar na área dos patrocinadores, que era um lugar confortável mas ruim para se assistir à corrida, eu deveria procurar os melhores pontos de observação da pista – e me mostrou quais eram. Cahier recomendou em particular um determinado local perto da Curva Parabólica. Eu o agradeci calorosamente pela recomendação e rapidamente retornei aos boxes para ficar perto dos pilotos e de suas equipes.

Pouco antes de ser dada a largada, presenciei as diferentes equipes empurrarem os carros dos boxes para a pista, onde foram alinhados no *grid* de largada em uma série de fileiras, com o piloto mais rápido durante os treinos ocupando a *pole position*. Os poucos minutos que antecederam a bandeirada de largada foram realmente incríveis – eu pude ver de perto toda a tensão e a expectativa das corridas automobilísticas. As equipes ainda tinham muito trabalho a fazer antes da largada, mas, de certa forma, e no meio de todo aquele barulho nas arquibancadas, uma quietude permeou a área do *grid*. Eu estava a mais ou menos três metros de distância de Niki Lauda quando ele entrou em seu carro. Reparei em seus olhos depois que ele colocou o capacete e acho que vi muito medo, mas também uma feroz determinação. Ali estava um homem que, seis semanas antes, quase havia morrido em um terrível acidente e agora retornava às pistas. Parecia haver uma energia especial ali no *grid* – e, estranhamente, por um instante, senti alguma semelhança com a minha experiência na catedral de Chartres.

Depois da largada, me dirigi até o local denominado Curva Parabólica, que Cahier me havia sugerido. Dali, eu tinha uma visão privilegiada, e pude ver a corrida ganhar seu próprio ritmo. Os líderes da prova abriram muita distância em relação aos outros pilotos, e uma ordem começou a se estabelecer à medida que a corrida adquiria um fluxo coletivo. De onde estava, pude ver o "trilho" utilizado pelos pilotos para contornar essa curva, usando literalmente cada centímetro de pista. Pude também ver claramente a disputa que ocorria entre os pilotos, quando tentavam efetuar ultrapassagens em grande velocidade naquela curva, com os carros a poucos centímetros de distância uns dos outros. Estar ali foi uma experiência realmente fascinante para mim.

* * *

No dia seguinte, me encontrei com Manny Deitz para lhe devolver sua capa e seu guarda-chuva. Eu disse a ele o quanto era grato pelo que havia feito por mim e o convidei para almoçar. Durante a refeição, ele me contou sua história.

Manny foi piloto de caça da Força Aérea Norte-Americana na Segunda Guerra Mundial. Em uma perseguição de aeronaves na costa da Itália, ele atingiu um avião de combate italiano, cujo piloto conseguiu saltar de paraquedas. Em vez de sair logo dali, o que provavelmente deveria ter feito, pois estava com pouco combustível, Manny decidiu esperar para verificar se o colete salva-vidas do piloto italiano havia inflado e se ele estava fora de perigo. Comunicou-se então pelo rádio, requisitando ajuda para o piloto abatido e circulou pela área até que o auxílio finalmente chegou. Quando os soldados das forças aliadas alcançaram o piloto, Manny fez um voo rasante e sinalizou um gesto de positivo, ao qual o italiano correspondeu da mesma forma. Enquanto se afastava, Manny "balançou" as asas como para dizer adeus.

Quando a guerra terminou, Manny voltou para Filadélfia. Certo dia, ele recebeu uma carta daquele piloto italiano, que havia encontrado Manny por meio do número de registro da sua aeronave, gravado nas asas do avião. O piloto italiano perguntou se poderia visitá-lo, e Manny concordou. Quando finalmente se encontraram, o italiano disse: "Sabe, você salvou minha vida, e eu gostaria de manter contato com você. Gostaria que trabalhássemos juntos. Minha família tem uma fábrica de sapatos e bolsas de couro. Você gostaria de se tornar meu sócio? Poderíamos abrir uma filial aqui nos Estados Unidos". Assim, desde o fim da guerra, Manny e aquele italiano são sócios de uma bem-sucedida fábrica de sapatos e bolsas feitos na Itália e vendidos na Europa e nos Estados Unidos. Porém, mais do que sócios, são grandes amigos.

Pensei muito em Manny e em sua história, pensei na corrida a que assisti e em tudo o que havia se passado. Hoje percebo que essa aventura foi um importante passo inicial para o grande e significativo aprendizado que obteria posteriormente na minha vida.

Primeiramente, porque, anos mais tarde, ela viria a representar uma espécie de marco em relação a como *não devemos agir* ao buscarmos criar novas circunstâncias. Obviamente, é importante vermos o mundo como um lugar cheio de possibilidades – mudar nossa visão de mundo e deixar para trás a resignação, a fim de descobrirmos novas possibilidades. Contudo, para participarmos do processo de desdobramento do universo, precisamos deixar a vida fluir por nós, em vez de tentarmos controlá-la. Repito, a forma como eu conduzia minha vida era exatamente o oposto: comprometia-me com algo e caminhava no sentido de atingir aquilo com que eu havia me comprometido, a qualquer custo, fazendo qualquer coisa que estivesse ao meu alcance a fim de "fazer acontecer". Foi exatamente o que ocorreu no Grande Prêmio de Fórmula 1 – eu tentei enganar as pessoas quando a chance de êxito começou a ficar remota. Como eu aprenderia nos anos seguintes, essa é uma forma muito menos eficaz de se lidar com a vida.

Essa experiência também me proporcionou algumas reflexões iniciais sobre o que posteriormente viria a compreender como sendo o estado de fluxo coletivo. Naquela época, não estava totalmente claro o que me havia atraído com tanta força para aquela corrida de Fórmula 1, mas eu sabia algo sobre o estado de consciência que as pessoas atingem quando estão muito engajadas em uma atividade, ao ponto de que nada mais parece importar. Essa experiência, por si só, é tão rara e agradável que as pessoas desejarão repeti-la a qualquer custo – mesmo que isso implique arriscar a própria vida – apenas para experimentá-la mais uma vez. Posteriormente, eu vim a descobrir que isso é chamado de "estado de fluxo".[5] De tempos em tempos, eu vivenciava esse estado ao escutar músicas, escrever em meu diário, correr e acampar na natureza selvagem. O que de fato me atraiu para a corrida de carros foi o desejo de estar perto de pessoas que estavam vivenciando coletivamente aquele estado de fluxo, em circunstâncias dramáticas e inconfundíveis, em que qualquer interrupção no fluxo poderia significar a morte.

Observar cada piloto passar por aquelas curvas a quase 320 quilômetros por hora, com pouquíssima margem para erro, era uma experiência assombrosa e singular. É verdade que, em competições daquele nível, um alto grau de habilidade, sensibilidade de controle

[5] Para os interessados em aprender mais sobre o estado de fluxo, recomendo a obra de Mihaly Csikszentmihalyi, *Flow: the Psichology of Optimal Experience.*

e um bom julgamento são pré-requisitos, mas ali havia muito mais que isso. Nas corridas profissionais de carros, existe um código entre os pilotos que lhes permite fazer ultrapassagens milimétricas com um mínimo de perigo. Isso não é muito discutido, mas todos os pilotos profissionais reconhecem, em algum nível, o estado alterado de consciência que experimentam durante uma corrida de alta velocidade. Poucos pilotos conseguem descrever esses estados de fluxo, e muito pouco sobre isso é revelado em suas biografias ou entrevistas aos meios de comunicação.

Nesse estado de fluxo, existe extraordinária clareza, foco e concentração. O fluxo de tempo é alterado. Certa vez, o campeão mundial Jackie Stewart o descreveu como um estranho sentimento de desaceleração de tudo durante a corrida, como se todos estivessem se movimentando em câmera lenta, permitindo-lhe fazer manobras que seriam impossíveis de ser executadas em seu estado habitual.

Por último, essa aventura me proporcionou a dádiva de encontrar Manny Deitz. Foi um presente em muitos aspectos. Sua chegada ao saguão do hotel às 4h30 da manhã, exatamente no momento em que eu precisava de sua ajuda; sua absoluta confiança em mim; e, claro, sua história, que me falou tão claramente sobre como o amor e a conexão humana podem transcender até mesmo a história de dois pilotos em um combate mortal. De certo modo, parecia uma história muito improvável – contudo, em outro nível, não me parecia de forma alguma surpreendente. Esse foi outro acontecimento norteador, que me preparou para a mudança de mentalidade que me possibilitaria enxergar as relações humanas como o princípio organizador do universo.

6. A ARTE DE AMAR[6]

Passei muito tempo dessa jornada na Europa sozinho, apenas lendo, pensando e escrevendo no meu diário. Na tentativa de desvendar a razão da minha total falta de sensibilidade em relação ao meu casamento, um dos livros que eu li e reli foi *A arte de amar*, de Eric Fromm. A tese de Fromm é de que o amor é a única resposta satisfatória para os problemas da existência humana. Amar é uma arte, e nós precisamos dominar não apenas a teoria do amor, mas também a prática de amar.

Aprendi que nosso desejo mais profundo é superar o nosso sentimento de solidão e de dissociação. Buscamos diversas formas para escapar disso. Buscamos resignação, confundindo-a com união. Essa é uma forma de existir que sufoca a alma. Ou então buscamos união por meio de estados de excitação, como com o uso de drogas ou álcool, trabalho excessivo ou ainda por meio de atividades criativas. No entanto, a expressão máxima da fuga desse sentimento de dissociação acontece por meio da união interpessoal.

Fromm acredita que o amor amadurecido é a união sob a condição de se preservar a integridade e a individualidade do outro. O paradoxo: dois seres humanos tornando-se um e ao mesmo tempo permanecendo dois. Doar é a expressão mais elevada de poder. Fromm apresenta os elementos do amor: zelo, que é uma preocupação constante pela vida e pelo crescimento daqueles que amamos;

---

6 Um livro imprescindível para compreender o desenvolvimento da capacidade de amar é a obra de Eric Fromm, *A arte de amar*. Fromm diz que o amor não é primordialmente um relacionamento com uma pessoa específica, mas uma atitude, uma orientação de caráter que determina a relação de uma pessoa com o mundo como um todo.

responsabilidade, que significa cuidar das necessidades físicas do outro, assim como de suas necessidades mais sublimes; e respeito, que é permitir aos outros que cresçam à medida que necessitam e a seu próprio modo.

O autor descreve ainda os tipos de amor: amor erótico, amor parental, amor por si próprio, amor a Deus e amor fraternal. E eu aprendi com o conselho de Fromm: aprender a amar não é nada fácil. Requer disciplina durante uma vida inteira. Requer concentração, isolamento, reflexão, autoconhecimento, escuta, presença e paciência. Amar deve ser, acima de tudo, nossa busca suprema.

Embora eu tenha gostado de estar sozinho e de ler durante a viagem, por muitas vezes desejava estar com pessoas e, quando tive essa oportunidade, mesmo sem me esforçar, conheci pessoas marcantes. Tempos depois, compreendi que havia em mim uma abertura e uma vulnerabilidade que me permitiam conectar-me com pessoas de uma forma e num nível que eu jamais havia vivenciado. Aquilo tudo fazia parte do meu aprender a confiar e ter paciência com o fluxo natural da vida, a estar aberto para o próximo passo, no intuito de poder dá-lo no momento certo.

Na última semana de viagem, cheguei a Cannes e fui jantar no Felix, um pequeno restaurante que me haviam recomendado. Ao chegar lá, me senti pleno, cheio de vida e sereno. Tive uma ótima conversa com o proprietário e com o atendente atrás do balcão. Eu estava relendo *A arte de amar*, estudando tudo aquilo, tentando compreender e integrar o que havia lido. De tempos em tempos, colocava o livro sobre a mesa e analisava as pessoas que passavam por mim na calçada. Uma delas foi uma jovem muito atraente, com grandes olhos castanhos, que caminhava apressadamente. Quando passou por mim, sorrimos um para o outro. Cerca de dez minutos depois, enquanto eu lia um trecho do livro, percebi que ela estava parada ao lado da minha mesa. Ela me perguntou se poderia se sentar à mesa para jantar comigo, pagando sua parte na conta. Senti que ela estava um pouco assustada com o que tinha acabado de fazer, então me levantei e pedi a ela que se sentasse. Jantamos, conversamos, bebemos vinho e caminhamos pela orla.

O nome dela era Bernadete,[7] uma pessoa muito natural e que não usava maquiagem. Era uma executiva de Nova York que havia tirado um mês de férias, antes de uma importante reunião que teria em Paris. Culta, articulada e gentil, era uma pessoa genuinamente bonita, na acepção mais profunda da palavra.

Passamos dias maravilhosos juntos. Muitos deles de pura diversão e turismo. No entanto, a diversão se tornou secundária; muito do tempo que compartilhamos foi de grande seriedade, filosofando e conversando. Conversamos sobre o que considerávamos importante na vida. Falamos do que havia nos atraído. Ela me disse que havia sido a nossa troca de olhares e a aura que irradiava de mim. Ela jamais havia se aproximado de um homem completamente desconhecido e se convidado para jantar. Contudo, sentiu-se atraída, quase que compelida a fazê-lo. Estava sozinha e assustada, pensando na importância da reunião que teria em Paris em alguns dias. Eu brinquei com a ideia de ir a Paris com ela, mas isso foi deixado de lado no momento em que recebi um telegrama do meu escritório informando que o julgamento seria reiniciado e que eu deveria voltar.

No dia em que Bernadete voaria para Paris, ela me procurou no hotel. Era domingo de manhã, e eu estava sentado na varanda do quarto, tomando sol e observando os barcos na baía. Devia haver mais de cem veleiros se preparando para uma competição. Eu estava escutando uma linda música e me sentia contente e feliz, sozinho com meus pensamentos e minhas lembranças, descansado e sereno. Bernadete disse que queria me ver antes de partir e dizer o que os últimos dias haviam significado para ela. Ela me contou que eu havia tocado profundamente sua vida, de modo muito semelhante a Fernão Capelo ao despertar a sensibilidade das gaivotas mais jovens. Assim, ela já não se sentia mais ansiosa com a reunião em Paris. Estava preparada para tomar um novo rumo em sua vida, mesmo que isso afetasse de forma adversa a sua carreira. Em dez minutos, ela já havia partido. Senti que talvez nunca mais fosse reencontrá-la.

---

7 Bernadete é um pseudônimo.

Sentado em meu quarto, lágrimas começaram a correr por meu rosto. Não eram lágrimas de tristeza, mas, sim, pela compreensão de que eu havia causado um impacto profundo na vida de outra pessoa. Aquela havia sido a primeira experiência desse tipo para mim. E eu sabia por que tinha sido capaz de ajudá-la – porque minha maior preocupação era com o seu bem-estar. Eu havia dado a Bernadete o meu interesse, a minha compreensão, o meu conhecimento e tudo aquilo que pulsava em mim. Por alguns dias, eu havia oferecido a ela a minha própria vida e, aparentemente, havia enriquecido a dela, ao mesmo tempo que aprimorava a minha. Eu também havia sido profundamente tocado pela forma com que nos conhecemos e pela sua coragem ao tomar a iniciativa de vir até a minha mesa naquela noite – sua voz trêmula, sua receptividade e sua honestidade.

* * *

Eu também me sentia profundamente comovido pela forma como o relacionamento com Bernadete havia se desenvolvido e pelo que representava para mim. Aquele encontro foi a expressão de um novo tipo de liberdade. Naquele estágio da minha vida, o meu primeiro instinto teria sido me relacionar com ela sexualmente, procurando uma ligação física. Entretanto, quase que desde o primeiro instante em que ela se sentou comigo, a atração física se tornou secundária. Havia algo em mim que sabia que aquele não era um encontro romântico. Nós estávamos nos conectando em um nível completamente diferente, como duas pessoas que se tocam e transcendem limites de uma forma muito profunda e duradoura. Foi como receber um presente que me permitiu aplicar os princípios de Fromm por um breve momento da minha vida.

Embora eu só tenha me encontrado com Bernadete uma vez mais desde então, a lição aprendida mudou completamente minha vida. A alquimia dos ensinamentos de Fromm e minha experiência com Bernadete me possibilitaram uma compreensão fundamental: quando estamos nesse estado de ser, abertos à vida e a todas as suas possibilidades, dispostos a dar o próximo passo à medida que se revela, então conhecemos pessoas marcantes, que contribuem imensamente para a nossa vida. Isso ocorre em grande parte na troca de olhares; é como se nossas almas imediatamente se conectassem, e naquele momento nos tornássemos parte de uma vida conjunta. Não se trata de sexualidade, nem de masculinidade e feminilidade. Trata-se de seres humanos se conectando. De imediato, existe uma confiança e uma intimidade – pertencemos um ao outro por um momento. É uma conexão espiritual que não está limitada ao encontro com uma pessoa apenas. Uma vez que você tenha um encontro nesse estado de abertura, outros acontecerão posteriormente. E, quando acontecerem, você os reconhecerá imediatamente, porque são fenômenos muito especiais. É como se você e o outro fossem da mesma família. Embora eu não compreendesse isso muito bem naquela época, foi exatamente o que aconteceu em Milão entre Manny Deitz e eu, no momento em que ele entregou a mim, um perfeito "estranho", sua valiosa capa de chuva.

Eu tenho uma amiga muito próxima, uma educadora muito aclamada – vamos chamá-la de Mary –, que age nesse estado de ser em todos os aspectos de sua vida. Mary me contou sobre certa ocasião em que estava no metrô de Londres, quando uma família composta por quatro pessoas, a qual incluía uma menina que aparentava ter aproximadamente 10 anos de idade, se sentou bem à sua frente. Poucos instantes após os olhares de Mary e da garotinha se cruzaram, a menina se levantou, atravessou o vagão e se sentou em um lugar vazio ao lado de Mary. Minha amiga sabia o que havia acontecido. Nenhuma palavra foi dita enquanto as duas estavam sentadas lado a lado, mas Mary me contou o quanto havia admirado aquela menina por ter agido impulsivamente após a troca de olhares, em reconhecimento a algo que não havia sido verbalizado.

Essas trocas de olhares ocorrem com frequência, mas costumamos não agir. Há mais de quinze anos, outro amigo meu estava viajando pela Argentina. Durante sua visita a Buenos Aires, trocou olhares com uma mulher quando passavam um pelo outro na rua. Imediatamente, ele sentiu que a conhecia, mas não retornou para encontrá-la. Desde aquele momento, ele tem sido assombrado por essa falta de ação, imaginando o que poderia ter acontecido se ele tivesse agido de modo diferente.

Quanto mais abertos estamos, maior a chance de esses encontros acontecerem. As conexões físicas que podem resultar deles podem durar apenas dez minutos (como o encontro de Mary, que ocorreu no metrô), um dia (como o meu encontro com Manny Deitz), muitos dias (como o meu encontro com Bernadete) ou uma vida inteira (como vocês verão em uma história que contarei adiante). Em certo sentido, esses encontros marcam para sempre, pela sua profundidade e pelo seu significado.

* * *

Sozinho na Europa, comecei a refletir sobre o propósito maior da minha vida e o que de fato eu queria dela. Percebi que queria expandir minha perspectiva e talvez encontrar uma maneira de contribuir com um empreendimento social mais amplo, não apenas no meu estreito e pequeno nicho que era o exercício da advocacia. Quanto mais eu pensava a respeito disso, mais compreendia o quanto de fato desejava aquilo. E, no entanto, vi que tinha medo. Tinha medo de deixar minha pequena tribo, meu pequeno e estreito círculo. Tinha medo de arriscar um passo em direção ao desconhecido. E talvez, mais importante que tudo isso, eu estava com medo de, no final das contas, não conseguir fazer nenhuma diferença. Eu mal conseguia dar conta das questões relacionadas ao escritório de advocacia e às causas judiciais. Como eu poderia dar conta das questões relacionadas à nossa comunidade e à nossa nação? Assim, me senti impotente e decidi não avançar. Não me sentia qualificado e não tinha qualquer tipo de conexão fora do meu pequeno grupo. Não tinha nenhum grupo de apoio para falar sobre isso, não tinha contato com ninguém que não fosse advogado e me sentia muito isolado.

7. Unicidade

Como somos educados pelas crianças, pelos animais!
Vivemos num fluxo contínuo de reciprocidade universal.

Martin Buber

Depois que o julgamento terminou, decidi acampar no Parque Nacional de Grand Teton. Eu havia planejado a viagem para o início de setembro, mas, por causa do julgamento, precisei remarcá-la para o fim de outubro. Fui informado de que a neve seria intensa e que o passeio poderia ser difícil. Entretanto, esse era o único período de que eu dispunha. Por essa razão, contratei o guia Paul Lawrence, que já havia feito trabalhos fotográficos para revistas e conhecia as montanhas Teton durante o inverno.

Paul e eu acampamos a 3.350 metros de altitude, perto da passagem Hurricane, entre o cânion Cascade e a bacia do Alasca. Era quase meio-dia da sexta-feira, 21 de outubro. Eu estava absorto por aquele cenário espetacular – a própria Grand Teton, os desfiladeiros cobertos de neve, os córregos e os riachos cristalinos, as cascatas, seus pingentes de gelo, as lebres da neve e o incrível céu azul. Nessa época do ano, não havia mais ninguém acampando nas montanhas. Estávamos completamente sozinhos.

No terceiro dia, acordei de manhã bem cedo para pescar no ribeirão que ficava próximo do nosso acampamento. Eu estava caminhando sozinho quando, na minha frente, surgiu inesperadamente um belo arminho fêmea,[8] que saiu do meio da neve. Ela estava a menos de três metros de distância. Seus olhos quase negros pareciam olhar diretamente para os meus. Nesse momento, parei onde estava. O animalzinho se sentou ali, enquanto me olhava, sem mover

[8] Carnívoro mustelídeo, com cerca de 30 centímetros de comprimento, que habita florestas temperadas árticas e subárticas da Europa, Ásia e América do Norte. (N. T.)

nenhum músculo ou mesmo o bigode. Tenho a impressão de que nos encaramos por vários minutos, mas talvez tenha sido bem menos tempo. O arminho então se virou, como que parar ir embora, mas parou, voltou-se mais uma vez na minha direção e me olhou longamente. Então o *show* começou. Ela começou a saltar e deu uma grande cambalhota no ar, depois fitou novamente os meus olhos, como se dissesse: "Então, o que acha disso?". Repetiu o mesmo movimento três ou quatro vezes, sempre me fitando como se desejasse a minha aprovação. Fiquei ali completamente atônito. Depois, comecei a sorrir e inclinar a cabeça na mesma direção que o animalzinho. E isso continuou por muito tempo. Juntos ali, senti-me unido ao arminho. Finalmente, quando ela terminou, virou-se e olhou para mim uma última vez, depois se enfiou na neve e desapareceu.

Permaneci naquele lugar por muito tempo sozinho, refletindo sobre aquela incrível experiência. Sabia que havia sido uma experiência profunda e assim a considero até hoje. Nós nos comunicamos, aquele arminho e eu; naqueles poucos instantes, experimentei o que só posso descrever como uma espécie de transcendência temporal e um sentimento de unicidade com todo o universo.

* * *

Refleti muito sobre o encontro com aquele arminho. No entanto, muito tempo se passaria até que eu conseguisse compreender como aquela experiência havia sido importante para mim. Aquele encontro foi muito mais significativo do que aparentou ser.

Aquele encontro me ensinou a importância da experiência de unicidade. Não me recordo de ter sentido essa afinidade tão estreita com outro ser durante a minha infância. Talvez porque essa capacidade tivesse sido arrancada de mim pelo processo de socialização. Talvez porque a unicidade não fosse valorizada ou encorajada na minha própria família – simplesmente não fazia parte da visão de mundo dos meus pais.

Minha primeira memória desse sentimento de unicidade com alguém foi em meio a uma tragédia. Eu tinha 19 anos e era estudante da Universidade Baylor, em Waco, Texas. Numa tarde, às 16h45, um tornado devastador, com rajadas de vento de mais de 800 quilômetros por hora, assolou a cidade. Pelo que pareceu ser um instante, ouvi um barulho que parecia o de centenas de trens de carga passando pelas ruas; mas, quando tudo aquilo acabou, pairou um silêncio mortal. Então, saí do meu alojamento e, depois de alguns quarteirões, vi que o cenário era de grande devastação. O parque de beisebol havia desaparecido. O edifício dos correios dava a impressão de ter sido partido ao meio. Ao caminhar mais um quarteirão, me deparei com o que havia sido uma grande loja de móveis. Todas as lojas haviam se transformado em ruínas, e só restava uma grande pilha de destroços. Foi desalentador imaginar o que havia acontecido com as centenas de pessoas naqueles prédios. Naqueles poucos minutos, 114 pessoas morreram e centenas de outras ficaram gravemente feridas. Naquela tarde e nos três dias seguintes, trabalhei ajudando a retirar pessoas dos escombros, sobreviventes ou não. Assim, comecei a me sentir próximo dos outros trabalhadores e das pessoas que eu retirava e levava para o hospital improvisado ou para o necrotério. No meio de todo aquele sofrimento, não havia separação entre nós, apenas um forte sentimento de afinidade.

Alguns anos depois, experimentei esse mesmo sentimento outra vez. Era tarde da noite e eu estava passeando pelo rancho no nosso jipe sem capota. Mike McDonald, um dos meus melhores amigos, estava no banco do passageiro, ao meu lado. Estávamos em campo aberto, mas a escuridão era tamanha que não vimos uma grande pedra no meio da grama alta. Atingimos a rocha em cheio, e o jipe capotou. Quando recobrei a consciência, estava preso sob o capô do veículo. Mike estava caído sobre mim com o rosto muito próximo ao meu. Meu peito estava sendo esmagado, tanto que mal consegui balbuciar: "Mike, estou morrendo, não consigo respirar. Você precisa tirar isso de cima de mim". Mike pesava menos de 60 quilos. Sob a luz dos faróis, percebi que ele me fitava nos olhos. Ele não disse nada. Naquele instante, senti que éramos duas expressões de uma só vida.

Sem dizer uma palavra, Mike caminhou até o para-choque dianteiro do jipe, firmou os pés no chão e levantou alguns centímetros a frente do jipe. Então, eu consegui sair. Logo depois, Mike desmoronou no chão.

Algumas vezes, a unicidade acontece entre um advogado e o júri. Já conversei com muitos advogados renomados, e eles reconhecem que com frequência existem momentos, seja na argumentação final ou durante o próprio julgamento, em que não há nada entre você e o júri. Você faz parte deles, e eles fazem parte de você.

Lembro-me de uma ação judicial particularmente difícil na qual atuei junto com um jovem colega que chegou a ser um dos melhores associados do nosso escritório. Nosso adversário era advogado de um dos maiores escritórios de Houston, reconhecidamente um dos quatro ou cinco melhores advogados do Estado. A argumentação que ele havia feito no início da sua apresentação foi tão contundente que deixou meu sócio pisando em ovos. Quando encerrou sua fala, percebi que sua estratégia havia sido eficiente e sua oratória, impecável. No entanto, o que ele havia dito estava errado, e senti que não podia deixá-lo vencer aquele litígio. Então, me levantei e encarei o júri, deixando de lado as anotações que nós havíamos arduamente preparado. Comecei a falar diretamente do coração e a operar num nível mais elevado e muito diferente do planejamento normal, racional e linear que havia desenvolvido ao preparar as minhas anotações. Não lembro de quase nada do que eu disse, mas, quando terminei, lágrimas marejavam meus olhos e corriam pelo rosto de vários membros do júri. Contrariando todas as probabilidades, vencemos aquele processo. A maior parte dos observadores afirmou que foi por causa da minha argumentação final. Tudo o que sei é que, no instante em que me pus diante do júri, tive um sentimento de afinidade com meu jovem colega, com meu cliente e com todos os membros do júri. Quando relembro minhas experiências como advogado, percebo que meu melhor desempenho sempre se deu quando operei nesse nível. Minhas piores atuações aconteceram quando operei no nível puramente racional.

Vários meses depois da viagem às montanhas Teton, encontrei Fran Tarkenton, ex-zagueiro do Minnesota Vikings, um time de futebol americano, e conversamos sobre a ligação entre esporte e mente. Tarkenton contou-me várias histórias sobre os estados alterados de consciência que chegou a experimentar quando jogava futebol americano. Ele me contou como "via" a bola nas mãos de quem iria recebê-la, antes mesmo que o jogador se posicionasse. Ele olhava para o receptor e cantava a jogada, e os dois enxergavam o movimento já finalizado. Ao iniciar a jogada, ele alcançava um nível de clarividência difícil de descrever. Ele e o companheiro estavam em total sintonia. O jogo parecia desacelerar e não exigia nenhum esforço. Mesmo antes de soltar a bola, ele sabia que o passe se completaria.

O que Tarkenton revelou naquele dia me ajudou a compreender o que aconteceu no meu encontro com o pequeno arminho. Eu sentia algo profundo a respeito daquele encontro; sentia, principalmente, que o mundo é fundamentalmente inseparável. Aquilo era muito importante para mim, mas eu era cauteloso ao falar sobre esse assunto. Em vez disso, citava com frequência um trecho do livro *Second Wind*, de Bill Russell, que descreve o sentimento de unicidade que eu havia experimentado, mas com uma linguagem mais informal, mais próxima do esporte:

> De vez em quando, uma partida do Celtics esquentava tanto que se tornava mais do que um jogo físico ou mesmo mental... parecia mágica. Esse sentimento é muito difícil de descrever, tanto que nunca falei sobre isso quando ainda jogava. Quando acontecia, o jogo ascendia a outro nível. Esses momentos ocorriam raramente e duravam de cinco a quinze minutos ou até mais [...]. Envolviam não apenas a mim e aos outros jogadores do Celtics, mas também os jogadores do outro time e até mesmo os árbitros.
>
> Nesse nível especial, muitas coisas estranhas aconteciam. Eu podia estar no calor da competição, mas de algum jeito não me sentia competindo – o que já é um milagre por si só.

> Eu podia estar me esforçando ao máximo, ultrapassando meus limites, tossindo enquanto corria, mas, mesmo assim, não sentia dor. O jogo progredia tão rápido que cada drible, corte ou passe parecia incrível, mas, apesar disso, não me surpreendia. Era quase como se estivéssemos jogando em câmera lenta. Nesses momentos, eu quase podia sentir como a próxima jogada iria se desenrolar e para onde iria o arremesso seguinte.
>
> [...] Minha intuição se mostrava sempre correta, e nessas ocasiões eu sempre sentia que conhecia profundamente todos os jogadores do Celtics, e também os adversários, e que todos me conheciam. Em vários momentos da minha carreira me senti emocionado ou feliz, mas esses eram os momentos em que eu sentia arrepios pela espinha.

Posteriormente, conforme comecei a compreender melhor o que havia acontecido naquela manhã nas montanhas Teton, fiquei mais à vontade para falar abertamente sobre o assunto. Compreendi que essas experiências de unicidade – em Waco, depois do tornado; com Mike, no acidente com o jipe; e durante a argumentação para o júri – foram significativas. Entretanto, as experiências com Bernadete e, mais tarde, com o arminho foram divisores de águas na minha vida. O encontro com Bernadete envolveu, pela primeira vez, uma orientação completamente nova, que o filósofo Martin Buber define como a orientação *eu e tu* – tratar o outro como sujeito (tu), e não como objeto (isso). Limites foram ultrapassados de modo não convencional. Isso criou uma nova abertura na minha vida: o emergir de uma consciência sobre a impermanência dos limites e uma oportunidade de mudar toda a minha orientação ao dialogar e interagir com os outros.

Quando encontrei o arminho no passeio pelas montanhas, houve também uma transposição de limites que comumente não se espera na vida – a dissolução de limites em relação ao mundo natural. Era como se, naqueles instantes, estivéssemos inseparavelmente fundidos. Fui atraído para uma conexão com o arminho, e ele não era um "outro" para mim. Agora, compreendo que o meu nível de consciência mudou, e foi isso que tornou possível o real encontro com aquele animalzinho.

Fui, então, agraciado com uma nova percepção. Eu havia tido contato direto com um aspecto do mundo natural que a perspectiva fragmentada de toda minha vida afirmava não estar disponível. Isso forçou uma mudança no funcionamento da minha consciência e começou a me preparar, em um nível profundo, para reconhecer a impermanência e a transparência dos limites em todos os outros aspectos da minha existência. Essa mudança não aconteceu do dia para a noite – foi como um processo gradativo, que ocorreu ao longo dos anos subsequentes. Com o passar do tempo, comecei a perceber que os limites que criamos nesta vida são imaginários; eles não existem, somos nós que os criamos. E, assim, nos sentimos presos por eles.

Esse tipo de consciência – algumas vezes denominada de "consciência da unidade"[9] – é natural nos seres humanos, mas, em razão da socialização prematura, limitamos nosso mundo progressivamente. Afastamo-nos de nossa verdadeira natureza a fim de abraçar todo tipo de limites. O encontro com o arminho foi muito importante para mim, porque foi a primeira vez que eu experimentei, de forma direta e real, o inter-relacionamento do universo.

---

[9] Para os leitores interessados em aprender mais sobre essa consciência expandida, algumas vezes chamada de "consciência da unidade", recomendo o livro de Ken Wilber, *No Boundary: Eastern and Western Approaches to Personal Growth.*

8. O SONHO

O caminho para o fazer é ser.

Lao-Tsé

Ao longo dos meses seguintes, continuei refletindo sobre as minhas experiências na Europa e com o arminho nas montanhas. Porém, não conseguia conversar com ninguém sobre elas; eu mesmo tive muita dificuldade para compreendê-las. Tive outras experiências similares envolvendo a dissolução de limites, nas quais meu senso de identidade se expandiu até incluir Deus e todo o universo. Eu havia aprendido a rezar desde pequeno, mas dissolver os limites entre mim e Deus foi demais para a minha compreensão. Procurei um amigo querido, um dos mais renomados psiquiatras de Houston, para ter certeza de que eu não estava chegando ao fundo do poço. Contei a ele toda a história – tudo o que havia ocorrido no último ano. Ele riu muito e me deu a segurança de que eu precisava. Além disso, me indicou alguns livros que descreviam esse tipo de experiência, e descobri como a unicidade é primordial em todas as grandes religiões, incluindo o judaísmo, o islamismo, o cristianismo, o hinduísmo, o budismo e o taoismo. Isso me fez sentir mais confortável com aquele tipo de fenômeno. No entanto, eu ainda não conseguia compreender plenamente aquele mistério. Eu sabia que uma nova consciência estava em construção dentro de mim, e lá no fundo sentia que havia muito mais a emergir.

Com o passar do tempo, comecei a sentir que o princípio organizador do universo é o "inter-relacionamento", algo mais fundamental que a "coisificação". Fui percebendo que essa nova compreensão é o que está faltando na forma como pensamos sobre liderança. Sempre falamos sobre o que os líderes *fazem* – sobre o estilo e a função da liderança –, mas colocamos muito pouca ênfase no que significa *ser* um líder.

Minha experiência na Europa ao ler o livro de Fromm, *A arte de amar*, me levou à leitura de *Ter ou ser?*,[10] outro livro dele. Sua tese pode ser resumida pelas duas citações que aparecem na introdução do livro:

"O caminho para o fazer é ser."
Lao-Tsé

"Não deveríamos pensar tanto sobre o que *fazer*, mas sim sobre o que *ser*."
Mestre Eckhart

Fromm explica que "ser" é uma forma fundamental da existência ou da orientação em relação ao mundo, à vida e aos inter-relacionamentos autênticos. Está ligada ao nosso caráter, à nossa orientação total em relação à vida; é uma atividade interna. Segundo ele, é a primeira vez na história que a sobrevivência física da raça humana depende de uma mudança radical do coração humano. Esse é um chamado para servir que requer grande coragem – deixar o que *temos* e avançar, não sem medo, mas sem sucumbir a esse medo. É um chamado para redefinir o que for possível, vislumbrar um mundo novo e estar disposto a assumir, passo a passo, o que for necessário em termos concretos para conquistar essa visão.

* * *

Algumas semanas depois, enquanto lia tudo o que encontrava sobre o tema "liderança", recebi pelo correio um livreto com um ensaio de Robert Greenleaf. Era um material pequeno, com apenas 37 páginas e uma capa laranja escura, intitulado *The Servant as Leader* (*O servidor como líder*).[11] Gostaria de me lembrar de quem o enviou,

---

10 Nas páginas 108-109 de *Ter ou ser?*, Fromm discute a liberdade e o modo de vida simbolicamente representado pelo herói.

11 Esse texto foi posteriormente publicado em uma coletânea de ensaios de Greenleaf, intitulada *Servant Leadership: a Journey into the Nature of Legitimate Power and Greatness*. Recomendo particularmente o capítulo 11, "An Inward Journey", que traz depoimentos do próprio Greenleaf sobre o medo e a perda, aspectos da jornada em direção à transformação pessoal e à liderança servidora. Outro ensaio de Greenleaf que nos oferece maravilhosas ideias sobre a jornada é *My Debt to E. B. White*, em que delineia a influência de White ao longo de um período de 55 anos, enfatizando sua capacidade de "ver as coisas em sua completude". Todos os artigos e livros de Greenleaf podem ser obtidos por meio do Greenleaf Center for Servant Leadership (www.greenleaf.org).

pois sou eternamente grato a essa pessoa. No momento em que vi as palavras "O servidor como líder", fui grandemente impactado. A noção de liderança servidora me parecia totalmente fascinante, e eu não conseguia tirá-la da cabeça. Era como se, de repente, alguém tivesse aberto a minha percepção, permitindo que eu compreendesse aquilo com o que vinha me debatendo; ao mesmo tempo, era como se uma antiga lembrança viesse novamente à tona. Era como se, por meio de suas palavras, Greenleaf me pegasse pela mão e abrisse caminho para um território que exploro até hoje, quase dezenove anos depois.

Greenleaf atribuiu a ideia de liderança servidora ao livro *Viagem ao Oriente*, de Hermann Hesse. O narrador da história está em viagem com um grupo de homens, procurando alcançar a iluminação (uma jornada que provavelmente simboliza a do próprio Hesse, como observa Greenleaf). Leo é o servo que realiza as tarefas corriqueiras do grupo, mas também o apoia com sua presença, seu bom humor e sua música. A jornada dura anos, e tudo vai bem, mesmo com todo tipo de provação, até que Leo desaparece. O grupo descobre que não consegue prosseguir sem ele. Os personagens ficam confusos, se perdem, e o narrador quase morre. Depois de anos de perambulação, o narrador finalmente encontra Leo e é levado até a ordem que havia patrocinado a jornada. Lá ele descobre que Leo, a quem anteriormente havia conhecido como servo, era na verdade o líder da ordem, seu guia espiritual, um grande e nobre *líder*. Pela qualidade da vida interior expressa por sua presença, Leo se colocou como servo para fortalecer o grupo e possibilitar sua jornada.

Nesse ensaio, Greenleaf assume uma posição fundamental e estabelece um novo referencial, por meio do qual podemos compreender as dinâmicas subjacentes à liderança. A essência da liderança, afirma Greenleaf, é o desejo de servir uns aos outros e de servir a algo maior que nós mesmos, a um propósito mais elevado. Na nossa forma tradicional de pensar, "liderança servidora" parece mais uma contradição, um paradoxo. Entretanto, no mundo das relações, em que o inter-relacionamento é o princípio organizador do universo, faz total sentido. Sob essa orientação, a liderança servidora parece uma forma poderosa e natural de se pensar sobre liderança. Comecei a perceber que havia encontrado uma peça-chave do quebra-cabeça que eu tentava resolver havia tanto tempo.

* * *

Tudo em mim dizia que eu precisava de um tempo para digerir o que estava acontecendo e compreender o que estava prestes a emergir. Assim, munido dessas ideias, no início de 1977, tirei algumas semanas de férias e fui para as montanhas novamente, dessa vez para Steamboat Springs, no Colorado, para vivenciar voluntariamente a arte da solidão e refletir sobre o que estava perante mim.

Era o fim da primavera – para mim, a época mais bonita nas montanhas, uma época de nascimento e renovação. Hospedei-me num condomínio particular que fica no topo das montanhas, na encosta oeste da área de esqui (que nessa época do ano ficava fechada), a alguns minutos a pé de um terreno que eu havia adquirido no ano anterior.

Eu acordava todas as manhãs pouco antes do sol nascer, tomava suco e comia frutas, fazia alongamentos e corria longa e lentamente pelas montanhas. Depois, tomava um banho e um bom café da manhã, e caminhava até o meu terreno, onde passava o dia escrevendo e ponderando. Quando estava lá, sentia-me completamente sozinho, como se estivesse no topo do mundo. A propriedade era cercada por um cinturão verde e por florestas naturais, e, sendo o ponto mais elevado da região, fazia-me sentir como se estivesse dentro de um ninho de águia. Para o leste, via a montanha de esqui; abaixo, para oeste, era possível avistar o vale de Yampa e tudo o que ficava além, numa extensão de 60 ou 80 quilômetros. Era um local espetacular para visitar naquela primavera, entre as flores silvestres, os altos pinheiros e os abetos.

Quando deixei as montanhas, tinha esboçado as linhas gerais para um instituto que desenvolveria a liderança servidora, o qual posteriormente vim a chamar de Fórum Americano de Liderança. O Fórum seguiria, de alguma forma, os padrões do aclamado White House Fellows Program, mas encorajaria conexões entre os diferentes setores da sociedade e a nova geração de líderes em comunidades ou regiões. Ele ampliaria o senso de responsabilidade pública e melhoraria a capacidade de liderar dessas pessoas numa sociedade pluralista, onde ninguém mais seria o "encarregado". O princípio fundamental da organização seria a liderança servidora, servindo com compaixão e amor e reconhecendo que a única autoridade real para essa nova era é aquela que enriquece os participantes e valoriza o seu poder, em vez de diminuí-lo. Essa organização encorajaria a "liderança transformacional": liderança baseada em um forte comprometimento e em ideias visionárias amplas. Seria uma liderança que uniria a capacidade de vislumbrar uma comunidade ou região grandiosa, e a capacidade de ajudar essa grandiosidade a ser implementada. Abraçaria ainda a noção de que não devemos ficar presos às circunstâncias atuais, mas que podemos escolher, literalmente, o tipo de comunidade e o tipo de mundo no qual queremos viver.

Transformar o Fórum de Liderança em uma realidade exigiria a busca de talentos ocultos. Meu sentimento era de que havia centenas de líderes de primeira classe, homens e mulheres da nova geração, pessoas mais jovens, que estavam a apenas um passo do topo. Seria nossa tarefa encorajá-los a enxergar seu propósito maior, a compreender seu próprio destino na vida e a tentar alcançar o que fosse realmente importante para eles. Estávamos no limiar de uma nova era e tínhamos de moldá-la aos propósitos mais altos e aos valores mais elevados possíveis. Acima de tudo, tínhamos de lutar para compreender o significado da bondade e do amor, "o princípio perfeito e visível de toda a vida". Eu me lembrava dessas palavras em *Fernão Capelo Gaivota*, e também das últimas palavras de Chiang, o professor de Fernão, enquanto desaparecia num raio brilhante de luz: "Fernão, continue trabalhando no amor". Essa busca norteou toda a minha vida e se tornou a pedra fundamental sobre a qual o Fórum Americano de Liderança seria alicerçado – a ideia do serviço e da compaixão pelos outros. A ideia da liderança servidora. A ideia de ajudar os outros em sua luta para ultrapassar seus limites. Assim, minha missão pessoal se tornou partilhar com outras pessoas uma parte da verdade que se desdobrava perante mim.

Por cerca de seis meses, guardei na manga a ideia do Fórum Americano de Liderança. Era um sonho tão imenso que eu tinha medo de contar a outras pessoas, porque parecia algo realmente grandioso. Quase tinha vergonha de me imaginar fazendo algo daquela proporção.

Um ano mais tarde, um cliente e amigo querido, Tom Fatjo, veio me visitar. Fundador da Browning & Ferris Industries (mais conhecida agora como BFI), Tom era contador e também um grande empreendedor. Ele teve uma ideia sobre como os resíduos sólidos e o lixo poderiam ser tratados. Depois de desenvolver o sistema, comprou um caminhão de lixo e começou a acordar às 4 horas da manhã para recolher o lixo de sua vizinhança com a finalidade de testar o sistema que ele havia inventado. Dessa ideia, surgiu uma das maiores empresas de tratamento de lixo sólido do mundo.

Tom me procurou no escritório para compartilhar seu sonho de criar em Houston um centro de formação e aprimoramento profissional, com o objetivo de ajudar executivos e outros profissionais a adquirir uma qualidade de vida mais produtiva. À medida que Tom me contava o seu sonho, fui tomando coragem para lhe revelar também o meu sonho. Se ele era capaz de assumir esse risco, eu também o seria. Entreguei a ele uma cópia do meu plano, e Tom levou-a para sua casa.

Alguns dias depois, ele voltou e disse: "Joe, acho que essa ideia é absolutamente extraordinária. É algo de que o país e a nossa comunidade realmente precisam. É um sonho muito grande, mas acho que pode se tornar realidade. Contudo, existe uma falha crítica no seu plano. Você se colocou como presidente do comitê executivo, mas pôs outra pessoa como presidente e principal executivo de toda a operação. Colocou outra pessoa para fazer acontecer. Sabe, Joe, esse é o seu sonho, e, se pretende transformá-lo em realidade, é você quem tem que realizá-lo. Você precisa estar à frente, e vai ter de dedicar cem por cento da sua energia e cento e dez por cento do seu comprometimento para fazer com que tudo aconteça. Se você não fizer isso, pode esquecer o assunto. Você vai ter de sair de seu escritório, largar a advocacia e dedicar toda a sua energia e todo o seu tempo, ou então isso não vai acontecer".

As palavras saíam da boca de Tom, e eu sabia que ele dizia a verdade. O que ele havia dito estava totalmente correto. No entanto, eu não tinha coragem suficiente para deixar a prática da advocacia e assumir todos os riscos implícitos. Eu havia prometido aos meus sócios que iria a Londres para abrir uma filial e usei isso como pretexto. Disse a Tom que o momento não era adequado e que eu simplesmente não poderia fazer o que ele sugeria.

Tom olhou para mim e disse: "Quando estiver pronto, me avise. Vou ajudar você". E realmente, alguns anos depois, Tom me forneceu o apoio crucial de que eu precisava.

9. Cairo

No início de 1978, mudei-me para Londres para abrir nosso novo escritório de advocacia. O período que passei lá unificou meu pensamento de uma forma que jamais teria ocorrido se eu tivesse ficado nos Estados Unidos. Compreendi que as implicações do Fórum Americano de Liderança eram globais, que o mundo democrático vê nos Estados Unidos um modelo de democracia e que, se a democracia não funcionar lá, não vai funcionar em nenhum outro lugar.

Em 1979, os veículos de comunicação estavam escrevendo sobre liderança nos Estados Unidos. As revistas *Business Week, U.S. News & World Report, Newsweek* e todos os jornais mais importantes apresentavam matérias, e a *Time* dedicou uma edição especial (em 6 de agosto de 1979) inteiramente à liderança, incluindo um maravilhoso editorial escrito por Lance Morrow e intitulado "A Cry for New Leadership: America Looks for Leaders Who Can Construct a New Consensus" (Um grito por uma nova liderança: os Estados Unidos procuram líderes capazes de construir um novo consenso).

Todos os artigos levantavam as mesmas questões. Afirmavam que havia uma retração geral da comunidade e dos serviços públicos em todo o país, uma forma de cinismo cívico, e destacavam ainda um egocentrismo generalizado entre as pessoas da nossa geração. Falavam sobre as mudanças demográficas que haviam ocorrido em nosso país nos vinte anos anteriores e deixavam claro que o velho estilo de liderança comunitária e regional nunca mais teria eficácia. Eram necessárias novas atitudes e novos tipos de liderança: mais abertos, flexíveis e participativos. Os autores repetiam o que John W. Gardner havia afirmado vinte anos antes: a comunicação entre os vários elementos da liderança – administração pública, empresas, minorias – era a primeira condição para a renovação de nossas comunidades e da nossa nação.[12]

Nessa época, eu estava viajando pela Europa e, sempre que possível, conversava com pessoas de alto escalão em empresas e no governo sobre o que estava acontecendo no mundo e em nosso país. Talvez o fato de viver no exterior tenha me trazido uma compreensão mais clara sobre os Estados Unidos. É sempre assim quando você se afasta e olha para algo com certo distanciamento. O que percebi foi que as pessoas da minha geração estavam muito ocupadas consigo mesmas e também eram muito materialistas, empenhadas em fazer mais para obter mais. John Gardner havia falado sobre a "vacina antiliderança" que todos tínhamos recebido na escola, nos anos 1950, e na faculdade, nos anos 1960. Não me lembro de nenhum professor ou mentor falando comigo sobre liderança, sobre retribuir, sobre estar a serviço dos outros. O foco estava em escolher um negócio ou uma profissão, tornar-se conhecido no seu campo de atuação e chegar ao topo.

Fiquei pensando em qual seria a chave para tudo isso. Eu não conseguia distinguir exatamente o que era, mas percebi que toda essa discussão estava centralizada no *fazer*; e que, embora importante, deixava escapar algo crucial. Assim, ficou cada vez mais claro para mim que o tipo de liderança capaz de exercer mudança duradoura focalizava o *ser*.

Continuei viajando, trabalhando e ponderando sobre questões de liderança e o que estava acontecendo nos Estados Unidos, mas não compartilhei minhas ideias com ninguém.

Em 1979, surgiu uma oportunidade de parceria com um escritório de advocacia no Cairo. Anthony Radcliff, um advogado inglês que era meu parceiro em Londres, foi comigo para o Cairo. Passamos dez dias lá e, em vez de mergulhar nos negócios, aproveitamos uma boa parte do tempo para visitar alguns bairros e casas, e andar pela cidade, aprendendo um pouco sobre a cultura e a sociedade egípcias.

---

[12] O capítulo 12 de *No Easy Victories* é a mais lúcida e inspiradora mensagem que já li sobre a necessidade de uma liderança na comunidade. É tão válida hoje quanto o era há mais de 25 anos.

Anthony e eu passamos bastante tempo juntos, e me peguei conversando com ele sobre o meu sonho do Fórum Americano de Liderança. Naquela época, eu ainda não tinha dado um nome ao projeto. Só estava explicando o conceito para ele. Disse-lhe que acreditava que a maioria de nós estava usando apenas uma fração da capacidade que de fato possuía. Eu desejava muito descobrir um modo de transformar esse potencial em uma mudança construtiva para os Estados Unidos e para o mundo. Falei sobre a hierarquia de necessidades de Maslow e sobre como, após satisfazer nossas necessidades materiais, podemos nos voltar para a satisfação de necessidades mais elevadas. Era como se, nos Estados Unidos, cinco mil pessoas ou mais, como eu, na faixa dos 40 anos de idade, tivessem satisfeito amplamente suas necessidades por sucesso material e agora ansiassem por uma vida com significado e aventura, mas tinham medo de dar o primeiro passo. O que precisavam era de algum mecanismo para provocá-los e conectá-los a outras pessoas que se sentissem da mesma maneira, de forma a aumentar o senso de responsabilidade coletiva. Contei a Anthony que desejava prover esse mecanismo para outros, porque sabia quão necessário ele era. Eu era o retrato perfeito do indivíduo "bem-sucedido" que havia trabalhado por anos a fio e alcançado reconhecimento profissional, mas que agora olhava para os últimos vinte anos e percebia que jamais havia compreendido o verdadeiro significado de estar aqui e não tinha sequer chegado a experimentar uma vida real. Havia muitos talentos desperdiçados, escondidos, e o que eu queria era ajudar a descobri-los e desenvolvê-los. Eu queria descobrir uma forma de juntar essas pessoas numa comunidade de líderes que desenvolveriam a sabedoria e o poder de servir os outros. Eu vislumbrava uma comunidade nacional, e depois internacional, de líderes servidores – uma comunidade de pessoas esclarecidas e comprometidas, que poderiam se unir e se apoiar para promover mudanças em suas comunidades e no mundo, "a única coisa que sempre importou", como afirmou certa vez Margaret Mead.

Para Anthony, admiti que a minha ideia parecia grandiosa e talvez até um pouco ingênua, mas ressaltei que eu acreditava nela profundamente. Acreditava que estava sendo chamado a agir como catalisador para fazer tudo isso acontecer. Eu quase tinha vergonha de dizer isso, mas me sentia capaz de colocar tudo em prática e ajudar a criar um movimento em direção a uma liderança esclarecida, comprometida e transformacional.

Anthony me escutou, e trocamos ideias durante vários dias. Ele era um ótimo ouvinte e uma pessoa muito gentil, e quase fazia minhas ideias tomarem forma enquanto eu falava. Foi parecido com o que eu havia experimentado vários anos antes conversando com Tom Fatjo, quando vislumbrei meu sonho, mas não tive coragem de concretizá-lo. Anthony me inspirou simplesmente pelo modo como me escutou. E ele disse que esperava grandes coisas de mim.

* * *

Mais tarde, enquanto eu refletia sobre as nossas conversas, percebi que Anthony era um verdadeiro líder servidor. Ele colocava os meus próprios interesses no centro da sua atenção, e as suas perguntas e a sua preocupação representaram para mim uma fonte de energia que eu não havia recebido de nenhuma outra forma. Fiquei impressionado com o fato de que, nas montanhas de Steamboat Springs, o conceito de liderança servidora estava no cerne do meu sonho; e agora eu havia experimentado, da forma mais significativa, a verdadeira encarnação da liderança servidora.

* * *

Anos depois, quando o Fórum Americano de Liderança já era uma realidade, Anthony e eu nos lembramos da nossa viagem ao Cairo. Ele me contou que na época havia percebido que, embora eu ainda não o soubesse, logo iria deixar o escritório de advocacia para seguir meu sonho. Ele não falou uma só palavra sobre isso no Cairo, mas continuou a me encorajar ouvindo-me descrever o que vislumbrava em minha mente.

A liderança pode ser definida como a liberação de todas as possibilidades humanas. Um dos principais requisitos para a boa liderança é a capacidade de inspirar as pessoas no grupo: movê-las, encorajá-las e colocá-las em atividade, depois ajudá-las a continuar centradas, focadas e operando com capacidade plena. Um elemento-chave dessa capacidade de inspirar é comunicar claramente às pessoas que você acredita que elas fazem a diferença, que você sabe que elas possuem algo importante para oferecer. Assim, a confiança que você demonstra ter nos outros vai determinar, até certo ponto, a confiança que eles demonstram em si mesmos. John Gardner coloca isso de forma sucinta:

> Se alguém está liderando, ensinando, lidando com pessoas jovens ou engajado em qualquer atividade que envolva influenciar, dirigir, guiar, ajudar ou fomentar, todo o tom do relacionamento é condicionado pela fé desse alguém nas possibilidades humanas. Esse é o elemento gerador, a fonte do movimento que dá vida ao relacionamento (Gardner, 1990, p. 199).

O simples fato de estar disponível para os outros e escutá-los é uma das mais importantes capacidades que um líder deve ter. Isso desperta o melhor das pessoas, ao permitir que elas expressem o que existe em seu interior. Se alguém me escuta colocar em palavras o que estou sentindo, então meus sentimentos passam a ter substância e direção, e eu posso agir.

É possível que Anthony não concordasse com tudo o que eu dizia, mas, durante os dias no Cairo, ele prestou atenção de verdade e sei que se importou com o que eu lhe contava. Íamos para o trabalho, depois saíamos para algum lugar e voltávamos ao hotel para conversar. Sua escuta me permitiu desenvolver meus pensamentos. Enquanto conversávamos, os olhos dele nunca se desviavam. Olhava diretamente para mim e me dava total atenção, como se não houvesse nada mais importante naquele momento. Quanto mais ele escutava, mais eu era capaz de me expressar e tinha mais segurança sobre o que falava. Essa experiência com Anthony me ensinou muito sobre o poder da escuta, sobre como ela é importante para ajudar os líderes a sonhar e formar suas visões do futuro.

Enquanto eu relembrava com ele esses assuntos, uma grande calma e paz de espírito me envolviam. Para mim, parecia perfeito estar naquele lugar, naquela hora e falar sobre aquelas possibilidades.

A capacidade de Anthony de escutar tinha a ver com isso, assim como a própria cidade do Cairo. Eu havia passado muito tempo caminhando sozinho, e senti que já havia estado ali, embora nunca tivesse visitado o Cairo antes. E, no entanto, enquanto caminhava em vários lugares, tinha a certeza de já havê-los visto antes. Lembro até de ter tirado uma fotografia, que guardo até hoje, de um local em particular ao qual me senti conectado. Tratava-se de uma pequena área aberta no centro da cidade, próximo de uma rua que terminava numa igreja antiga. Havia um lugar para sentar e descansar, e me vi várias vezes voltando para lá. As cores do céu no amanhecer e no fim da tarde me fascinavam. Muitas vezes, quando estava lá, experimentava um zumbido estranho nos ouvidos e sentia, sem sombra de dúvida, que era fundamentalmente um com o universo inteiro. Meu senso de identidade se expandiu para além de mim e abarcou o mundo inteiro, o universo inteiro. Era um retorno do mesmo sentimento que eu tinha experimentado nas montanhas, sobretudo quando encontrara o arminho, e o mesmo sentimento que havia experimentado na grande catedral de Chartres. Portanto, continuei voltando a esse lugar no Cairo, que se tornou um local sagrado para mim. O tempo que eu passava lá era de paz, sossego e reflexão. Eu me sentia uno comigo mesmo e com o mundo.

10. Dissolvendo limites

Minha visita ao Cairo terminou abruptamente depois de um telefonema por volta das 5 horas da manhã. Quando segurei o telefone, escutei minha irmã Joanie dizer que estava na casa da minha outra irmã e que precisava me dar uma notícia terrível: meu sobrinho David havia falecido num acidente de carro, algumas horas antes. Ela disse que toda a família estava reunida na casa de Claire e Bob e que todos estavam sentados ao redor do telefone enquanto ela falava comigo. Mal acreditei no que ouvia e era como se eu revivesse imagens do passado, sete anos antes, quando a própria Joanie tinha me telefonado para comunicar o falecimento de seu próprio filho, Mike. Fiquei arrasado e perguntei a Joanie se podia falar com Claire.

Quando Claire atendeu, eu mal conseguia falar. Simplesmente desabei, chorando incontrolavelmente, e tudo o que eu conseguia dizer enquanto soluçava era: "Sinto muito, sinto muito, sinto muito". Claire tentou me consolar, por mais louco que isso pareça, mas às vezes é o que acontece nessas horas. Ela tentou me consolar, mas eu estava realmente desolado.

Joanie já havia me revelado anteriormente que nada – nem a morte de um dos pais, nem a morte do cônjuge, nem a iminência de sua própria morte – se compara à dor de perder um filho. Eu estava sentindo a dor de Claire diante da morte do filho e simplesmente desabei. Era como se, naquele instante, existisse uma conexão total e completa entre mim e Claire. Nossas emoções se tornaram uma só. Eu chorava as lágrimas dela; era um único choro. Era como se o espaço e o tempo tivessem desaparecido e Claire e eu fôssemos uma só pessoa, como se eu tivesse me fundido a ela naquele momento. Havia algo assustador nessa experiência.

Não lembro muito como aquela conversa se desenrolou, mas, em retrospectiva, compreendo agora que eu experimentara outra dissolução de limites, similar àquelas experimentadas anteriormente, mas dessa vez o rompimento dos limites foi tão completo e envolveu tanta dor que deixou em mim outra marca indelével.

No avião, voltando para casa, refleti sobre tudo aquilo. Num curto período de tempo, eu havia experimentado sentimentos que iam desde a euforia até um sentido de unicidade com o mundo, e de repente a mais profunda dor e unicidade com Claire. No avião, eu procurava encontrar sentido para o que havia acontecido. Eu não tinha muita clareza, mas, num nível profundo, sabia que precisava encontrar uma forma de compreender essa dinâmica, essa abertura para o mundo. De alguma forma, eu sabia que isso também era parte da minha jornada.

Quando finalmente cheguei a Houston, já era o dia do sepultamento. O funeral foi conduzido por um grande amigo meu, de Claire e de Bob, o reverendo Robert Ball, da Igreja Presbiteriana Memorial Drive. Bob Ball também me apoiara durante os dias terríveis após o meu divórcio. Ele realizou uma cerimônia maravilhosa. Em vez de fazer uma cerimônia pesada e penosa, Bob transformou-a em uma celebração da vida de David. Robert e John, os irmãos de David, deram belos testemunhos sobre o irmão. Bob falou sobre a maneira como David havia decidido viver sua vida: de forma plena e independente. Ele fazia as coisas do seu próprio modo e esperava que os outros fizessem o mesmo.

Ao falar de David, dr. Ball o chamava de "Eli", apelido que os amigos haviam dado a ele. "Na noite passada", disse dr. Ball, "compreendi quão singular e raro é conhecer outro ser humano que nos trate como igual. Eli fazia isso por mim. Esses momentos são tão preciosos, tão cheios de vida e de respeito ao que existe de melhor nela que, quando acontecem, sentimos vontade de tirar os sapatos, pois estamos pisando em solo sagrado".

Depois, dr. Ball mencionou que a vida humana, de acordo com as escrituras, não diz respeito ao ato de chegar a algum lugar, mas, sim, de continuar na estrada, estar a caminho, num processo de vir a ser. Ele disse: "De alguma forma, Eli recebeu a mensagem de que a vida é um lugar para ser vivido, e então ele a vivia intensamente. A vida que Eli viveu era plena de significado".

"Não sei explicar por que tragédias como essa acontecem", continuou dr. Ball. "Não tenho a sabedoria profunda para explicar como tudo vai terminar. Mas suponho que Eli, que tratava a mim e aos outros seres humanos como iguais, estava exatamente no caminho certo, ainda está e sempre estará."

David foi sepultado ao lado de Mike, o filho de Joanie. No funeral, enquanto eu olhava para o caixão coberto de flores, senti grande proximidade com David e a presença dele. Depois da cerimônia, enquanto caminhávamos em direção aos carros, tive o impulso de parar e dar uma última olhada no caixão coberto de flores. Quando fixei meus olhos, eu podia jurar que vi David sentado em cima do caixão. Os braços estavam cruzados, e ele tinha um leve sorriso nos lábios, do qual sempre me lembro. Seus olhos fitavam diretamente os meus, e a cabeça estava inclinada para um dos lados. Com voz firme, ele disse: "Vá em frente!". Deve ter sido a minha imaginação, mas agora posso ver a cena com tanta clareza como naquele momento.

Senti como se David estivesse me dando a bênção final, o empurrão derradeiro ou a permissão para que eu deixasse tudo para trás, sabendo que os acontecimentos das últimas duas semanas haviam me afetado profundamente.

Voltei-me e continuei caminhando em direção ao carro. Até hoje não entendi completamente tudo isso, mas, naquele instante, eu *soube* que a minha jornada havia começado.

PARTE II

ATRAVESSANDO O LIMIAR

Era uma sensação visual que me deixou atordoado e enjoado, mas era diferente de ver; vi linha que não era linha, espaço que não era espaço. Eu era eu mesmo e, ainda assim, não era eu mesmo. Quando consegui recuperar a voz, gritei alto, desesperado: "Isso é loucura ou é o inferno?". "Não é uma coisa nem outra", respondeu calmamente uma voz que vinha da esfera.

"É conhecimento; são três dimensões. Abra seus olhos e procure manter o olhar fixo."

Edwin A. Abbott, *Planolândia: um romance de muitas dimensões*

11. O MISTÉRIO DO COMPROMETIMENTO

Depois do funeral de David, fui até Nova York para conversar com Bernadete. Senti que ela era o tipo de amiga que eu precisava naquele momento – alguém que pudesse entender em profundidade a batalha interior que eu travava naqueles últimos anos.

Eu e Bernadete não nos víamos desde aquela manhã de domingo de 1976, em Cannes. Na época, contudo, quando voltei a Houston, encontrei um pequeno pacote na minha porta. O endereço do remetente era o do pequeno hotel em Paris onde Bernadete se hospedara naqueles poucos dias durante a reunião da qual participara. Tratava-se de um livro cuidadosamente embrulhado em papel de presente. Era o livro *Demian*, de Hermann Hesse. Na capa interna, havia uma dedicatória de Bernadete, e uma das páginas havia sido marcada com a ponta dobrada. Nessa página, um trecho dizia:

> Cada homem possui sua vocação genuína – encontrar o caminho para si mesmo... Sua tarefa é descobrir o próprio destino – não um destino arbitrário – e vivê-lo com integridade e resolução no interior de si mesmo. Tudo o mais é apenas uma existência fictícia, uma tentativa de fuga, uma volta aos ideais das massas, a conformidade e o medo de enfrentar sua própria essência (Hesse, 1965, p. 108).

Ao longo dos anos seguintes, sempre retornei a essa passagem sobre a história da juventude de Emil Sinclair, um documento clássico a respeito da mais antiga de todas as indagações – a busca pelo autoconhecimento. Em Nova York, Bernadete e eu passamos um dia conversando sobre a apreensão e a ansiedade que eu sentia a respeito do passo que eu planejava dar. Assim como Anthony, Bernadete me ajudou a ver mais claramente o caminho que eu estava escolhendo.

De Nova York, voltei para Londres, pensei por várias semanas e finalmente tomei a decisão mais difícil de toda a minha vida: sair do escritório de advocacia, deixar os sócios, colegas e amigos que por tantos anos haviam sido uma parte tão importante da minha vida. Deixar essas pessoas era como deixar membros da minha própria família. Naquela altura, eu já estava há vinte anos no escritório e era difícil partir. No início, eles tentaram me dissuadir da decisão, mas quando perceberam que eu iria e que nada poderia me impedir, o clima mudou. Parecia um divórcio. Acho que eles se sentiram rejeitados, e eu me senti mal compreendido. Todos achavam que era loucura eu largar uma carreira bem-sucedida como advogado para fazer algo que ninguém conseguia nem entender o que era. E eu não podia culpá-los. Não compartilhei meu sonho com eles porque me senti envergonhado. Pensava que não iriam compreender – se, naquele momento, eu mesmo ainda não havia compreendido totalmente, como poderiam eles? Ouvi muita coisa do tipo: "Joe chegou ao fundo do poço". De certa forma, acho que cheguei mesmo. Eu me sentia muito diferente e distante dos meus colegas. Sentia como se fosse partir para uma longa jornada; muito tempo se passaria até que eu pudesse estar com eles novamente, se é que isso aconteceria. Assim, parti em busca do meu próprio mundo.

Percebo agora que por pelo menos dois anos eu realmente me afastei do mundo a que estava acostumado, antes que minha jornada começasse, e me aproximei mais dessa pessoa diferente que iniciaria uma jornada. Assim, tive de lutar com os meus medos e a negação da minha capacidade de fazer uma real diferença no mundo – a síndrome do "Quem, eu?". Durante o período em Londres, eu havia encontrado muitas formas de racionalizar a importância da minha vida muito ocupada. "Estou ocupado até o pescoço na construção do meu escritório de advocacia. De qualquer modo, como poderia abraçar a ideia de formar melhores lideranças para o país?" Continuei negando o meu destino por causa da minha insegurança, do meu medo do ostracismo, da minha ansiedade e da falta de coragem para me arriscar. Eu estava cedendo à pressão interna que sentia para estar em conformidade com a equipe de profissionais da qual eu fazia parte. Em algum lugar, lá no fundo, eu sabia que cooperar com o destino traria uma grande responsabilidade e eu tinha muito medo de aceitar essa responsabilidade. Compreendo agora que estava sendo chamado para cumprir o meu destino e, ao fazer isso, como diz Joseph Campbell, eu estaria me entregando ao plano criador do universo, que se manifestaria por meio da minha própria criação. No entanto, eu relutava em enfrentar o esforço extremo que isso exigiria.

Em Houston, quando me senti chamado a realizar o meu sonho e o compartilhei com Tom Fatjo, em última análise, o arquivei na "caixa rotulada como 'muito difícil'".[13] Não consegui ultrapassar o medo do desconhecido e do sacrifício material que teria de fazer. Eu estava fechado na minha zona de conforto e permaneci, em grande parte, na esfera de segurança das pessoas familiares – minha própria tribo, por assim dizer.

Contudo, em outro plano, eu passava cada vez mais tempo sozinho, escrevendo, lendo, pensando, refletindo e meditando. Foi o que fiz com as minhas noites e os meus finais de semana. Cada momento livre foi direcionado para a luta interior, pensando sobre o fórum, imaginando-o na minha mente, imaginando como seria e quais seriam os seus resultados. Com o passar do tempo, as imagens da nova empreitada me absorveram completamente. Essa visão começou a impregnar cada parte de mim. Tornei-me ela, e ela se transformou em mim. E assim permaneceria pelos dez anos seguintes.

No momento da decisão, foi como se eu, na verdade, não tivesse escolha. Não foi propriamente uma decisão sobre o que eu "devia" fazer – simplesmente, eu não poderia deixar de fazê-lo. Nesse

---

[13] Ouvi essa expressão pela primeira vez do almirante James B. Stockdale.

momento, de acordo com Rollo May, liberdade e destino se fundem.[14] Foi nesse ponto que as minhas palavras se transformaram em ação.

Em Londres, comecei a vender tudo o que tinha, todos os bens materiais e os luxos que eu havia acumulado – meu DB5, meu BMW, meu apartamento em Chelsea. Acho que eu estava me preparando para a jornada, me preparando para viajar mais leve.

Na minha última noite no escritório, meus colegas ingleses organizaram uma pequena festa. Parece que eles aceitaram e entenderam a situação melhor do que os meus sócios norte-americanos. Acredito que deve ter sido porque, de várias formas, meus sócios norte-americanos e eu havíamos crescido juntos. Eles conheciam o velho Joe e não chegaram a conhecer o novo Joe. Meus colegas ingleses estavam comigo havia três anos e, embora na época eu não tivesse me dado conta, penso que acompanharam a minha mudança. De qualquer maneira, depois daquela festa de despedida, eu soube que o meu comprometimento era real. Não havia retrocesso. Estava feito.

No instante em que me afastei do escritório, uma coisa estranha aconteceu. Eu não tinha a menor ideia de como procederia. Eu não sabia quase nada sobre currículos para desenvolvimento de liderança. Não conhecia ninguém que pudesse me ajudar a concretizar o que eu queria, nenhum apoio, nenhuma rede de especialistas. Os recursos necessários para um esforço nacional seriam enormes, excedendo minha própria capacidade. Eu não tinha nada disso, apenas a mim mesmo. E, ainda assim, naquela altura, por mais estranho que pareça, a maior parte de minhas preocupações e dúvidas sobre a grandiosidade do projeto foi dissipada. Tive uma grande e forte sensação de direção interna e foco, além de uma incrível sensação de liberdade, que jamais havia experimentado em toda a minha vida.

---

14 Recomendo a leitura de *Freedom and Destiny*, de Rollo May, a qualquer um que esteja trilhando o caminho interior da liderança. O autor sugere que a liberdade perde o seu alicerce quando separada de seu oposto, o destino, que estabelece a tensão criativa necessária e torna possível a liberdade (May, 1981, p. 16). O autor afirma ainda que, depois de perseguir nosso destino por muitos anos, podemos chegar a um ponto em que nossa liberdade e nosso destino parecem se fundir. Isso foi comprovado quando Martinho Lutero pregou suas 99 teses na porta da catedral em Wittenberg e disse: "Não posso agir de outra forma, essa é a minha missão". Esses atos, como May explica, são "fruto de anos de pequenas escolhas que culminam nessa decisão crucial, na qual a liberdade e o destino de uma pessoa se fundem" (May, 1981, p. 99).

Eu havia me comprometido com algo bem maior que eu – e, diante disso, como compreenderia depois, iria adquirir níveis de compreensão e desprendimento nunca antes alcançados.

Como eu não tinha nenhum conhecimento específico, apenas a orientação do sonho que havia formado durante as duas semanas que passei em Steamboat Springs, resolvi viver um dia de cada vez e dar um passo por vez. Havia uma confiança interior no sentido de que tudo daria certo. Era uma espécie de comprometimento que não parecia completamente novo para mim. Eu havia experimentado alguns desses sentimentos quando saí para montar a companhia de seguros, a refinaria no Alasca e os escritórios de advocacia. Contudo, em cada uma dessas ocasiões, éramos um grupo de pessoas e tínhamos entre nós a experiência e a perícia necessárias para construir uma estrutura. Nessa nova situação, eu estava sozinho, sem nenhuma habilidade ou experiência no assunto. Tudo o que possuía era o meu sonho e os meus recursos interiores.

Paradoxalmente, nesse momento, eu tinha certeza de que *iria* realizar esse sonho. Eu sentia que nada me deteria; não permitiria que nada bloqueasse o meu caminho. Hoje, olhando para trás, percebo que parecia tão obstinado que talvez, de forma não intencional, tenha ofendido muitas pessoas, incluindo algumas da minha família, pessoas próximas e amadas. O mesmo pode ter acontecido com sócios do meu escritório de advocacia. Sinto-me mal a respeito disso e espero ter aprendido uma lição valiosa. Entretanto, eu estava tão focado no meu comprometimento que continuava a me impulsionar para adiante. Quando analiso os fatos agora, percebo que eu era quase irracional, porque o meu sonho era muito grandioso.

No dia em que saí do escritório de advocacia, atravessei um limiar. Daquele momento em diante, o que aconteceu comigo manteve sempre uma aura misteriosa. As peças começaram a se encaixar quase sem esforço: incidentes imprevistos e encontros com as pessoas mais notáveis, que me forneceriam o apoio fundamental.

12. O GUIA

Domingo, 27 de julho de 1980. Eu havia deixado o escritório de advocacia na semana anterior e passava os dias e as noites escrevendo, pensando e lutando com os problemas filosóficos da nova empreitada que eu tinha decidido realizar, estudando especialmente o novo currículo de liderança, que seria o seu alicerce.

Naquele dia, levantei antes do amanhecer e saí para uma corrida longa, lenta e relaxante no Hyde Park. Quando voltei, peguei o *The Sunday Times* e fui para o meu apartamento. Depois de tomar uma ducha, comecei a folhear o jornal e, quando cheguei à página 14, vi uma manchete na seção de educação intitulada: "Como o Universo se mantém unido". Havia uma fotografia do dr. David Bohm, professor de Física Teórica no Birkbeck College, em Londres, com a seguinte legenda: "Bohm e sua álgebra das álgebras: 'Religião é totalidade'". Percebi imediatamente que aquela mensagem era diretamente para mim.

Larguei o restante do jornal no chão e li cada palavra da matéria sobre o dr. Bohm. O texto começava dizendo que ele logo publicaria uma teoria científica revolucionária que poderia finalmente unificar o mundo da física moderna. "Pela primeira vez desde que as cômodas certezas da física clássica foram destruídas – em linhas contraditórias – pela teoria da relatividade de Einstein e pela teoria quântica, há esperança de que as visões díspares dos físicos sobre a realidade possam ser compreendidas de maneira unificada."

A matéria descrevia a nova teoria, referindo-se ao último livro do dr. Bohm, *A totalidade e a ordem implicada*, que apresentava Bohm como amigo e colega de Einstein em Princeton, nas décadas de 1940 e 1950, e dizia que ele era agora um dos físicos mais ilustres vivos. Bohm era autor de dois trabalhos clássicos sobre teoria quântica e havia feito contribuições significativas para a física do plasma. A reportagem revelava que a paixão de Bohm, tanto na sua vida pessoal quanto no seu trabalho, sempre foi descobrir um conceito unificador em física que ajudasse a solucionar a fragmentação na física e na sociedade. Durante os últimos vinte anos, Bohm havia se dedicado a formular uma teoria geral que foi além das contradições representadas pela teoria da relatividade e pela teoria quântica.

A teoria de Bohm sobre a ordem implicada era altamente técnica. Não compreendi boa parte do que era dito no artigo, mas, em outro nível, entendi tudo. Era a resposta que eu estava procurando. De repente, senti que precisava conhecer essa pessoa. E o artigo prosseguia:

> A teoria traz ainda implicações filosóficas extremamente importantes, sobre as quais Bohm discorre em seu livro. Ela apresenta uma visão de mundo que nos dá uma compreensão coerente dos fenômenos físicos, e sugere que tanto o mundo material quanto a consciência são partes de uma única totalidade indivisível de movimento. [...]
>
> O trabalho de Bohm sobre não localidade e sua proposta de união entre física e consciência fez com que alguns parapsicólogos olhassem para sua teoria em busca de uma explicação para fenômenos como telepatia, premonição e psicocinesia. Bohm não é contrário a isso, mas mantém uma firme neutralidade.
>
> A Ordem Implicada (do latim, "entrelaçada") é um nível de realidade além das nossas percepções e dos pensamentos cotidianos, além das frações de realidade oferecidas por teorias científicas separadamente. Estas, segundo Bohm, pertencem à "ordem explícita".
>
> Na Ordem Implicada, a totalidade da existência é entrelaçada no interior de cada "fragmento" de espaço e tempo – seja

um simples objeto, pensamento ou evento. Assim, tudo no universo afeta todo o restante, porque são todos parte do mesmo todo indivisível.

Bohm acredita que a tendência atual em direção à fragmentação está embutida na estrutura sujeito-verbo-objeto da nossa gramática, sendo refletida nos níveis sociais e pessoais por nossa tendência de enxergar indivíduos e grupos como "outros" que não nós mesmos, levando ao isolamento, ao egoísmo e às guerras (*The Sunday Times*, 27-7-1980).

Na mosca! Era isso. Isso que vinha sentindo, sonhando e pensando. Era uma forma de expressar a base fundamental do nosso currículo de liderança. Representava uma referência para o otimismo que eu sentia: de que o nosso país poderia exercer liderança transformacional e moral apenas se pudéssemos enxergar o mundo como ele realmente é, em toda a sua complexidade.

Fui ao telefone e comecei a discar. Depois de várias chamadas para o serviço telefônico, consegui o número do telefone da casa de Bohm, e, antes que eu me desse conta, ele estava do outro lado da linha. Abri o meu coração, contando a ele o que eu pensava fazer e dizendo que precisava me encontrar com ele. Quase sem hesitar, Bohm concordou em passar comigo a tarde inteira do dia seguinte.

Esse foi outro dos muitos milagres previsíveis que eu experimentaria à medida que essa aventura se desenrolava. No dia seguinte, eu estava no escritório de Bohm e passei quase quatro horas com ele, gravando nossa conversa em uma fita cassete.

Conversamos sobre a união dos princípios da física e da filosofia, e da relevância deles para o meu sonho do Fórum Americano de Liderança. Bohm me colocou questões que são ancestrais e fundamentais. O que é a mente? O que é a matéria? Qual a fonte da harmonia que vemos ao nosso redor no mundo natural? Explicou-me que os velhos conceitos de tempo, espaço e matéria não se aplicam mais. Conversamos sobre a vida na "câmara de bolhas", utilizada pelos físicos para examinar a matéria e suas partículas num nível subatômico.

Nesse nível, a matéria é algumas vezes partícula e outras vezes, onda. A matéria está em constante movimento. A imagem de uma pedra, ou de uma tábua, ou de um pedaço de aço como matéria sólida não está de acordo com a realidade. As partículas também se movem para trás no tempo. Dentro da câmara de bolhas, noções de "mais cedo" e "mais tarde" não são claras. Os processos tempo-espaço algumas vezes ocorrem em sequências reversas de causalidade.

Conversamos a respeito do teorema de Bell, que foi minha introdução à unicidade do mundo subatômico. Proposto em 1964 por J. S. Bell, físico suíço, ex-aluno de Bohm, o teorema de Bell foi confirmado experimentalmente oito anos depois pelo físico Alain Aspect, na Universidade de Paris. Em 1975, em seu relatório patrocinado pelo governo, o físico Henry Stapp, da Universidade da Califórnia em Berkeley, disse que o teorema de Bell é "a descoberta mais profunda da história da ciência" (Stapp *apud* Zukov, 1980, p. 299). Ele prova, na realidade, que o mundo é fundamentalmente inseparável.

A explicação mais simples que posso dar para o teorema de Bell é esta: imagine um par de partículas num sistema de duas partículas. Se você as separa ou as distancia bastante – colocando uma partícula em Nova York e outra, vamos dizer, em São Francisco – e depois muda o sentido da rotação de uma delas, a outra irá simultaneamente alterar sua própria rotação. O efeito é simplesmente consequência da unicidade de objetos aparentemente separados. É uma lacuna na teoria quântica por meio da qual os físicos admitem a necessidade de uma visão unitária. Como disse Bohm: "Somos todos um".

Bohm me contou sobre as implicações gerais do teorema de Bell. Ele afirmou que a visão de mundo da física moderna é agora uma visão sistêmica. Tudo está conectado a tudo. Não temos certeza de como funciona essa conexão, mas há uma convicção de que existe "separação sem estar separado". Essa é a forma como nosso universo é construído. "A unicidade implícita no teorema de Bell envolve da mesma forma os seres humanos e os átomos."

A minha conversa com Bohm foi como um raio de luz. Em um nível, eu sentia que conhecia aquilo profundamente e que sempre havia conhecido. Em outro nível, sentia medo de saber. Havia uma responsabilidade inerente a esse novo conhecimento. Estávamos conversando sobre uma nova visão da realidade, desnorteante e radical, que não podíamos ignorar. Estávamos falando a respeito da consciência sobre a inter-relação e a interdependência de todos os fenômenos – fisiológicos, sociais e culturais. Estávamos falando sobre uma visão sistêmica da vida e uma visão sistêmica do universo. Nada poderia ser compreendido isoladamente, tudo precisava ser visto como parte de um todo unificado. De acordo com Bohm, é uma abstração falar de matéria inanimada. Pessoas diferentes não são assim separadas, estão todas entrelaçadas no todo, e todas são uma manifestação do todo. Apenas por meio de uma abstração é que parecem separadas. Tudo está incluído em tudo.

Naquela tarde, Bohm afirmou: "Não se pode pensar na existência como local". Para ilustrar, ele me relatou uma experiência simples, envolvendo um dispositivo com dois cilindros concêntricos de vidro, um fixo e o outro girando devagar. Coloca-se um fluido altamente viscoso, como glicerina, entre os cilindros, e adiciona-se ao fluido uma gota de tinta insolúvel. Quando se gira o cilindro de fora, a gota de tinta toma a forma de um fino fio, porque o cilindro externo está girando mais rápido que o interno. À medida que as partículas de tinta se afastam mais e mais, a tinta se torna invisível. Agora vem o mais impressionante: se você inverte o movimento e gira o cilindro externo para trás, a gota de tinta se torna visível outra vez.

Enquanto a gota de tinta permanecia invisível, Bohm me explicou que "ainda havia uma ordem, mas ela estava entrelaçada na glicerina. A física sugere que essa ordem é muito significativa". Portanto, "em vez de pensar em uma partícula como um único objeto sólido", acrescentou ele, "podemos pensar nela como uma série de gotículas, entrelaçadas em números diferentes de voltas. Desse modo, podemos dizer que a matéria possui basicamente sua existência no todo e se manifesta de forma localizada, em vez de afirmar que sua existência fundamental é composta de partes separadas".

Ele assegurou ainda: "Você mesmo é, na verdade, o todo da espécie humana. Essa é a ideia da ordem implicada, de que tudo está entrelaçado em tudo. Todo o passado está entrelaçado em cada um de nós de uma forma muito sutil. Se você mergulhar profundamente no interior de si mesmo, atingirá a própria essência da espécie humana. Quando fizer isso, será conduzido ao interior da profundidade geradora da consciência, que é comum a toda a humanidade e que possui o todo da humanidade entrelaçada nela. A habilidade de os indivíduos serem sensíveis a isso se torna a chave para a mudança da humanidade. Estamos todos conectados. Se isso pudesse ser ensinado e se as pessoas entendessem, teríamos uma consciência diferente.

No presente, as pessoas erguem barreiras entre si por causa do seu pensamento fragmentado. Cada uma funciona em separado. Quando essas barreiras forem dissolvidas, então emergirá uma consciência de que todas são uma unicidade, mas cada pessoa também retém sua própria consciência individual. Aquela consciência única existirá mesmo quando as pessoas se separam, e quando se juntam outra vez; é como se não tivessem se separado. Na verdade, é uma inteligência única que trabalha com pessoas que se movem em relação umas às outras. Ensinamentos passados de um para outro são captados com a mesma consciência, assim como pegamos as dicas para andar de bicicleta ou de esqui. Assim, todas essas pessoas na verdade são uma. A separação entre elas não é um obstáculo. Todas estão unidas. Se você tivesse um determinado número de pessoas que realmente se reunissem e trabalhassem juntas dessa forma, seria extraordinário. Elas sobressairiam tanto que todos perceberiam que são diferentes".

"Existe uma dificuldade quando apenas uma pessoa muda", continuou Bohm. "As pessoas a chamam de grande santo, ou grande místico, ou grande líder, e dizem: 'Ele é diferente de mim. Eu nunca conseguiria'. O que existe de errado com as pessoas é esse bloqueio – elas sentem que nunca poderiam fazer a diferença e, portanto, nunca consideram essa possibilidade, porque isso as perturba e assusta demais."

Nesse momento, contei a Bohm uma experiência extraordinária que eu havia tido muitos anos antes. Um amigo havia me convidado para praticar tiro ao alvo quando o visitei na Geórgia. Já fazia uns dez anos que eu não usava uma espingarda. Assim, naquela manhã, saí cedo para correr, depois voltei, sentei-me imóvel e me visualizei atirando de forma perfeita. Assim que terminei a meditação, meu amigo chegou para irmos até o local onde praticaríamos tiro ao alvo.

Nessa modalidade de tiro, uma partida geralmente é composta de 25 alvos. Um atirador experiente consegue atingir 23 dos 25 alvos. Portanto, acertar 12 seria, por si só, um bom placar para um iniciante como eu. Fomos de alvo em alvo e, quando chegamos ao de número doze, eu havia acertado todos. Algumas pessoas se aproximaram para observar. Acertei um alvo após o outro – catorze, dezoito, vinte... Quando chegamos à 25ª rodada, eu ainda estava no estado de fluxo e totalmente em paz. A essa altura, já havia um bocado de espectadores. Então, alguém se voltou para mim e perguntou: "Você percebeu que só falta um alvo para alcançar o placar perfeito?". Nesse momento, voltei a atirar e errei.

Aprendi com essa e com outras experiências que a mente tem poderes que nos permitem ir além do nosso estado normal ou habitual e além do que imaginamos ser possível. Quando as pessoas se juntam e vão além da sua forma habitual de ser como grupo, muitas outras possibilidades se abrem. Contudo, de algum modo, uma espécie de bloqueio impede que essas experiências extraordinárias aconteçam.

Bohm me orientou: "É preciso dar atenção a esse bloqueio. É preciso descobrir de onde ele vem, tanto em você como em qualquer pessoa. Se você conseguir juntar um grupo de pessoas trabalhando umas com as outras em outro plano, elas podem encontrar uma forma de operar que não seja completamente individual. Surge um novo indivíduo, que é o conceito do todo, você percebe? Os indivíduos operariam como se fossem uma só consciência. Se os resultados estivessem no domínio do conhecimento público, da experiência pública, então as pessoas não conseguiriam explicar. Se um grupo assim ultrapassasse um determinado ponto, então poderia haver um impacto verdadeiro".

Então, Bohm observou: "Você precisa dar muita atenção à consciência. Essa é uma das coisas que nossa sociedade ignora. Presume-se que a consciência não necessita de atenção. Entretanto, a consciência é o que nos permite ter atenção. A consciência em si requer uma atenção muito alerta, ou simplesmente destruirá a si mesma. É um mecanismo muito delicado".

"Precisamos pensar com tudo o que temos. Precisamos pensar com os nossos músculos. Pensar, como disse Einstein, com sentimentos em nossos músculos. Pensar com tudo. E, portanto, esse é um processo de fluir, que também vai para fora e para dentro e torna a comunicação possível", continuou ele.

Enquanto ele falava, eu pensava em como fui capaz de me comunicar com o arminho nas montanhas. Pensei no encontro com Manny Deitz e em Bernadete e a linguagem dos olhos.

Bohm disse-me ainda que, dentro de nós, temos capacidades que desconhecemos: "Por exemplo, quando você anda de bicicleta, está envolvido num movimento que não pode descrever nem mesmo compreender. Essa é a ordem implicada que está entrelaçada em você. Em seu interior, você tem capacidades que são fenomenais, mas é preciso saber como acioná-las".

Quando nos dirigíamos para a porta de saída, Bohm me aconselhou, dizendo: "Você está à beira de um movimento criativo. Simplesmente se deixe levar. Você não pode se fixar em como ele irá se realizar, assim como não conseguiria se fixar caso fosse começar a pintar uma grande obra de arte. Mantenha-se alerta, consciente, de forma que, quando a oportunidade se apresentar, você esteja pronto para reconhecê-la e abraçá-la".

Quando saí do escritório de Bohm, minha mente girava. Eu sabia que tinha estado na presença de algo grandioso e que levaria uma vida inteira para compreender completamente o que Bohm havia dito. Para mim, aquela havia sido verdadeiramente uma experiência de transformação de vida. O que importava é que, no momento, o preceito fundamental para o Fórum Americano de Liderança havia sido validado. Eu sempre havia nutrido o sentimento de que um grupo de pessoas comprometidas poderia mudar o mundo. Agora, eu compreendia que não era apenas um devaneio ou otimismo injustificável, mas um princípio no qual eu poderia solidamente me apoiar, porque estava de acordo com as leis da ordem natural.

Durante a nossa conversa, Bohm enfatizou um aspecto essencial da física moderna: que todas as coisas estavam em sintonia. Ele mencionou o princípio de Mach: "O todo é necessário para o entendimento das partes, assim como as partes são necessárias para o entendimento do todo". Senti que as implicações disso eram profundas. O universo como um todo influencia eventos locais. Os eventos locais possuem uma influência, ainda que pequena, no universo como um todo. Lembrei-me do provérbio chinês: "Se você corta uma folha de grama, você estremece o universo".

Quando nos separamos, as palavras finais de Bohm para mim foram: "Tudo começa comigo e com você". Enquanto me afastava, tive clareza de que teria de encontrar uma forma para que o Fórum Americano de Liderança oferecesse aos seus associados uma "educação interior" para que identificassem a si mesmos com toda a humanidade. Se conseguissem fazer isso, poderiam literalmente ajudar a mudar o mundo.

13. Sincronicidade: o centímetro cúbico de chance

Todos nós, sejamos guerreiros ou não, temos um centímetro cúbico de chance que, de tempos em tempos, surge diante dos nossos olhos. A diferença entre um homem comum e um guerreiro é que o guerreiro está consciente disso, e uma de suas tarefas é permanecer alerta, apenas esperando, de modo que, quando seu centímetro cúbico aparece, o guerreiro tem a velocidade e a coragem necessárias para agarrá-lo.

Carlos Castañeda

Poucos meses depois de encontrar Bohm, viajei até os Estados Unidos com o meu filho para visitar algumas faculdades e universidades nas quais ele estava interessado em ingressar. Estávamos no aeroporto de O'Hare, andando apressadamente por um dos corredores apinhados de pessoas na tentativa de pegar um avião que estava quase partindo. Joey e eu corríamos lado a lado, nos esquivando das pessoas para atravessar aquela multidão. À minha frente, notei uma jovem muito bonita caminhando rapidamente em nossa direção. Quando cheguei à distância de alguns metros, fitei os olhos dela, que eram muito lindos. Fiquei como que congelado e, enquanto ela passava por mim, me virei e pensei: "Preciso ir atrás dela. Eu a conheço de algum lugar". Eu estava totalmente hipnotizado. Era tudo muito misterioso, quase como se (parafraseando algo que Joseph Campbell afirmou certa vez) a vida futura que eu teria com ela me tivesse sido revelada naquele momento. Era como se algo me dissesse o que estava por vir. Tinha a ver com o mistério e a transcendência do tempo.

Enquanto ela se afastava, fiquei parado, olhando na sua direção. Joey já havia se distanciado e, quando percebeu que eu não estava ao seu lado, voltou correndo e puxou o meu braço. "Pai, o que você está fazendo? Vamos perder o avião. Anda logo!"

Então, eu me voltei para ele e, lembrando-me de uma velha fala de John Wayne, disse: "Joey, existe um momento em que o homem tem de fazer o que ele tem de fazer. Você vai primeiro, nesse avião. E eu pego o próximo. Darei um jeito de encontrar você". Ao pensar nisso agora, acho que foi a coisa mais irresponsável que um pai poderia ter feito nessas circunstâncias. No entanto, naquele momento, eu agia por instinto e não me sentia culpado.

Sem mais uma palavra, me virei e comecei a correr atrás da mulher. Alcancei-a no portão da American Airlines, prestes a embarcar para Dallas. Corri até lá e, antes de ela entregar sua passagem para a atendente, eu a puxei e disse: "Desculpe, mas preciso falar com você. Por favor, venha até aqui". A mulher deu um passo para o lado, afastando-se do portão de embarque, e, antes de dizer qualquer coisa, perguntei: "Diga-me: você é casada?".

Ela me olhou e respondeu: "Não. Você é?".

Meio afobado, eu disse: "Não, claro que não. Eu moro em Londres e sei que nunca nos encontramos, mas sinto que a conheço de algum lugar. Preciso do seu nome e do seu telefone para que eu possa me comunicar com você".

A mulher olhou para mim e, sem dizer nada, pegou um de seus cartões de visita, escreveu o número de sua casa e me entregou, dizendo: "Adoraria saber mais sobre Londres".

Seu avião estava quase saindo, e ela embarcou. Permaneci ali por alguns minutos, depois me voltei e percebi que Joey estava parado próximo a mim, observando toda a cena. Enquanto corríamos para pegar nosso avião, eu tentava explicar a ele o que havia acontecido, mas não conseguia.

Mais tarde, naquela noite, chegamos ao nosso hotel. Era 1 hora da madrugada quando anotei no meu diário: "Hoje eu conheci uma mulher chamada Mavis Webster no aeroporto de O'Hare. Ela era muito bonita, e só estive com ela 1 ou 2 ou 3 minutos antes que ela embarcasse, mas tenho um pressentimento muito estranho. Em sua presença, senti uma espécie de calor. Quando meus olhos encontraram os dela, foi algo espiritual. Quando corri atrás dela, foi como se nada mais importasse. Mal posso descrever isso. É misterioso. E parece amor".

Por um motivo ou outro, não li mais aquela anotação até um ano depois, quando eu e Mavis já estávamos casados. Não me lembro de ter escrito aquilo no meu diário, mas está lá, registrado.

Mavis era produtora e apresentadora de um programa noturno de televisão numa cidade perto de Dallas. Havia sido convidada por uma filiada da ABD em Chicago para fazer uma entrevista para um emprego similar. Na noite anterior à sua partida para Chicago, ela havia tido um sonho e uma forte premonição a respeito de encontrar um homem que seria muito importante em sua vida. Em Chicago, depois de concluir sua reunião de negócios, visitou vários amigos e compareceu a duas festas. Cada vez que conhecia um homem, perguntava a si mesma se seria aquele, mas nada acontecia. Em sua última noite em Chicago, antes de sair para o aeroporto, ela contou a uma amiga o sonho e como estava desapontada por ele não ter se concretizado. Foi na manhã seguinte que eu segurei o seu braço, quando ela estava prestes a entrar no avião.

Quando me mudei para Houston para começar a organizar o Fórum de Liderança, telefonei para ela nada menos que cinco vezes para marcar um encontro. Ela cancelou os cinco por causa de sua atribulada rotina profissional. Na sexta vez que telefonei, eu disse: "Mavis, aqui é Joseph. Quero convidá-la para almoçar comigo em Dallas. Se você marcar e cancelar, vou entender que não deseja estar comigo. Nunca mais ligarei".

Ela explicou com seriedade que a natureza do seu trabalho era a causadora de todo aquele inconveniente e me assegurou que gostaria muito de estar comigo novamente.

Cerca de duas semanas depois, nos encontramos para almoçar em Dallas. Foi mágico. Passamos todo o dia conversando sobre nossas esperanças e sonhos para o mundo. Ela falou do seu sonho de se tornar médica, curar e cuidar dos doentes e, mais tarde, ser capaz de realizar um trabalho missionário em várias partes do mundo. Eu falei das minhas esperanças e sonhos para o Fórum Americano de Liderança e de como poderia fazer diferença não apenas para comunidades nos Estados Unidos, mas também em todo o mundo. Conversamos sobre o mistério do nosso primeiro encontro no aeroporto, sobre a sensibilidade e a intuição aguçadas de Mavis. Fomos caminhar num belo parque no centro de Dallas e, quanto mais ficávamos juntos, quanto mais conversávamos, mais sentíamos uma sensação de êxtase à medida que os limites entre nós se tornavam tênues e sutis. Identificamo-nos não apenas um com o outro, mas com todo o mundo.

Naquela noite, saímos para jantar e passamos boa parte do dia seguinte juntos. Mavis me ajudou a enxergar melhor as verdades fundamentais que eu havia recentemente aprendido, e eu me comprometi a apoiá-la em tudo o que estivesse ao meu alcance para que ela se tornasse médica e realizasse o seu sonho. Mavis mudou-se para Houston, e nos casamos cerca de um ano depois.

Foi uma cerimônia maravilhosamente simples, mas belíssima; uma reunião de família na capela da Igreja Presbiteriana, onde nosso bom amigo Bob Ball era pastor. Joey foi meu padrinho e minha irmã Claire, a dama de honra de Mavis. Era apenas a formalidade necessária; eu me sentia completamente conectado a ela desde aquele primeiro dia mágico em Dallas.

Nesse meio-tempo, Mavis viajou comigo enquanto eu organizava o Conselho Consultivo do Fórum e começava a preparar o currículo do programa. Ela ficou ao meu lado e me ajudou em cada passo. Seu amor por mim era genuíno, o que implicava comprometimento para toda a vida, com o propósito de cuidar de mim, do meu crescimento espiritual e do meu sonho. Foi o que ela se comprometeu a fazer e é o que tem feito. Senti uma profunda necessidade de ter o mesmo tipo de comprometimento que ela e rezo todos os dias para que eu tenha força para cumprir e honrar esse compromisso.

M. Scott Peck compara o casamento a um acampamento de base para escalar montanhas. Se você quiser subir até o pico, é preciso ter um bom acampamento de base, um lugar que forneça abrigo e possua provisões, onde se possam receber cuidados e descansar antes de se aventurar novamente em busca de um ponto mais elevado. "Alpinistas bem-sucedidos sabem que precisam passar tanto tempo, se não mais, preparando e cuidando do seu acampamento de base quanto escalando a montanha, pois sua sobrevivência depende de se certificarem de que o acampamento de base esteja solidamente estruturado e bem equipado."

Aprendi muito sobre cuidar do acampamento de base enquanto Mavis frequentava a faculdade de medicina, o estágio e, por fim, a residência médica; aprendi muito sobre o valor de ambos cuidarem um do outro enquanto cada um avança. Contudo, sofri um pouco para aprender isso, porque minha tendência é me dedicar completamente à tarefa definida como prioridade, quase excluindo todas as outras. Cometi esse erro no meu primeiro casamento e agora experimentei o valor do equilíbrio num relacionamento conjugal, em que tanto o homem quanto a mulher cuidam do lar, e ambos aventuram-se fora dele. Ainda tenho muito a aprender e sinto que esse é realmente o caminho.

* * *

Refleti muito sobre a forma como Bohm e Mavis apareceram na minha vida logo depois que me comprometi a abandonar o escritório de advocacia e ir atrás do meu sonho. Naquele momento, fiquei espantado por tudo coincidir. Entretanto, quando pensei sobre isso, particularmente à luz dos ensinamentos de Bohm, disse a mim mesmo: "Por que ficar surpreso? Essa é a forma como as coisas deveriam funcionar num mundo fundamentalmente interconectado". No entanto, todo o meu antigo condicionamento fez com que eu enxergasse o mundo como fragmentado, como feito de "coisas" separadas. Portanto, eu lutava continuamente para encontrar um motivo de conexão para tudo. Foi difícil para mim, de forma consistente, enxergar o mundo como feito de inter-relacionamentos e não de coisas.

Nesse processo, comecei a ler tudo o que podia a respeito de sincronicidade, começando com o clássico *Synchronicity: an Acausal Connecting Principle*, de C. Jung.[15] Jung define "sincronicidade" como "uma coincidência significativa de dois ou mais eventos, em que algo

[15] Além da obra clássica de Jung sobre sincronicidade, recomendo também *Synchronicity: the Bridge Between Matter and Mind*, de F. David Peat.

mais do que a probabilidade do acaso está envolvido". No mesmo instante em que estamos lutando para alcançar um sentido de autonomia pessoal, somos capturados por forças vitais maiores que nós, de modo que, ao mesmo tempo que somos protagonistas da nossa própria vida, somos também participantes de uma história maior.

Também encontrei o relato de sincronicidade em *Janus*, de Arthur Koestler,[16] que apresenta a ideia de unicidade na diversidade, remontando até a harmonia de esferas de Pitágoras e a "simpatia de todas as coisas" de Hipócrates. "Há um fluxo comum, um sopro comum; todas as coisas estão em simpatia." A doutrina de que tudo no universo se encaixa também aparece como fio condutor nos ensinamentos do taoismo, do budismo, dos neoplatônicos e dos filósofos do início da Renascença. Koestler concluiu que "telepatia, clarividência, premonição... e sincronicidade são manifestações variadas sob diferentes condições do mesmo princípio universal, ou seja, da tendência integrativa operando tanto por meio de agentes causais como não causais".

Senti que, naquela época da minha vida, eu estava operando no fluxo das coisas, de acordo com o desdobramento natural de todo o sistema, e, portanto, eu deveria continuar me movimentando naquela direção. Na minha mente, sempre mantive em primeiro plano a máxima de Bohm:

> Simplesmente se deixe levar. Você não pode se fixar em como ele irá se realizar, assim como não conseguiria se fixar caso fosse começar a pintar uma grande obra de arte. Mantenha-se alerta, consciente, de forma que, quando a oportunidade se apresentar, você esteja pronto para reconhecê-la e abraçá-la.

Nunca, em toda a minha vida, recebi um conselho melhor que esse. Como eu viria a descobrir mais tarde, o fato de agir acreditando

---

16 Ao redigir este capítulo, beneficiei-me da leitura do livro *Janus: a Summing Up*, de Arthur Koestler, principalmente do capítulo 13, "Physics and Metaphysics", e das páginas 265 e 270.

que eu era parte de um todo maior, e ao mesmo tempo mantendo a flexibilidade, a paciência e uma consciência aguçada, levou a "toda sorte de coincidências, encontros e ajuda material imprevisíveis, que nenhum homem jamais poderia ter sonhado encontrar no seu caminho".[17]

[17] O contexto dessa citação encontra-se na epígrafe da Parte IV deste livro, página 197.

PARTE III

A JORNADA DO HERÓI

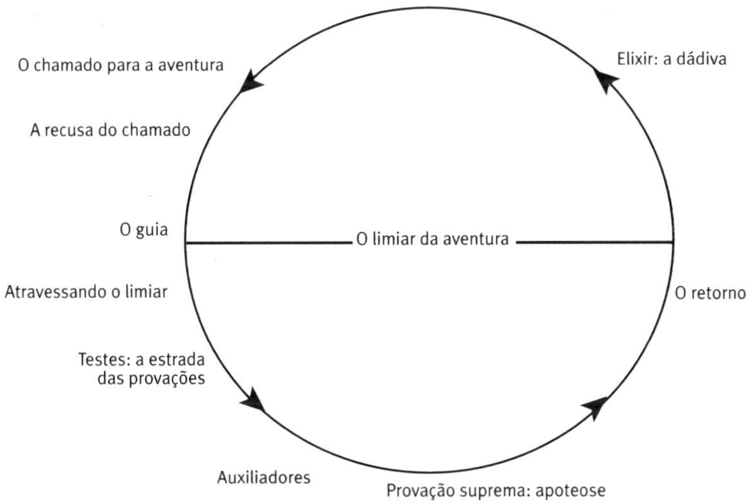

Adaptado de Joseph Campbell, *O herói de mil faces.*

14. O MOMENTO DO ATAQUE

Um dia em Londres, depois do encontro com David Bohm, eu caminhava pela rua pensando na questão mais premente com que eu me deparava: como encontraria o apoio especializado necessário para elaborar o currículo para o Fórum de Liderança? Eu não sabia quase nada sobre o assunto – era um campo completamente desconhecido para mim. Bohm e eu havíamos conversado sobre a necessidade de desenvolver uma experiência verdadeiramente extraordinária para as pessoas do Fórum. O programa precisava ser elaborado com a finalidade de levar os candidatos por uma jornada de um ano na direção da totalidade – pensar como um todo e ser como um todo. Havíamos falado sobre as mudanças fundamentais de mentalidade e de ser. Era, para dizer o mínimo, algo de longo alcance.

Até hoje não sei o que me fez parar e pegar a revista na banca, mas foi o que eu fiz. Peguei um exemplar da *U.S. News & World Report*, e lá, olhando para mim, estava a manchete na capa: "RX para a liderança nos Estados Unidos". Abri a revista e encontrei a matéria, escrita por Tom Cronin. Nas duas páginas à minha frente, o autor apresentava uma série de princípios sobre os quais eu vinha pensando. Estava claro que Cronin estava alinhado com o conceito do Fórum de Liderança. Comprei a revista, arranquei as páginas e embarquei para os Estados Unidos para encontrar Cronin no Colorado College, perto de Colorado Springs. No intervalo de dois dias, eu estava na casa dele falando sobre o meu sonho. Cronin me ouviu atentamente por uma hora e meia. Ao final, afirmou: "Pode contar comigo. Estou nessa. Serei seu primeiro conselheiro. Agora, a primeira pessoa com quem você precisa conversar é John W. Gardner.

Ele certamente é o homem mais experiente do país nesse assunto em particular".

Gardner era fundador do White House Fellows Program, o modelo que eu tinha em mente ao criar a minha visão para o Fórum de Liderança. Ele era um dos mais respeitados educadores do país, autor de *Self-Renewal*, um livro que falava ao coração e ao espírito sobre o tipo de programa que eu tinha visualizado. Ele já havia trabalhado em diversos cargos de liderança com seis presidentes dos Estados Unidos. Havia sido secretário do Departamento de Saúde, Educação e Bem-Estar, presidente da Coalizão Nacional, presidente-fundador da Common Cause (um grupo de defesa do cidadão) e presidente do Grupo Carnegie.

Olhei para Tom e disse: "Eu já li tudo o que Gardner escreveu e sei que ele traria uma contribuição fundamental para o grupo... mas não acho que seria recebido por ele". Cronin disse que havia participado da primeira turma do White House Fellows Program e que havia sido auxiliar de Gardner quando ele serviu como secretário do Departamento de Saúde, Educação e Bem-Estar. Ele pegou o telefone e marcou uma entrevista para mim. Dentro de dois dias, eu estava no escritório de Gardner.

Gardner foi formal, quase estoico. Ele me cumprimentou e, enquanto eu me sentava do outro lado da mesa, perguntou: "O que posso fazer pelo senhor?". Comecei a falar sobre o meu sonho e contei o que eu tinha em mente. Terminei dizendo que havia visualizado algo maior do que descobrir e desenvolver liderança para o nosso país. Falei que acreditava que o mundo estava no limiar de uma era decisiva, que as nossas atitudes como cidadãos do planeta determinariam esse momento, que estávamos num verdadeiro ponto de mutação e que os líderes norte-americanos poderiam desempenhar um papel essencial para que a humanidade fizesse essa transição.

Quando terminei, Gardner permaneceu sentado me olhando por alguns instantes. Pela primeira vez naquele nosso encontro, achei que talvez tivesse "deixado a bola cair" ou falado algo que o tivesse desestimulado, porque ele ficou sentado, me encarando por um longo tempo. Depois, ainda em silêncio, girou a cadeira e remexeu em alguns papéis. Quando encontrou o que procurava, ele se virou e, num impulso, colocou alguns papéis na minha frente: "Veja, leia isso". Tratava-se de uma carta de oito páginas que ele havia escrito para Joe Slater, diretor do Instituto Aspen. Era a carta mais bem escrita que eu já havia lido, parecia uma dissertação finamente elaborada. Em resumo, ela apresentava os pontos básicos que eu acabara de mencionar a Gardner. Quando levantei os olhos, vi que ele sorria. "Como vê, sr. Jaworski, concordo com o que está dizendo e quero ajudá-lo", ele disse. E, olhando diretamente nos meus olhos, perguntou: "Você está realmente levando isso a sério? Pensa seriamente em se dedicar a isso?".

Então, contei a ele que eu havia acabado de deixar o meu escritório de advocacia e reiterei toda a minha história. Quando terminei, Gardner comentou: "Veja, eu também estou no processo de deixar as minhas atividades nos conselhos para dedicar todo o meu tempo a escrever sobre liderança". Ele acabara de se desligar dos conselhos deliberativos da companhia de petróleo Shell e da New York Telephone Company, entre outras. "O que o senhor está a ponto de fazer é de grande interesse para mim e de grande importância para o país e para o mundo." Ele me contou que participaria e que me ajudaria nessa jornada. Afirmou que a próxima pessoa que eu precisava conhecer era Harlan Cleveland, ex-embaixador na Otan, ex-presidente da Universidade do Havaí e um dos pensadores e atuantes mais competentes em liderança no mundo atual. Cleveland acabara de ser nomeado reitor do Instituto Humphrey de Negócios Públicos, da Universidade de Minnesota. Gardner marcou um encontro para que eu conversasse com Cleveland, e viajei para Minneapolis naquela mesma noite.

Cleveland aceitou participar do Fórum e se tornou presidente do nosso Comitê de Curso. Ele me apresentou James MacGregor Burns, historiador que ganhou o Prêmio Pulitzer, renomado estudioso de liderança. Burns tinha acabado de publicar algo que muitos consideraram um trabalho fundamental sobre liderança. Fui vê-lo, e ele abraçou o projeto com entusiasmo. Indicou-me Warren Bennis, da Universidade do Sul da Califórnia, que, por sua vez, me indicou Rosabeth Moss Kantor, que antes atuava em Yale, e agora estava em

Harvard, e o prefeito Tom Bradley, de Los Angeles. Todos aderiram. Depois fui ver Michael Macoby, que era apoiado por Erich Fromm e que vinha conquistando grande reputação por seus excelentes livros sobre liderança empresarial. Gardner também havia me indicado Elsa Porter, ex-assistente do secretário de administração do Departamento de Comércio dos Estados Unidos e uma das mais destacadas pensadoras e atuantes da liderança feminina do país. Depois fui ver o almirante James Bond Stockdale, que era uma das maiores autoridades em liderança militar, e agora lecionava na Universidade de Stanford. Todos concordaram em participar.

Ao final daquela incrível odisseia, eu tinha a adesão de dezessete pensadores de renome internacional, professores e atuantes de liderança – pessoas que, juntas, podiam construir o tipo de currículo que eu sonhava.

No meio de todo esse trabalho organizacional inicial, Mavis e eu nos casamos. Em maio de 1981, passamos nossa lua de mel perto de São Francisco. Eu havia lido recentemente um entusiástico artigo de Willis Harman, do Instituto de Pesquisa de Stanford, em Palo Alto. Certo dia, enquanto passeávamos pela região vinícola, me virei para Mavis e disse: "Meu bem, continuo sentindo que deveria me encontrar com esse Willis Harman. Detesto fazer negócios durante a lua de mel, mas não consigo tirar isso da cabeça. Preciso ligar para ele". Logo me dei conta de que minha apreensão era infundada. Quando contei a Mavis sobre Harman, ela ficou tão entusiasmada com o encontro quanto eu.

Mais tarde, naquela mesma noite, encontrei o número de Harman e consegui falar com ele às 22h30. Revelei a ele que não sabia exatamente por que precisava vê-lo, mas achava que tinha de falar com ele. Eu tinha a impressão de que Harman poderia me ajudar com o projeto do Fórum de Liderança. Perguntei se ele poderia se encontrar comigo. Informei que pegaria um avião para Houston às 8h30 da manhã seguinte. Sem hesitar, Harman disse que me encontraria às 6h30 da manhã na cafeteria do aeroporto.

Assim, na manhã seguinte, Mavis e eu encontramos Willis. Foi mais um daqueles encontros mágicos. Quando nos separamos, Willis disse que havia algo que ele sentia que eu precisava fazer: entrar em contato com Charles Kiefer e Peter Senge em Cambridge, pois eles poderiam me ajudar a organizar o currículo. No dia seguinte, quando telefonei para Kiefer e Senge, descobri que eles estariam em Houston na semana seguinte para a apresentação de um trabalho sobre "organizações metanoicas".

Eu assisti à apresentação de ambos com um sentimento de profundo entusiasmo e descoberta. Do grego, *metanoia* significa "uma mudança fundamental de mentalidade". Falando de forma simplificada, nos termos de Senge e Kiefer, essas organizações trabalham com a convicção de que podem moldar seu destino. O clima criado no interior desse tipo de organização pode ter efeitos profundos nas pessoas, particularmente ao estimular uma melhor compreensão e uma responsabilidade pelos sistemas sociais mais amplos nos quais o indivíduo e a organização trabalham. Nesse tipo de organização, indivíduos alinhados com uma visão apropriada podem ter uma influência extraordinária no mundo. Antecedentes dessa ideia podem ser encontrados em vários lugares: as teorias de administração de Douglas McGregor, a obra de teóricos em dinâmica dos sistemas, como Jay Forrester, e até mesmo as crenças básicas na liberdade e na autodeterminação expressas na fundação dos Estados Unidos.

Naquela tarde, Charlie, Peter e eu nos encontramos por algumas horas. Então, contei a eles a minha história. Ao final, acrescentei que os conceitos deles estavam bastante alinhados com os temas fundamentais do Fórum de Liderança: que, no coração da liderança social efetiva, há um sentido profundo de propósito; que existe um poder extraordinário num grupo comprometido com uma visão comum; que a liderança bem-sucedida depende de uma mudança fundamental no ser, incluindo um comprometimento profundo com o sonho e a paixão de servir, em vez de ser movido pela busca de *status* e poder; esse desenvolvimento da educação interior nas pessoas era uma das peças fundamentais de todo o nosso programa, e eu precisava de ajuda nessa área.

Eles me disseram que construir organizações com base no conceito de metanoia era somente mais um estágio na evolução do conceito democrático. Essas organizações representam um esforço em direção a uma forma de organização mais natural, que estaria mais em conformidade com a verdadeira natureza das pessoas e com a natureza dos sistemas sociais complexos. Peter disse que, duzentos anos antes, Tom Paine havia agitado a nação com um apelo que era apenas "senso comum" o fato de que os homens devem governar a si mesmos. Pouco tempo depois, a Declaração de Independência foi escrita para alinhar os diversos interesses das colônias norte-americanas, proclamando: "Sustentamos que essas verdades sejam óbvias...". Peter e Charlie afirmaram que as organizações metanoicas emergentes com as quais trabalhavam obtinham sua inspiração e sua orientação na mesma visão de democracia como ordem social natural. Disseram ainda que o trabalho deles e o trabalho que eu estava prestes a começar eram a mesma coisa. E concordaram em nos ajudar.

Naquele dia, senti uma ligação profunda, admiração e amor tanto por Charlie quanto por Peter. Foi um sentimento mútuo que ainda existe entre nós três. Charlie e Peter me ajudaram a entender como ensinar alguns dos mais importantes conceitos de liderança autêntica, e fizeram muito mais. Eles me apoiaram nas horas difíceis que passei construindo o Fórum de Liderança e me ajudaram a descobrir quem eu realmente era.

* * *

Durante o processo inicial de reunir o grupo, consegui o capital inicial para começar a operação. Em menos de três semanas, levantei 750 mil dólares. Tom Fatjo, que havia me dado o primeiro empurrão, se adiantou para cumprir sua promessa, oferecendo 250 mil dólares. Ahmed Mannai,[18] um dos seus sócios, doou outros 250 mil. O restante veio de uma fundação beneficente de Houston.

---

[18] Antes de se tornar um homem de negócios internacionalmente reconhecido, Ahmed Mannai trabalhava como mergulhador no Qatar, colhendo pérolas no fundo do mar. Encontrei-o pela primeira vez em Londres, logo depois da minha conversa com Bohm. Meu encontro com Ahmed nessa etapa inicial da criação do Fórum de Liderança foi muito significativo e se revelou como mais um reflexo das "mãos invisíveis" em ação. Além de fornecer parte do importante capital inicial, ele compartilhou, desde o início, da minha visão de formar lideranças mais bem capacitadas nos Estados Unidos.

Entre 1981 e 1982, um dos pontos altos desse momento inicial do empreendimento foi reunir todos esses líderes em pensamento, esses tesouros nacionais, numa mesma sala para trocar ideias e criar o programa. Abríamos essas reuniões dizendo: "Temos uma folha em branco. Como vocês conseguiriam criar um programa para a geração que sucederá líderes que chegaram quase ao topo do que escolheram fazer e que possuem uma incrível e natural capacidade de se doar à sua comunidade e ao seu país?".

A maior parte dessas pessoas nunca havia se reunido em uma mesma sala, mas todas conheciam a trajetória umas das outras e seus livros ou artigos. John Gardner veio a Houston várias vezes, assim como Henry Steele Commager, James MacGregor Burns, Harlan Cleveland, Warren Bennis, Rosabeth Moss Kantor, Tom Cronin, Elsa Porter, o almirante James Bond Stockdale, Willis Harman, Don Michael, um dos grandes pensadores em liderança colaborativa, e David Campbell, do Center for Creative Leadership.

Naqueles primeiros anos, Warren Bennis, Tom Cronin e Harlan Cleveland desempenharam um papel muito importante no desenvolvimento do currículo. Harlan e seu comitê formularam uma lista com oito proposições sobre a liderança:

1. O problema dos líderes norte-americanos é a falta de autoconhecimento.
2. O problema dos líderes norte-americanos é a falta de apreciação pela natureza da liderança em si.
3. O problema dos líderes norte-americanos é o foco em conceitos que separam (comunidades, nações, disciplinas, campos, métodos, etc.), em vez de se fixar em conceitos que expressem nosso inter-relacionamento.
4. O problema dos líderes norte-americanos é a ignorância sobre o mundo e a interdependência dos Estados Unidos – uma falta de disposição para pensar de forma global.
5. O problema dos líderes norte-americanos é a falta de atenção aos valores – esquecendo-se de questionar "Por quê?" e "Para quê?".
6. O problema dos líderes norte-americanos é que eles não sabem como realizar mudanças, analisar a "arquitetura social"

(usando a expressão de Warren Bennis) e criar um grupo para fazer algo diferente acontecer.

7. O problema dos líderes norte-americanos é a incompreensão da importância das diferentes partes interessadas; das implicações do pluralismo; e do fato de que ninguém detém o poder isoladamente; portanto, cada líder está parcialmente encarregado da situação como um todo.
8. O problema dos líderes norte-americanos é que não estão suficientemente conscientes do contexto, ou do ambiente externo, de qualquer coisa que sejam responsáveis por fazer.

Essas constatações funcionaram como princípios-guia do programa do nosso curso.

* * *

Com frequência, eu me recostava na cadeira e esfregava os olhos, incrédulo, durante esse processo de reunir o grupo. De alguma forma, me senti fortemente desconectado, como se eu fosse uma espécie de para-raios, atraindo essas pessoas para o encontro – atraindo toda essa energia. Nesses momentos, eu me sentia mais como um observador, assistindo à história se desenrolar como que através de mim, mas não por mim. Havia muitas trocas e muito apoio entre os conselheiros, e era fascinante observar isso acontecer.

Nesse processo, comecei a entender que, de alguma forma, havia uma única conversa maior começando a se desdobrar, e que o meu papel era como o de um mediador que ajuda o processo a se desenrolar. Naqueles dias iniciais, a cada passo do caminho, eu ficava maravilhado – pois todas aquelas pessoas estavam se reunindo e pareciam operar como uma só mente.

Lembro-me da história que David Halberstam conta em *The Amateurs* sobre a sincronia dos remos no "momento do ataque":

> Quando os remadores falam sobre perfeição, em geral não se referem à vitória em uma prova, mas sim à capacidade

> de sentir o barco: os oito remos "atacando" a água juntos, a sincronia quase perfeita. Em momentos como esse, o barco parece voar. Os remadores chamam isso de sincronia no "momento do ataque" (Halberstam, 1985, p. 40).

O atleta olímpico John Biglow também adorava esses momentos, especialmente "a possibilidade de *confiar* nos outros remadores. Um barco não tem sincronia no momento do ataque a menos que todos se esforcem na mesma e exata medida; por isso, e apenas por isso, existe a possibilidade da confiança verdadeira entre os remadores".

As pessoas e os grupos pensam em si próprios como separados. No entanto, se pudéssemos aprender a dialogar uns com os outros num nível profundo, como quando os conselheiros do Fórum de Liderança se reuniam, encontraríamos formas de nos relacionar uns com os outros que dissolveriam esse senso de separação. Assim, nosso foco central passou a ser descobrir uma forma de remover o senso de separação entre os companheiros, para que pudessem trabalhar juntos e experimentar um ao outro num plano diferente. Uma vez que tenham experimentado a mudança para a totalidade, eles não podem negar a nova percepção que resulta disso. Poucas pessoas trabalhando juntas dessa forma podem gerar um profundo efeito na sociedade, porque, de acordo com Bohm, sua consciência já está entrelaçada com todas as consciências. Comecei a dedicar toda a minha energia a essa ideia central e, ao longo dos três ou quatro anos que se seguiram, presenciei alguns dos mais empolgantes e poderosos momentos de comunicação em grupo e de ação coletiva que eu poderia imaginar.

15. A experiência na natureza selvagem: um portal para o diálogo

Aventurar-se traz ansiedade, mas não se aventurar
é perder a si mesmo...
E aventurar-se de modo mais intenso é exatamente estar com a
consciência voltada para si mesmo.

Søren Kierkegaard

No primeiro semestre de 1982, já tínhamos levantado capital suficiente para a fase inicial do projeto; tínhamos os curadores, os conselheiros e uma equipe operacional; havíamos criado toda a estrutura organizacional para a realização do curso. O plano era reunir de 20 a 25 líderes dentre as várias comunidades de todo o país, incluindo executivos de corporações, funcionários públicos e líderes nas áreas de educação, trabalho, religião, arte e mídia, além de profissionais de diversas áreas. Esses indivíduos constituiriam uma turma que seria administrada e apoiada por uma sede local. Em junho de cada ano, as turmas anuais iniciariam o curso em cada comunidade.

Nesse ponto, em razão das limitações que possuíamos, nosso maior desafio era preparar os segmentos específicos do curso. Assim, era preciso que: fosse um programa de primeira classe; atingisse os objetivos estabelecidos pelos membros do conselho nos princípios-guia; fosse ministrado simultaneamente nas várias comunidades; obedecesse a limites orçamentários estreitos. Depois de realizar um curso-piloto em Houston, que testou vários dos segmentos específicos projetados, comecei a perseguir uma das minhas mais fortes intuições iniciais. Desde o início, eu sabia que o currículo precisava incluir matérias ou disciplinas que despertassem um sentido real de comprometimento, que não apenas fizessem as pessoas ultrapassarem os bloqueios aos quais se referira Bohm, mas que também modificassem o modo de vivenciar isso.

Esse seria o portal para a educação interior dos alunos, que representava o cerne do curso. Bohm já havia destacado anteriormente a necessidade de encontrarmos uma forma de comunicação com as pessoas que fosse capaz de dissolver seus bloqueios interiores e de transformá-las. Em Londres, Bohm havia me falado sobre a capacidade humana para a inteligência coletiva, para a conversa generativa, e as ações coordenadas resultantes disso:

> No princípio, as pessoas criam barreiras entre si por causa do seu pensamento fragmentário. Cada um funciona em separado. Quando essas barreiras se dissolvem, surge então uma mente em que todos compõem uma unidade, mas cada pessoa retém sua própria consciência individual. Aquela mente única ainda existe quando estão separadas, mas, ao se juntar, será como se nunca tivessem se separado... É, na verdade, uma única inteligência que funciona com as pessoas que se movimentam em relação umas com as outras... Seria extraordinário ter um determinado número de pessoas realmente pensando em conjunto e trabalhando juntas dessa forma.

Segundo Bohm, a maior parte das pessoas possui um bloqueio porque "sente que nunca irá fazer a diferença e, portanto, nunca enfrenta a possibilidade, por ser perturbadora e assustadora demais... Deve haver uma comunicação capaz de dissolver esse bloqueio". Em 1982, meu pressentimento era de que uma experiência na natureza selvagem construída de acordo com os princípios propostos por Kurt Hahn, da Gordenston School, na Escócia, seria a forma mais eficiente de dissolver esses bloqueios.

No início da Segunda Guerra Mundial, Kurt Hahn tinha sido encarregado pela Marinha Real Britânica de estabelecer uma estratégia para lidar com um fenômeno incomum. Quando os navios da Marinha Real naufragavam no gélido Mar do Norte, um grande número de marinheiros morria antes mesmo de o resgate chegar. Entretanto, algo estranho parecia acontecer – aqueles que sobreviviam eram quase todos mais velhos, pessoas na casa dos 40 anos de idade. Os mais jovens, na faixa dos 20 anos, aparentemente mais resistentes e em melhor forma física, não resistiam.

Hahn analisou a situação e chegou à conclusão de que os marinheiros mais velhos sobreviviam porque haviam passado pelas provações, pelos sofrimentos e pelas exigências da vida. Haviam desenvolvido o corpo, a mente e o espírito e demonstravam vontade de viver e de lidar com novos desafios, inclusive aqueles que exigissem sacrifícios extremos. Os mais jovens simplesmente ainda não haviam desenvolvido esse tipo de capacidade interior. Hahn criou uma nova modalidade educacional que ajudava os jovens a desenvolver a resiliência necessária. Então, eles começaram a sobreviver na mesma proporção que os homens mais velhos. Depois da guerra, Hahn trouxe esse conceito para os Estados Unidos, e o resultado foi o movimento Outward Bound.[19]

A teoria de Hahn era de que os limites do nosso potencial são quase sempre imaginários. Seus cursos foram preparados para apresentar aos participantes uma série de tarefas com graus de dificuldade crescentes. Em primeiro lugar, você faz uma coisa que nunca imaginou conseguir realizar. No dia seguinte, você realiza algo ainda mais impressionante, e assim por diante, em dias sucessivos, você ultrapassa suas realizações anteriores. No fim do curso, a imagem do que é possível ou não está transformada para sempre em você.

O segundo objetivo de Hahn era ampliar o sentido de dever e compaixão pelos que estão ao seu redor. Ninguém pode explicar completamente o que leva as pessoas a agir com compaixão ou de forma altruísta, mas parece claro que existem princípios nos seres humanos que os impulsionam a ajudar uns aos outros. Hahn acreditava nas pessoas como seres sociais e que aprendem melhor quando estão em grupo. Ele formou grupos de aprendizado que se tornaram comunidades muito unidas, as quais criaram um ambiente que

---

[19] Minha compreensão da história do movimento Outward Bound foi desenvolvida durante minhas conversações com David Chrislip, Reola Phelps e Eric Malmborg, que já haviam integrado a Colorado Outward Bound School. Recomendo a leitura de *Outward Bound: the Inward Odyssey*, de Mark Zelinski e Gary Shaeffer; e *Education at the Edge: the Colorado Outward Bound School*, de Thomas James.

ressaltava o valor e a necessidade de cuidar uns dos outros. Ele acreditava que esses impulsos profundos e primitivos do ser humano poderiam ser estimulados e fortalecidos quando em contato com a natureza selvagem.

Em 1982, quando incluímos a vivência na natureza selvagem como parte do currículo, telefonei para a Colorado Outward Bound School e falei com Reola Phelps, que era diretora executiva do novo programa para executivos. Contei a ela um pouco sobre o Fórum de Liderança e solicitei uma reunião. Na manhã seguinte, fui para o Colorado e conheci Reola e outros três colegas, David Chrislip, Eric Malmborg e Peter O'Neil. Foi uma reunião especial, que não exigiu esforço algum; todos partilhávamos de uma perfeita compreensão de como o curso seria organizado e ministrado. Contei a eles sobre o Fórum de Liderança e sobre o que eu gostaria de fazer pelo país e pelo mundo. Enquanto conversávamos, eu sabia que estávamos nos comunicando num nível mais elevado do que apenas a comunicação verbal e senti uma forte ligação pessoal com eles.

Enquanto planejávamos essas vivências na natureza selvagem, estabelecemos cinco objetivos:

1. Fortalecer nos participantes o poder de acreditar em si mesmos, o sentimento de autoeficácia e a crença de que podiam realizar o que se determinassem a fazer. Nossa intenção era transmitir uma mensagem clara de que estavam usando apenas uma pequena parte da sua verdadeira capacidade. Então, apresentaríamos sólidas evidências disso.
2. Encorajar os alunos a contar com seus recursos interiores, que geralmente ficam bloqueados, a usar sua intuição e a habilidade de improvisar e inovar diante de incertezas e ambiguidades.
3. Construir uma profunda confiança e um grande respeito entre o grupo, ajudando cada um a ultrapassar os preconceitos que todos nós temos e que desvalorizam os outros. Construir um verdadeiro trabalho de equipe e fazer com que experimentem – talvez pela primeira vez – o sentimento de estar profundamente alinhado com um grupo. Encorajar uma

experiência sobre como um grupo de líderes em vários setores de uma comunidade pode se unir em torno de questões de responsabilidade comum e empreender uma resolução bem-sucedida.

4. Colocar os alunos em situações que lhes provoquem uma profunda introspecção, levando-os a vivenciar o que Bohm chamou de "a profundidade geradora da consciência que é comum a toda a humanidade". Evocar sua natureza superior e fazer com que experimentem o sentimento de que todos estamos conectados.
5. Aprender, com esse conjunto de experiências, a ser flexível e a se adaptar com rapidez a mudanças e a ambientes novos.

O currículo do curso do Fórum Americano de Liderança havia sido testado e aprovado, sendo colocado em prática em 1983. Cada turma vivenciou um curso com a duração de aproximadamente vinte dias ao longo de um ano, começando com uma sessão de orientação que dava início ao processo de conexão entre os participantes. A orientação também tinha o propósito de prepará-los para a vivência na natureza selvagem, que geralmente ocorria no início de julho, quando o tempo no Parque Nacional Rocky Mountains era apropriado para a escalada de rochas e picos. O curso era predominantemente vivencial, não apenas nas atividades realizadas na natureza selvagem, mas também em outros segmentos, sobretudo no de "Liderança em Ação", no qual os participantes aprendiam na prática como realizar um projeto de interesse para a comunidade. Algumas turmas anuais foram organizadas em Houston, Hartford, no estado de Oregon, em Tacoma e no Vale do Silício.

A vivência na natureza selvagem foi planejada como uma atividade de seis dias. Em geral, os participantes chegavam ao acampamento-base no fim de uma tarde de sexta-feira e partiam seis dias depois. Durante esse período, o grupo praticava alpinismo, fazia vários tipos de exercício ao ar livre, escalava um pico de 4.200 metros, recebia orientações em salas de aula, vivenciava uma experiência solitária de 24 horas (em acampamentos individuais na natureza) e participava das cerimônias de encerramento. O trabalho de grupo era sempre finalizado prevendo bastante tempo para reflexão individual e anotações em diário. Durante toda a experiência, não era recomendada a utilização de relógios ou outros dispositivos desse tipo.

Em última instância, o programa completo de um ano foi elaborado como uma jornada interior para os participantes, não muito diferente da jornada descrita por Joseph Campbell em *O herói de mil faces*. O curso seria como um ciclo de transformação que consistia basicamente de três estágios: separação ou partida; provas, falhas e vitórias, incluindo uma provação suprema; e, finalmente, o retorno e a reintegração à sociedade. A experiência na natureza selvagem era como uma minijornada do herói – uma jornada interna de descobrimento e renovação pessoal. Particularmente, eu amava as atividades na natureza selvagem, e, durante os primeiros anos, participei do programa completo com uma das turmas. Ao longo do tempo, testemunhei mudanças muito profundas e comoventes, tanto individuais como em grupo; eu mesmo, nesse processo, passei por uma transformação pessoal.

Parte da magia dessa experiência estava na beleza delicada do cenário do Parque Nacional Rocky Mountains: a exuberante vista das altas montanhas, a vastidão do céu, a visão ampla e panorâmica do vale. A beleza nos retira de nós mesmos por um instante – de modo que, nesse momento, o *eu* não existe. Trata-se de um sentimento indescritível de comunhão, de tempo suspenso, de se sentir conectado ao universo. Entretanto, há um aspecto muito mais primordial em tudo isso. Por dezenas de milhares de anos, os seres humanos e a natureza não estavam separados – "um foi o contexto para o outro" (Halifax, 1993, p. ix). Quando isso me ocorria repetidas vezes, eu me lembrava da noção básica na teoria quântica sobre a "inseparabilidade" do observador e do observado.

No início desses seis dias, o grupo maior era dividido em dois subgrupos com a finalidade de executar vários exercícios. Ao concluir cada exercício, cada subgrupo formava um círculo e dialogava sobre as experiências e as lições aprendidas. A cada dia, os dois grupos se juntavam para conversas mais amplas. Havia sempre uma passagem do diálogo em grupo para o recolhimento interior, quando os participantes ficavam um tempo sozinhos para refletir e escrever em seus diários. O cenário, a aventura e o esforço do grupo contribuíam para um determinado estado de ser no qual os participantes podiam escutar, falar e aprender com mais facilidade.

Cada participante era testado em suas características particulares: medo de altura, medo de ficar sozinho, medo de errar, medo de parecer tolo. Logo no início da experiência, ficou claro que cada um precisava se apoiar no grupo para conseguir superar esses medos. Assim, uma intensa ligação pessoal era criada entre os membros do grupo – o tipo de ligação que as pessoas procuram e raramente encontram depois de chegar à vida adulta.

Cada exercício foi elaborado para construir a confiança verdadeira entre os participantes, aqueles momentos perfeitos de que falava David Halberstam, a sincronia no "momento do ataque". Escalar um paredão rochoso de 45 metros era a primeira dessas experiências e talvez a mais poderosa. Compartilho aqui a descrição de um participante do curso de Hartford:

> Estou sentado no topo do rochedo e compus mentalmente esta carta, amarrado a uma corda presa à pedra. O sol do início da manhã deu lugar a uma garoa fria. Minhas mãos seguram firmemente a corda que cai para uma companheira que está subindo, centímetro a centímetro.
>
> Relato a experiência de proteger a minha companheira de escalada que está atrás de mim, amarrada na mesma corda. Nenhum relacionamento entre duas pessoas pode ser tão intensamente baseado na confiança como este. A corda está ali para proteger, e não, como se poderia imaginar, para segurar. Minha parceira permanece invisível até os últimos centímetros, quando sua cabeça surge detrás de uma borda rochosa, 2 metros abaixo de mim. O que nos mantém juntos é um sistema cuidadosamente planejado de comandos verbais e a sutil tensão da corda. Esses são os sinais de um

> contrato entre nós. Ninguém, nem o mais inexperiente dos novatos, iria arriscar a própria vida na parede de um penhasco sem sentir total confiança no companheiro que maneja a corda.[20]

No quarto e no quinto dias, eram compartilhadas as vivências de preparação e execução da escalada do penhasco. Nos anos iniciais do curso, escalávamos o monte Elbert, o pico mais alto do Colorado, com 4.359 metros de altura. Em geral, a escalada e o retorno demoravam cerca de 14 horas. Era uma experiência física, mental e emocional, sempre muito especial para mim.

Nunca esquecerei a primeira escalada que fiz com a primeira turma de Houston. Depois de passar a noite no acampamento mais elevado, nos levantamos às 3 horas da madrugada para arrumar o equipamento e tomar café. Tínhamos de atingir o pico antes do meio-dia por causa do risco de tempestades de raios, que ocorrem com frequência no fim do dia em grandes altitudes. Os raios podem ser fatais acima da linha das árvores, onde ficaríamos todos muito expostos.

Partimos no horário previsto, na escuridão. Escalamos por várias horas abaixo da linha das árvores, e nos orientar nessas condições era difícil. Pegamos trilhas erradas e tivemos de voltar várias vezes. A inclinação era acentuada e retornar era penoso, porque todos estavam cientes do prazo do meio-dia e da necessidade de não desperdiçar energia. Ao longo do caminho, centenas de boas ações ocorriam a cada hora. As diferenças de raça e sexo há muito haviam se dissolvido, e, durante todo o trajeto até o topo, pessoas ajudavam pessoas.

Ao passar pela linha das árvores, numa altitude de aproximadamente 3.600 metros, víamos somente rochas. O vento uivava, a temperatura era gelada e, a princípio, não víamos nenhum tipo de vegetação. Depois de algum tempo, começamos a notar as pequenas e magníficas flores que cresciam durante o verão no topo das

---

20 Essa descrição foi extraída de uma carta por Arthur Walmsley, participante do Fórum de Liderança e bispo da diocese de Connecticut, publicada em *Good News: the Newspaper of the Diocese of Connecticut,* em setembro de 1987.

montanhas. Tínhamos de prestar muita atenção para vê-las, porque ficavam nas frestas das rochas, onde apenas uns poucos raios de sol banham os minúsculos pedaços de solo. As cores eram intensas: amarelos e púrpuras acentuados e o mais brilhante e vibrante vermelho. Ali estavam elas, não apenas sobrevivendo, mas também florescendo. Enquanto as observávamos, atraíamos a força dessas pequenas flores capazes de crescer naquele tipo de ambiente. Batizamos esse trecho de "terra dos gigantes de 1 centímetro".

No entanto, havia mais do que isso; contemplei a mim mesmo admirando essas pequenas flores, mas consciente de que não arrancaria uma delas por nada neste mundo. Era uma experiência estética profunda e comovente que não me estimulava a possuir o objeto; a beleza estava na contemplação. Eu podia distinguir o ritmo do universo ali em cima – a interação da luz do Sol com a pequena flor, do solo com a flor, da neblina com a flor e o solo, e da luz do Sol que atravessava as nuvens, a neblina e a cerração. Enquanto me movia lentamente pela terra dos gigantes de 1 centímetro, me senti novamente em completa harmonia com o universo.

O sofrimento dos últimos 500 metros foi intenso para todos nós. Há pouco oxigênio nessa altitude, e nossos pulmões queimavam. Cada músculo do meu corpo estava dolorido, e eu me perguntava se seria capaz de dar mais um passo. Muitos de nós experimentamos as adversidades da altitude, como tontura e a mais intensa exaustão. Cãibras musculares e pés cheios de bolhas – o grupo suportou tudo isso. O vento era forte e a sensação térmica era de 30 graus abaixo de zero. Contudo, ultrapassar o último cume e alcançar o topo foi uma experiência sublime e indescritível: todo o horizonte se abriu, e com isso a minha consciência também se expandiu.

Estávamos todos tomados pela emoção. Então, formamos um círculo e nos demos as mãos em silêncio por um longo tempo, com o vasto panorama estendendo-se atrás de nós. Foi como se estivéssemos literalmente no topo do mundo. Não havia limites entre nenhum de nós, e o tempo pareceu parar. Nós nos comunicávamos uns com os outros em um nível profundo – como na minha experiência com o arminho fêmea. Finalmente, Don Wukasch, cirurgião cardíaco de Houston, recitou de memória um texto do poeta francês René Daumal:

> Você não pode ficar no topo para sempre; tem de descer... Então, por que se dar ao trabalho de subir ao topo? Simplesmente por isso: o que está em cima sabe o que há embaixo, mas o que está embaixo não sabe o que há em cima. No alpinismo, é preciso observar cuidadosamente as dificuldades ao longo do caminho, pois, enquanto você sobe, é possível observá-las. Ao descer, você não vai mais enxergá-las, mas, se as observou bem, saberá que elas estão ali.
>
> Orientar-se nas regiões mais baixas pela lembrança do que se viu do alto é uma arte. Quando não se pode mais enxergar, é possível pelo menos saber (Daumal, 1960, p. 115).

Novamente permanecemos em silêncio, absorvidos pelo momento. Depois, o rabino Roy Walter falou em hebraico: "Abençoado sejas, ó Senhor Nosso Deus, Rei do Universo, que nos deu a vida, nos sustenta a vida e nos colocou juntos para partilhar esse momento".

* * *

Para evitar as tempestades, o retorno ao acampamento-base foi tão rápido quanto possível. Quando chegamos, era quase noite e todos estavam exaustos. Trocamos as roupas molhadas – havia chovido na descida. Meias secas foram uma verdadeira bênção. Comemos uma refeição leve e nos separamos para a experiência solo, cada participante acampando sozinho na natureza selvagem, levando apenas alguns itens indispensáveis e uma barraca individual. Era uma oportunidade para refletir sobre o aprendizado daquela experiência, para integrar da melhor forma possível o que havia ocorrido na última semana e escrever nos nossos diários.

Para mim, estar sozinho na natureza selvagem foi uma experiência poderosa e que me trouxe serenidade. Foi como visitar a grande catedral de Chartres. Eu podia sentir o campo de energia, e foi como se eu próprio estivesse participando da divindade. Eu sentia respeito e gratidão pela maravilha e pela beleza de tudo. Ao longo das horas que se passavam, o reconhecimento de que eu estava na presença de algo maior do que a dimensão humana se tornou algo cada vez mais evidente.

No dia seguinte, depois de concluir a experiência individual, o grupo se reuniu no acampamento-base para dialogar. Nós nos sentamos em círculo em volta da fogueira. O círculo é um símbolo poderoso, sugerindo que não há princípio nem fim. Ele nos fala da jornada em si. Depois da jornada de uma semana, contemplávamos agora uma jornada mais ampla. No interior das fronteiras do círculo, o poder da comunidade entre nós continuou. Estava presente ali o mesmo sentimento de quando nos reunimos no topo da montanha – o silêncio, a fala vindo do coração, a harmonia de ser, o maravilhamento, o respeito e a gratidão por toda aquela beleza ao nosso redor. A principal diferença foi que passamos várias horas nesse diálogo, e assuntos substanciais foram trazidos à tona e comentados – assuntos que em circunstâncias normais seriam "indiscutíveis", como preconceito, raça e questões de gênero. A diversidade do grupo conferiu grande poder ao diálogo. Havia muita emoção, mas também escuta e aprendizado profundos. Nessa etapa, os participantes funcionavam como "sistemas abertos". Haviam entrado na experiência com determinados pressupostos a respeito de si mesmos – imagens sobre quem eram e o que podiam e não podiam fazer. Uma a uma, à medida que todos realizavam muito mais do que acreditavam ser possível, essas imagens foram destruídas.

Além disso, aquelas pessoas haviam feito um trabalho em grupo baseado no curso "Liderança e Maestria", criado por Kiefer e Senge. Aquilo já havia sido uma experiência poderosa por si só, resultando na transformação das crenças anteriores sobre a natureza humana, a consciência e a natureza essencial de todas as coisas.

No último dia, algumas horas antes de o grupo entrar no ônibus para Denver, para pegar o avião de volta para casa, houve uma cerimônia de encerramento. Na reunião final, cada um apresentou seu totem: um objeto encontrado durante a experiência individual e que simbolizava seus sentimentos a respeito da experiência na natureza selvagem e o significado disso.

* * *

Depois de ouvir todos os depoimentos, sentimos que o propósito da experiência na natureza selvagem havia sido atingido: ser a porta de entrada para mudanças essenciais no modo de pensar e de ser, tão necessárias à liderança servidora. O tema recorrente durante a cerimônia de encerramento foi "a paz e o amor que partilhamos juntos", a "profunda conexão" vivenciada entre pessoas que se importavam muito com os outros, a "identificação quase transcendental em relação às outras pessoas presentes", o poder do ambiente físico "quase místico" e a "metamorfose interior". Fiquei maravilhado ao ouvir depoimentos tão consistentes, independentemente da origem ou da profissão da pessoa que falava: prefeito, chefe de polícia, líder trabalhista, presidente de empresa, líder comunitário, jornalista, não importava quem – esses relatos passaram por todas as categorias, gêneros, raças e linhagens étnicas dentro da comunidade.

Ao longo dos anos, ouvimos os mesmos temas, de forma recorrente, na apresentação dos totens durante as cerimônias de encerramento. Havíamos encontrado uma forma de remover os bloqueios dos quais Bohm tinha me falado. No entanto, comecei a me perguntar se haveria uma maneira de conseguir isso com um processo mais simples e menos dispendioso. Como se viu depois, David Bohm e seus colegas estavam no processo de fornecer uma resposta, ainda que parcial.

16. Diálogo: o poder do pensamento coletivo

De tempos em tempos, (a) tribo (reunia-se) em um círculo. Simplesmente conversavam e conversavam e conversavam, aparentemente sem um objetivo específico. Não tomavam decisões. Não havia um líder. E todos podiam participar. Podia haver homens sábios ou mulheres sábias que eram ouvidos por mais tempo – os mais velhos –, mas todos podiam falar. A reunião continuava, até que, finalmente, parecia parar sem nenhuma razão, e o grupo se dispersava. E, no entanto, depois disso, todos pareciam saber o que fazer, porque compreenderam muito bem uns aos outros. Então, podiam se reunir em grupos menores e fazer algo ou resolver questões.

David Bohm, "On dialogue"

Em Londres, Bohm partilhara comigo um modelo mental claro de como ele acreditava ser o funcionamento do mundo e de como ele acreditava que os seres humanos são capazes de aprender e pensar. Para Bohm, era nítido que os humanos têm uma capacidade inata para a inteligência coletiva. Podem aprender e pensar juntos, e esse pensamento colaborativo pode possibilitar uma ação coordenada. Todos estamos conectados e funcionamos dentro de campos vivos de pensamento e percepção. O mundo não é fixo, mas está em fluxo constante. De acordo com esse princípio, o futuro não está determinado e pode ser moldado. Os humanos possuem um conhecimento tácito significativo – sabemos mais do que conseguimos expressar. O problema a ser resolvido é: como podemos remover os bloqueios e adentrar nesse campo do conhecimento para criar o futuro que todos desejamos?

Em 1983, Bohm dedicava boa parte do seu tempo a explorar os temas do pensamento coletivo e da comunicação. Nos dez anos seguintes, um progresso significativo foi observado no sentido de compreender todo esse processo, que Bohm simplesmente chamou de "diálogo".

Em maio de 1984, o que deveria ser um seminário de final de semana, incluindo palestras e discussões, evoluiu para o que Bohm chamava de "o despertar do processo de diálogo em si como um livre fluxo de significado entre todos os participantes". Aquele fim de semana foi como um divisor de águas no trabalho de Bohm sobre esse assunto e está documentado no livro *Unfolding Meaning*.

Embora o desenvolvimento de uma teoria do diálogo estivesse longe de se completar, em 1994, em parte por causa do trabalho do Projeto Diálogo, liderado por William N. Isaacs no Centro de Aprendizagem Organizacional do MIT, o diálogo passou a ser visto como um avanço da maior importância em vários campos emergentes da atividade humana: na aprendizagem organizacional, no processo de indagação coletiva e, significativamente, na forma como os humanos podem governar a si mesmos.[21]

Como mencionado anteriormente, a palavra "diálogo", como usada por Bohm, deriva de duas raízes gregas, *dia* e *logos,* sugerindo "fluxo de significado". "Isso está em flagrante contraste com a palavra 'debate', que significa 'derrotar', ou mesmo com 'discussão', que possui a mesma raiz de 'percussão' e 'concussão' – 'quebrar coisas'."

Bohm ressaltou que boa parte do que chamamos de discussão não é algo realmente sério no sentido de que existem muitas coisas que não são negociáveis – as "indiscutíveis". Ninguém menciona as questões indiscutíveis – elas simplesmente permanecem ali, abaixo da superfície, bloqueando a comunicação profunda e honesta de coração a coração. Além disso, todos trazemos conosco pressupostos básicos,

[21] Essa discussão sobre o diálogo foi enriquecida por longas conversas com William N. Isaacs, líder do Projeto Diálogo do Centro de Aprendizagem Organizacional do MIT. Isaacs e seus colegas investigam como expandir as extraordinárias ideias de Bohm, Buber e outros, transformando-as em habilidades e competências que podem ser utilizadas por todos. Recomendo em particular o artigo "Taking Flight: Dialogue, Collective Thinking and Organizational Learning", em *Organizational Dynamics* (1990, p. 24-39). O livro de Isaacs intitulado *Dialogue: the Art of Thinking Together* reúne uma década de pensamento de muitas pessoas sobre esse assunto e explora diferentes formas de praticar o diálogo e aplicá-lo nos níveis pessoal, grupal e organizacional. Ver também o capítulo "Dialogue", de Isaacs, no livro *A quinta disciplina*, de Peter Senge (1990, pp. 357-364). Nesse mesmo livro, Peter Senge também escreveu a respeito do diálogo nas páginas 238-249.

nossos mapas mentais sobre o significado da vida, como o mundo funciona, nossos interesses pessoais, os interesses do nosso país, nosso interesse religioso e assim por diante. Nossos pressupostos básicos são desenvolvidos desde a nossa infância pelos nossos professores, pela nossa família e pelo que lemos. Sustentamos esses pressupostos tão profundamente que nos identificamos com eles, e, quando esses pressupostos são desafiados, nós os defendemos com grande emoção. Agimos assim com frequência e de forma inconsciente.

Bohm comparou esses pressupostos básicos e nossas convicções profundamente arraigadas a programas de computador na mente das pessoas. Esses programas assumem o controle atuando contra as melhores intenções e produzem suas próprias intenções. Essa fragmentação de pensamento é reforçada por uma visão do mundo herdada do século XVI, que enxergava o cosmo como uma grande máquina. Assim, "o pensamento popular na sociedade é incoerente – ele vai em todas as direções e se contradiz".

No entanto, se as pessoas pensassem juntas de uma forma coerente, isso teria um poder extraordinário. Se houvesse uma oportunidade de manter o diálogo por um determinado período de tempo, teríamos um movimento coerente de pensamento, não apenas no nível consciente que todos reconhecemos, mas de forma mais relevante no nível tácito, o nível não falado e que não pode ser descrito. O diálogo não requer que as pessoas concordem umas com as outras. Em vez disso, encoraja as pessoas a participarem de um conjunto de significados compartilhados que conduz a uma ação alinhada. Como Isaacs e seus grupos de pesquisas no MIT confirmaram, desse novo significado compartilhado, as pessoas podem e irão realizar ações coordenadas e efetivas sem necessariamente concordar com os motivos dessas ações.

Bohm comparou o diálogo à supercondutividade. "Por meio da supercondutividade, elétrons em temperaturas muito baixas agem como um todo coerente, e não como partes separadas. Fluem ao redor de um obstáculo sem colidir uns com os outros, sem criar resistência e produzindo altos níveis de energia. Em temperaturas mais elevadas, entretanto, começam a agir como partes separadas, espalhando-se num movimento aleatório e perdendo energia." No diálogo, o objetivo é criar um ambiente especial em que entre em cena um tipo diferente de relacionamento entre as partes – um ambiente que revele altos níveis de energia e inteligência elevada.

Analisando em retrospectiva a pesquisa e o desenvolvimento que Bohm realizou sobre diálogo durante os últimos anos de sua vida, é interessante observar que os princípios que ele formulou funcionavam de forma consistente durante o desenvolvimento dos cursos do Fórum: na orientação dos participantes, onde eles se reuniam inicialmente para se conhecer; durante a experiência na natureza selvagem; no retiro individual; durante o exigente trabalho do projeto em grupo; e nas cerimônias de encerramento, assim como nos retiros após a formatura da turma. A experiência compartilhada e a profunda confiança adquirida por meio da natureza selvagem permitiram que os participantes estabelecessem um diálogo verdadeiro numa série de circunstâncias, em grupos pequenos e em grupos muito maiores. Depois de alguns anos vivenciando essas experiências, eu conseguia sentir o "campo" se formando quando iniciávamos o diálogo verdadeiro. Esse sentimento distinto e especial parecia preencher o espaço ao nosso redor, e nesses momentos eu sabia que estávamos nos comunicando num plano diferente. Era inconfundível. Com frequência, nesses momentos eu não interagia e falava muito pouco; ficava profundamente envolvido na comunicação, escutando e absorvendo o que acontecia. Essas experiências sempre foram muito poderosas, tocantes e especiais para mim e para os outros participantes.

Algumas vezes, os diálogos eram usados para resolver questões complexas relacionadas ao grupo, como aquelas envolvendo os projetos em equipe. As conversas eram sempre tediosas e frustrantes, sobretudo para aqueles participantes voltados para a ação, para a solução imediata dos problemas. Contudo, esse processo frequentemente promovia ações coordenadas que resultavam em contribuições para a comunidade envolvida. Em outras situações, o diálogo não tinha um foco estratégico, mas traria importantes resultados mais tarde. Da escuta coletiva, eram colhidas novas e importantes compreensões. Repetidamente, os participantes me relatavam mudanças pessoais profundas em decorrência do diálogo mantido ao longo do ano.

Quando um diálogo em particular era "concluído", ele não terminava. O diálogo não era uma simples circunstância do curso, mas se transformou numa forma de viver entre os participantes – uma forma de viver com a qual se haviam comprometido. Isso teve um efeito transformador em muitas das pessoas. Repetidas vezes, os participantes se referiam ao "poder misterioso do coletivo" que haviam experimentado.

Há algo engraçado sobre o diálogo: ele se parece com uma onda/partícula. Quando está presente, você sabe. É algo que não se pode fingir. E, no entanto, quando você se foca demasiadamente nele, tentando capturar o processo, você o transforma e ele se dissolve e desaparece.

* * *

Em alguns períodos, o diálogo era usado de outra forma especial – para comunicar o poder da experiência do Fórum Americano de Liderança para patrocinadores em potencial. Pedíamos a um grupo de participantes que relatasse como o Fórum havia impactado suas vidas e a vida da sua comunidade. Descobri esse processo por acaso, uma noite em Houston, quando convidei um dos principais executivos da Fundação Ford e o seu assessor para um jantar e uma reunião com cerca de doze participantes do Fórum. O que se seguiu ao jantar foi um diálogo ininterrupto de cerca de três horas entre os participantes. O executivo da Fundação Ford e o seu assessor acharam aquilo uma das experiências mais tocantes que já tiveram.

Uma das ocasiões mais importantes em que isso ocorreu foi em 1988, quando buscávamos apoio financeiro da Fundação Luce, em Nova York. Depois de uma série de encontros com os executivos na própria Fundação, Henry Luce Jr. nos visitou em Hartford. Convidamos doze participantes para almoçar e dialogar com o sr. Luce e seus colegas.

O presidente da companhia de seguros Aetna, John Filer, iniciou a conversa com observações interessantes, referindo-se ao grupo ali reunido como uma "coalizão magnífica dos diferentes". Então, sugeri que os participantes compartilhassem com o sr. Luce e os outros representantes da Fundação seus relatos sobre o Fórum, o que significava para cada um e o que havia ocorrido na comunidade como resultado do estabelecimento de uma sede local. Não tínhamos planejado ou ensaiado nada. Um longo silêncio se fez, até que um dos participantes se manifestou.

Eddie Perez descreveu um projeto do Fórum em Stow Village, um conjunto habitacional com mais de mil pessoas, em sua maior parte latinos e afro-americanos, que viviam em condições de extrema pobreza. As pessoas desse local pareciam desesperançadas e derrotadas. A maior parte dos residentes era de mães solteiras com vários filhos. O objetivo do projeto era selecionar cinquenta famílias e elaborar um programa para que essas pessoas pudessem adquirir independência econômica por meio da garantia de um emprego. Parecia uma empreitada difícil, mas essa turma de participantes queria testar a energia, o entusiasmo e a força presentes no grupo.

Eddie contou como o programa se iniciara e como progredia em vários aspectos. Disse que estava sendo reconhecido como um modelo que poderia ser replicado em todo o país. De fato, outro grupo estava tentando aplicar o programa em dois outros conjuntos habitacionais de Hartford. Eddie afirmou que uma das chaves do sucesso era a forte ligação entre a comunidade empresarial e o setor público. Existiam várias barreiras que precisavam ser derrubadas, e eram as pessoas com posição e poder nas grandes empresas que poderiam fazer isso acontecer com mais rapidez. Ele citou o seguinte exemplo: o projeto havia progredido substancialmente. Algumas das mulheres haviam passado pelo programa de capacitação profissional, seus filhos haviam conseguido vaga na creche e transporte, elas aprenderam a se vestir adequadamente para o ambiente de escritório e vários empregos haviam sido garantidos – não apenas empregos sem futuro, mas empregos com futuro, com possibilidade de evoluir na carreira e obter satisfação pessoal. Tudo estava pronto para começar quando o primeiro obstáculo se apresentou. O novo seguro do empregador daria assistência total ao empregado, mas, durante o primeiro ano, a assistência médica não daria cobertura para toda a família. Os custos seriam muito elevados, e a apólice não contemplaria os familiares do funcionário.

Aquelas mulheres simplesmente não podiam se permitir sair para trabalhar e deixar os filhos sem assistência médica. O programa de bem-estar social cobria isso, mas os empregadores, pelo menos naquele estágio inicial, não poderiam fazer o mesmo. Eddie batalhou muito, mas não conseguiu encontrar um meio de contornar a situação. Finalmente, desesperado, pegou o telefone e ligou para Jim Grigsby, um companheiro do curso do Fórum Americano de Liderança. Jim chefiava um departamento de bilhões de dólares na Cigna, uma das maiores companhias de seguro do mundo. Quando Eddie telefonou, a secretária de Jim anotou o recado e educadamente explicou que Jim havia saído da cidade por alguns dias e que retornaria o telefonema depois de muitos dias. Era o tipo de desculpa educada que as secretárias são treinadas a dar.

Naquela tarde, Jim chegou ao escritório e encontrou muitos recados telefônicos. Examinou-os todos e encontrou o recado de Eddie, que dizia: "Eddie Perez, Fórum de Liderança, precisa de ajuda. Por favor, ligue". Naquele mesmo dia, Jim telefonou para Eddie, e a conversa foi mais ou menos assim: "Eddie, aqui é Jim. Estou retornando sua ligação. O que posso fazer por você?"; "Preciso vê-lo. Estamos passando por uma crise de grandes proporções no Projeto Stow Village e preciso muito da sua ajuda"; "Bem, por que não me explica pelo telefone e vamos ver o posso fazer?". Eddie resumiu o caso, e Jim respondeu: "Já entendi a situação, Eddie. Preciso de uma semana ou dez dias para ver o que podemos fazer. Telefono para você de volta".

Depois de uma semana, Jim ligou para Eddie e disse: "Eddie, consegui resolver o problema. Veja o que faremos". E continuou a explicar como havia descoberto uma forma de estender a cobertura do seguro aos dependentes. Eddie olhou para o sr. Luce e para os outros e disse: "Escutem, há um ano, se eu tivesse feito um telefonema como esse para Jim Grigsby da Cigna, não teria ido além da sua secretária. Não haveria nenhuma chance de ele retornar a minha ligação, nem de eu resolver aquele problema. Estou dizendo para vocês que aqui todos somos membros de uma comunidade e todos queremos ajudar Hartford. As pessoas certas estão agora conectadas. Nós, na comunidade local, sabemos como as coisas funcionam e sabemos como conseguir que as coisas sejam feitas, mas não podemos fazê-las sem a cooperação das pessoas que atuam na estrutura do poder. Precisamos que elas nos ajudem, e algumas vezes com urgência. O Fórum Americano de Liderança torna isso possível".

E assim foi ao longo de toda a nossa conversa. Os participantes, cada um a seu modo, relataram as transformações que estavam ocorrendo na comunidade de Hartford. Cada um contou uma história pessoal e cada um acrescentou algo à história do outro. Quando havia um breve silêncio, outro participante falava algo, uma palavra ou algumas frases, ou contava uma história para ilustrar o que estava sendo dito. Nenhum deles interrompeu a fala do outro. Mais tarde, os participantes observaram que estavam escutando os outros expressando seus próprios pensamentos. O fluxo de conversa era uma construção. Cada afirmação, cada ponto, cada história articulava e reforçava a outra. Era como tecer uma tapeçaria complexa e bela – como se estivessem falando de forma planejada – mas, claro, nada havia sido previamente ensaiado. O fluxo de significado era incrível. O grupo trabalhava como um todo, e havia uma participação comum no pensar, como um pensamento que é construído coletivamente. E você podia sentir todo o ambiente participar dessa conversa que parecia uma sinfonia. Enquanto eu testemunhava isso acontecer, me lembrei de como Bill Russell havia descrito aqueles momentos em que jogava para os Celtics.

John Zacharian, que escreve o editorial do *Hartford Courant*, contou sua bem-sucedida campanha para ajudar a eleger o primeiro membro afro-americano do conselho editorial do jornal. Hernan LaFontaine, o superintendente das escolas, falou sobre os cursos profissionalizantes que ele e os participantes da sua turma no Fórum haviam instituído para conseguir a colocação de duzentos jovens desempregados que estavam se formando nas escolas de ensino médio em Hartford. O programa foi assumido por uma unidade da Câmara de Comércio e continuou a ser bem-sucedido. Aquilo só se tornou possível em virtude da cooperação conjunta entre líderes educacionais, líderes comunitários e líderes empresariais em altos cargos, que puderam assegurar a disponibilidade das oportunidades adequadas de trabalho.

O chefe de polícia Bernie Sullivan e a líder comunitária local Merilee Milstead contaram como se conheceram, quando o chefe Sullivan a prendeu durante uma greve em Hartford. Por muitos anos, houve violência e derramamento de sangue durante essas greves. Na segunda vez que Milstead e o chefe Sullivan se encontraram, eram colegas na primeira classe do Fórum. No fim daquele ano, ambos concordaram em fazer tudo de forma diferente. Durante a greve seguinte, Milstead telefonou para o chefe Sullivan e disse: "Estamos nos preparando para uma greve. Vamos fazer da forma que combinamos". O chefe Sullivan orientou seus subordinados: "Vai haver uma greve liderada por Merilee Milstead. Vamos até lá para manter a ordem, mas deixem o equipamento de choque em casa". Saíram. Foi uma greve absolutamente pacífica. Não houve violência e nem uma só prisão pela primeira vez em muitos anos. Ao redor da mesa, as histórias se sucediam, uma após a outra.

Ao final, houve um longo mas agradável silêncio. Depois, Henry Luce ergueu-se e declarou: "Eu sabia que ficaria impressionado com esse curso por causa de tudo o que li a respeito, mas não estava preparado para o que encontrei aqui. Vocês vão receber o nosso apoio". Em dois meses, recebemos da Fundação Luce uma doação de 450 mil dólares, a maior contribuição já feita por aquela fundação para assuntos públicos.

* * *

O que aconteceu em Hartford naquele dia com Henry Luce e seus colegas foi um exercício de liderança coletiva. Aqueles homens e aquelas mulheres sentados juntos e dialogando estavam exercitando uma forma coletiva de liderança que simplesmente não poderia ser exercida por um só indivíduo. Ao longo dos anos, pensei mais e mais sobre essa noção altamente eficiente de liderança. Passei a acreditar que isso está no cerne do que o mundo precisa hoje em dia. Quando as pessoas se sentam juntas para dialogar, estão exercendo a liderança como um todo. Isso não é nada menos que o desdobramento do processo generativo. É a forma como o pensamento participa da criação, mas isso só pode ser feito de modo coletivo.

Isso não é algo que eu compreendi totalmente na época em que trabalhei no Fórum Americano de Liderança, embora tivesse repetidamente testemunhado esse poderoso fenômeno. A forma como geralmente pensávamos sobre isso, enquanto planejávamos o curso, era de que as partes são o mais importante. Num modelo de construção de coalizão, nossa premissa tácita é a de que somos indivíduos separados e precisamos construir uma coalizão. Em geral, o fazemos mediante escolhas forçadas e negociações – preferencialmente do tipo "ganha/ganha", com as quais todos podemos conviver.

Contudo, no diálogo, você parte de uma premissa muito diferente, na verdade um conjunto de referências totalmente diferente. No diálogo, não se está construindo coisa alguma, mas permitindo-se que o todo existente se manifeste. É uma profunda mudança no estado de consciência, distante da noção de que as partes são o mais importante.

As pessoas sempre dizem: "Temos de dar um passo atrás para visualizar o quadro mais amplo", como se tivéssemos de enxergar as partes para depois perceber o todo. No entanto, o todo já existe; é que ficamos limitados a referências que nos impedem de percebê-lo. No diálogo, o todo sempre aparece e é manifestado posteriormente, quando os indivíduos agem.

"Perceber a totalidade das coisas" representa uma mudança interior de consciência. Martin Buber capturou essa noção de maneira muito bela ao refletir sobre o que isso significava pra as pessoas:

> Assim como a melodia não está nas notas, nem os versos nas palavras, nem a estátua nos entalhes, pois é preciso trabalhá-las e manejá-las até que a unicidade esteja presente nas

várias partes, assim ocorre com o homem a quem chamo de "tu". Posso tirar dele a cor dos cabelos, ou o seu discurso, ou a sua bondade. Posso fazê-lo continuamente. Mas, a cada vez que o faço, ele deixa de ser "tu" (Buber, 1958, p. 8-9).

17. Lições: deparando-se com as armadilhas

Quando tropeça, você encontra o seu tesouro.

Joseph Campbell

Certo dia, em 1987, eu estava com a turma de participantes do Fórum em Portland, no Oregon, contando a eles sobre a minha jornada até a criação do Fórum – os bons momentos e também os problemas e as provações. Em seguida, Mary Ann Buchannan, diretora executiva da sede local, disse: "Joe, o que acaba de dizer parece ter sido extraído diretamente do livro de Joseph Campbell, *O herói de mil faces*". Eu disse a ela que não sabia quem era Joseph Campbell e que nunca havia lido nenhum livro dele. Ela ficou muito surpresa, principalmente porque seu livro mais recente, *O poder do mito*, era muito conhecido. Então, ela explicou que Campbell, que havia falecido há pouco tempo, era uma autoridade em mitologia e um professor renomado. Quando Ann Buchannan me enviou os livros dele, fiquei completamente maravilhado com o que li. Em *O herói de mil faces*, Campbell apresenta uma imagem complexa da busca heroica,[22] que é um arquétipo do processo de mudança pelo qual os seres humanos e as organizações podem passar. Não apenas essa narrativa se parecia de forma impressionante com a jornada que eu empreendia havia quinze anos, mas também seguia as ideias fundamentais apresentadas por Robert Greenleaf em seu livro *Servant Leadership*. O principal objetivo da jornada do líder servidor é encontrar os recursos de caráter necessários para cumprir o seu destino – para encontrar a sabedoria e o poder para servir os outros.

---

[22] Também adquiri ótimas ideias a respeito da busca heroica ao ler o artigo "Corporate Change and the Hero's Quest", de Holder e McKinney.

Depois de ler Campbell, senti uma grande paz. Pela primeira vez desde que eu havia começado esse caminho, me senti seguro e compreendido. Ao longo de todo o processo, eu me senti tão sozinho que às vezes imaginava que estava meio maluco. Com as leituras de Campbell, comecei a compreender o que de fato acontecia em meu íntimo e consegui entender muitas coisas.

O livro de Campbell começa com o "deserto", a vida sem autenticidade. Velhos conceitos, ideias e padrões emocionais não se encaixam mais; o momento de cruzar o limiar está ao seu alcance. O chamado para a aventura se manifesta de muitas formas, tanto sutis quanto explícitas, ao longo dos anos. É o chamado para servir, a entrega da nossa vida a algo maior que nós mesmos, o chamado para nos tornarmos o que fomos destinados a ser – o chamado para realizarmos nosso "projeto de vida".

Alguns dos que são chamados para a aventura escolhem partir. Outros podem lutar durante anos com o medo e a negação antes que sejam capazes de transcender esses obstáculos. Tendemos a negar o nosso destino por causa de insegurança, medo do fracasso, ansiedade e falta de coragem para arriscar o que temos. Lá no fundo, sabemos que cooperar com o destino traz grande poder e responsabilidades pessoais. Se nos engajamos em seguir nosso destino, estamos nos rendendo ao desígnio do universo, que fala por meio do desígnio da nossa própria pessoa. Diante da recusa, continuamos inquietos, e então, como se fosse do nada, surge o guia: alguém ou alguma coisa para nos ajudar na travessia do limiar da aventura. Isso pode acontecer por meio de "vozes internas" ou pessoas que nos levam a enxergar o caminho.

Quando dizemos "sim" ao chamado, atravessamos o limiar da aventura. Nesse momento de decisão, Buber diz: "Mesmo que esse ainda não seja o propósito que 'devemos' cumprir, (...) não podemos agir de outra forma" (Buber, 1970, p. 160). Esse é o ponto em que nossa liberdade e nosso destino se fundem. "Não posso agir de outra forma, essa é a minha missão", disse Martinho Lutero.

Assim, atravessamos os portões do conhecido em direção ao vazio, um reino sem mapas. A jornada perigosa se inicia, e encontramos uma série de testes e provações. É um lugar assustador, mas que também oferece oportunidades.

Se realmente estamos comprometidos em seguir o nosso sonho, há nisso, para além de nós mesmos e da nossa vontade consciente, uma força poderosa que nos ajuda ao longo do caminho e alimenta o nosso crescimento e a nossa transformação. Nossa jornada é guiada por mãos invisíveis com precisão infinitamente maior do que seria possível por meio da nossa vontade solitária e consciente. Campbell afirma que há "uma força sobrenatural de apoio" que ajuda o "eleito a passar por todas as provações" (Campbell, 1968, p. 216).

Durante a jornada, inevitavelmente, encontraremos uma ou mais provas supremas, que testam nosso comprometimento com a direção escolhida, além de oferecer oportunidades de aprendizado com os fracassos. Nos estágios posteriores da nossa jornada, atravessamos um limiar após o outro, suportando a agonia do crescimento espiritual e rompendo nossas limitações pessoais. Do encontro supremo, renascemos como pessoas diferentes; sentimos "algo a mais que amadureceu" em nós, afirma Buber (1958, p. 109).

Por fim, com a missão concluída, retornamos com o elixir para a restauração da sociedade. É difícil interromper o êxtase dos estágios finais da jornada, como um estado de graça, para retornar ao lugar há muito esquecido, de onde saímos, onde pessoas que vivem como frações delas mesmas se imaginam completas. Ao retornar, é difícil suportar o golpe das perguntas racionais, do duro ressentimento e das pessoas queridas que não o compreendem. O retorno tem o objetivo apenas de preparar uma nova jornada. Entretanto, retornamos como um ser mais poderoso, preparado para avançar mais e mais a serviço da comunidade.

Naturalmente, não existem duas aventuras iguais, e nunca ninguém conseguirá repetir a jornada do outro. Apesar disso, o padrão cíclico e os estágios que Campbell apresenta foram surpreendentes para mim. Eu os considerei de profundo interesse, não apenas para mim, particularmente, mas para o próprio Fórum de Liderança. Esse texto expressava a mudança pela qual eu passei e permanecia muito vivo em mim. Partilhei todas essas ideias com os meus colegas, e acabamos utilizando esse material como metáfora para a odisseia que os participantes vivenciavam no Fórum.

É muito divertido pensar sobre o início da minha jornada: o chamado para a aventura que veio como resultado do caso Watergate, período em que o Coronel e eu passávamos bom tempo na fazenda; a dor do meu divórcio; a leitura de muitos livros durante a minha viagem pela Europa; as descobertas nas montanhas Teton; o gentil puxão de orelha recebido de Tom Fatjo, seguido do conselho de que eu precisava encarar o meu sonho. Naquela oportunidade, recusei o chamado e fui para Londres, onde finalmente meu guia apareceu nas vivências pelo Cairo, na morte do meu sobrinho e, mais tarde, no meu encontro com David Bohm. Pensar sobre o que ocorreu logo depois da travessia do limiar – as invisíveis mãos auxiliadoras – é muito importante para mim, e adoro relembrar e contar essa parte da história também.

Contudo, como se vê, no longo prazo, a parte mais proveitosa da jornada foram as lições que aprendi durante os momentos ruins – as inevitáveis provações encontradas ao longo do caminho. Campbell chama isso de "estrada das provações". "No jargão dos místicos", afirma ele, "esse é o segundo estágio do caminho, o da 'purificação do ego', quando os sentidos são 'purificados e subjugados'". Nesse processo, enxergamos "não apenas toda a imagem da nossa situação no presente, mas também pistas sobre o que precisamos fazer para ser salvos" (Campbell, 1968, p. 101).

Caí em três armadilhas e, nesse processo, a existência do Fórum quase foi comprometida. Fiquei frente a frente com minhas deficiências, e foi apenas pela graça de Deus e a dedicação e o trabalho duro de todos os meus companheiros que toda a empreitada teve êxito.

Estou usando o termo "armadilha" em referência a qualquer coisa que provoque um retrocesso às velhas formas de pensar e agir, impedindo, portanto, que nos tornemos parte do processo generativo em desdobramento. As armadilhas são muito poderosas; paradoxalmente, num nível profundo, existe pouca substância nelas. No entanto, quando caímos em uma delas, as consequências são imediatas e muito desagradáveis. É uma experiência devastadora estar num estado de fluxo elevado e depois perdê-lo. Toda a criatividade é interrompida; toda a sincronicidade desaparece de uma hora para outra.

Caímos em armadilhas principalmente quando as apostas são realmente altas – quando a energia é alta, muita coisa está acontecendo, as coisas vão muito bem e grandes somas de dinheiro estão envolvidas. É nesse momento que essas ilusões poderosas ou hábitos de pensamento tendem a aparecer. Quando caímos numa armadilha, um círculo vicioso pode ser deflagrado, e a nossa situação pode decair com muita rapidez. Contudo, se estivermos conscientes das armadilhas e permanecermos em alerta diante desse perigo, temos grande chance de evitar suas consequências.

As armadilhas nas quais caí foram geradas por questões pessoais minhas e originadas pelos meus velhos hábitos de pensamento. Da mesma forma, outros, na jornada em busca dos seus sonhos, vão se defrontar com armadilhas particulares de suas velhas formas de ser. Apresento aqui os diferentes tipos de armadilhas como exemplo de situações com as quais podemos nos deparar nas nossas jornadas, quando estamos no mais elevado estado de fluxo e quando nos sentimos mais conectados à ordem generativa que se desdobra. Como os leitores verão a seguir, essas armadilhas estão bastante interconectadas – geralmente, uma desencadeia a outra.

A armadilha da responsabilidade

A armadilha da responsabilidade foi a mais cruel para mim. Encontrei-a logo no início da empreitada, e ela me atormentou por muitos anos. Nos estágios iniciais da criação do Fórum, tudo estava se desenrolando como num passe de mágica: conseguimos reunir um conselho consultivo de nível internacional; criamos um currículo que teve enorme sucesso inicial e aceitação no curso-piloto; levantamos um capital inicial significativo; nossa matriz e as equipes das sedes locais se desenvolviam com rapidez. Depois do sucesso inicial, comecei a pensar, nos recantos mais escondidos de minha mente: "Ei, isso não é mais um sonho, é realidade. Todas essas pessoas dependem de mim. Elas embarcaram nesse sonho. Conselheiros, fundadores e participantes já mergulharam nisso. Todo esse interesse da mídia. É algo incrível... grande demais".

Comecei a sentir que eu era indispensável ao processo como um todo, que era responsável por todas as pessoas envolvidas e que todos dependiam de *mim*. O foco estava em mim, e não no chamado e na conexão mais ampla.

Nesse estado, o medo começou a representar um obstáculo. Voltei a ser o "velho" Joe – assumindo tudo, trabalhando doze, quinze, às vezes até dezoito horas por dia durante toda a semana e algumas vezes nos finais de semana também. Eu acordava no meio da noite suando, pensando em todas as pessoas cujos empregos dependiam de mim e preocupado em conseguir o capital operacional necessário. Eu me sentia sobrecarregado, exausto e estressado, até que as minhas preocupações obsessivas me levaram ao pânico e a ataques de ansiedade. Essa é uma armadilha que eu já havia encontrado no meu trabalho como advogado, sobretudo no início, quando estávamos construindo o nosso escritório e eu batalhava para fazer o meu próprio nome, independentemente de ser o filho do Coronel Jaworski.

Durante esse período no Fórum, a carga parecia insuportável. Quanto mais eu permanecia nessa armadilha, pior minha situação parecia se tornar. Minha produtividade e minha eficiência diminuíram sensivelmente. Comecei a experimentar sentimentos de inadequação e perda de confiança. No lugar daquele sentimento de fluidez e ausência de esforço, agora eu tinha a impressão de lutar todo o tempo para apagar incêndios. Tudo parecia mais difícil. Nesse processo, não conseguíamos nos comunicar com os conselheiros, os fundadores, os participantes ou o nosso pessoal de forma eficiente. Meu entusiasmo parecia ter se escondido em algum lugar. A disposição que eu havia vivenciado nos dias iniciais não aflorava mais. Eu não estava mais aberto às possibilidades, nem ao risco, nem à criatividade.

Cada pessoa costuma cair em um tipo de armadilha, mas, para mim, a responsabilidade era a maior. Tive de aprender a distinguir entre *interesse* e *ansiedade* obsessiva. Eu podia me *interessar* pelos meus sócios e colegas sem me *inquietar* com o seu bem-estar.

Consegui sair dessa armadilha ao enxergar as coisas como elas realmente são – estou funcionando no fluxo do universo. Não existe nada de especial em mim que me permita fazer isso; é uma forma de funcionamento que está disponível para todos. Quando você está nesse caminho, um processo de seleção natural entra em funcionamento. As pessoas que se juntam a você estão seguindo esse mesmo caminho, cada uma à sua própria maneira. Você tem amor e preocupação por aqueles que caminham com você nessa jornada, mas não se sente *responsável* por eles.

Tudo está na forma de pensar, porque a preocupação obsessiva é ocasionada por uma poderosa ilusão que desaparece diante da realidade. Na verdade, essa armadilha é um hábito de pensamento. Uma vez que a reconheçamos como tal, ela tende a perder seu poder e não precisamos realmente lutar contra ela. Essa é a natureza dessas armadilhas: são hábitos de pensamento que, uma vez reconhecidos, tendem a desaparecer. Isso não quer dizer que você não deva pensar sobre as consequências dos piores cenários possíveis. No entanto, o planejamento de cenários está a uma grande distância da preocupação obsessiva, que pode minar a energia e aniquilar o entusiasmo.

A armadilha da dependência

A armadilha da dependência é o lado oposto do sentimento de responsabilidade pela equipe. Nessa armadilha, nos sentimos tão dependentes do pessoal-chave, dos fundadores-chave ou do apoio dos conselheiros-chave, que acreditamos que o empreendimento vai falhar sem aquele elemento. Esse medo pode comprometer nosso compromisso com a realização do sonho. Não damos o nome correto às coisas. Não somos diretos com as pessoas por medo de que se ofendam e abandonem a equipe. Ficamos fazendo rodeios, em vez de falar o que está em nosso âmago. Esquecemos que essas pessoas-chave também se engajaram no nosso projeto em virtude de um fluxo e de um chamado interior. Foram atraídas por isso. Entretanto, quando estamos enredados no meio da armadilha, não conseguimos reconhecer esse fato.

Não que não precisemos de outros ao nosso redor. Nada que possua substância real ocorrerá a menos que as comunidades de pessoas comecem a se formar ao redor do tipo diferenciado de comprometimento que evidenciamos. E, no entanto, somos levados a acreditar que precisamos de alguma pessoa *em particular* para que a empreitada seja bem-sucedida.

A armadilha da dependência tem origem no nosso sentimento de inadequação e na baixa autoestima. Para mim, essa armadilha ficou latente o tempo todo. Senti uma real dependência de certos elementos-chave do quadro de funcionários, de alguns conselheiros-chave e de vários fundadores, e essa dependência quase prejudicou o nosso empreendimento.

O momento mais perigoso ocorreu em 1983. Quando comecei o Fórum, fui apresentado a Jack Warren, um dos mais bem-sucedidos empresários no ramo do petróleo no Texas no fim da década de 1970 e início dos anos 1980. Jack acreditava profundamente no sonho do Fórum e havia se dedicado a colaborar de todas as formas possíveis. Então, ele me apresentou aos seus amigos, me deu apoio moral e, no fim de 1982, após o nosso primeiro curso-piloto se mostrar tão bem-sucedido, ele prometeu uma doação considerável a ser paga de uma só vez. Senti que Jack era uma pessoa especial, e ele se tornou um conselheiro. Eu valorizava profundamente o seu discernimento empresarial, o seu entusiasmo e a sua predisposição inata para a liderança servidora. A soma que ele havia prometido passou a ser o foco do nosso plano de ação, possibilitando-nos estabilidade para desenvolver o currículo e testá-lo em uma ou duas regiões. Com resultados positivos nessas regiões, poderíamos então implantá-lo em fundações nacionais. Essa se tornou a estratégia básica do plano, que começamos a executar.

A crise do petróleo que atingiu Houston também veio na nossa direção. Nos estágios iniciais, todos acreditavam que as coisas voltariam ao normal em pouco tempo. Jack me procurou para dizer que precisava adiar sua contribuição, mas que acreditava que logo as coisas iam melhorar e ele cumpriria a promessa. Em vez de ser flexível e imediatamente procurar novas fontes de financiamento, permaneci preso ao plano original, concebido em função da doação de Jack. Contudo, a crise do petróleo piorou. Houston e o estado do Texas passaram por uma profunda recessão, que resultou no colapso do mercado imobiliário e que, consequentemente, também levou as maiores instituições financeiras do Texas ao colapso.

As semanas e os meses corriam, e eu continuava agarrado ao plano original e dependente dele. Tínhamos planejado usar a contribuição de Jack como exemplo para os outros membros importantes da comunidade e, portanto, adiamos a mudança do plano, esperando que a crise passasse.

Quando relembro tudo isso, percebo que não apenas eu estava dependente demais de Jack e de alguns outros conselheiros, mas também do nosso plano estratégico original. Eu *queria* me ater ao plano. Mudar a direção das coisas seria para mim quase como um sinal de fraqueza. Eu ia aguentar. Apoiava-me numa forma tradicional de comprometimento – persistir em algo que eu havia começado –, e isso nos trouxe sérios problemas. Assim, me mostrei obsessivamente ansioso por estar atrasado em relação ao "plano".

Eu estava focado no processo, em vez de pensar no resultado que desejávamos obter. Uma das pedras fundamentais do curso "Liderança e Maestria", que havíamos incluído nas vivências na natureza selvagem, é essa compreensão da orientação criativa. É difícil focar o resultado e não ficar preso a nenhum processo em particular para consegui-lo. Quando estamos no processo de criar algo, precisamos ter a flexibilidade mental de mudar conforme o que precisa ser feito. O que permite que isso aconteça é exatamente o fato de não estarmos apegados ao modo *como* as coisas deveriam ser feitas. É quase como velejar. Se você está focado na sua rota em vez de olhar para o seu destino, passa por grandes dificuldades. Se você for obrigado a sair da sua rota, simplesmente jamais retornará à rota em que se encontrava. Ninguém velejaria assim. Em vez disso, focalizamos o destino e estabelecemos uma nova rota. Entretanto, é assim que vivemos nossas vidas. Ficamos apegados às nossas premissas de como as coisas devem ser feitas, e perdemos de vista o que estamos tentando criar. Essa noção de foco nos resultados é uma premissa fundamental do curso "Liderança e Maestria".

Na verdade, existem dois aspectos nessa ideia central. A primeira parte é a diferença entre focar os resultados intrínsecos que realmente nos importam e focar as nossas premissas sobre como precisamos chegar lá. E a segunda é a orientação para o próprio resultado. A maior parte das pessoas pensa que atingir um resultado é conseguir algo para si mesmas. Se temos um sonho ou uma visão com a qual estamos comprometidos e se examinamos em profundidade os motivos pelos quais desejamos essa visão, podemos responder: "Bem, se eu alcançar essa visão, serei feliz". Ou "Se eu construir esse empreendimento, serei muito respeitado... Terei conseguido sucesso como administrador... Vamos ganhar muito dinheiro". Essas são as respostas comuns aos motivos que nos levam a querer realizar o sonho. Na verdade, é muito raro que as pessoas focalizem o que querem criar apenas para criá-lo. Esse é o território mais profundo ao redor do princípio de focar os resultados. Estamos profundamente comprometidos em criar o que realmente desejamos apenas porque desejamos criá-lo? Certa vez, Robert Frost disse: "Todas as coisas grandes acontecem porque devem ser feitas". Quando visualizamos nossos sonhos dessa forma, é uma mudança sutil, mas profunda. É sob essas circunstâncias que o fenômeno das "mãos invisíveis" começa a ocorrer, e as portas que estão além de nossa imaginação se abrem diante de nós.

Portanto, naquele estágio da criação do Fórum, eu havia voltado a focar estritamente o plano de negócios que havíamos formulado, em vez de focar o resultado, a visão que intencionávamos. Era exatamente o oposto do que eu havia feito durante nossa fase inicial, muito bem-sucedida. Naquele início, permaneci focado no sonho e me mantive altamente flexível, acompanhando o fluir das coisas, vivendo um dia por vez e escutando a orientação sobre o passo seguinte a ser dado. Contudo, naquela crise, eu retrocedi e deixei que minha forma tradicional de ser assumisse o controle.

Nesse processo, muito medo foi gerado. Quanto mais nos distanciávamos do plano original, mais receoso eu me mostrava. Ao ficar preso no processo, o medo de não ter alternativa me acometia mais e mais e se agigantava. Até que uma mudança sutil aconteceu em mim. Comecei a ficar preocupado a respeito de como isso iria refletir em *mim*. Comecei a me preocupar com a minha reputação e as implicações pessoais se a empreitada falhasse; eu ficaria envergonhado. Mais uma vez, isso era uma manifestação diametralmente oposta à minha maneira original de agir. Antes, eu não tinha medo de falhar e me importava profundamente com o sonho em si. Eu me dispunha a arriscar tudo – a minha reputação, a minha posição e até os meus relacionamentos. Eu estava servindo ao meu próprio sonho, porque no fundo sentia que isso devia acontecer. Eu estava tão conectado a essa visão que agia com grande espontaneidade e liberdade. Foi quando as portas se abriram, e o movimento da espiral ascendente se iniciou.

Só mais tarde pude compreender o que estava fazendo comigo mesmo e como isso afetava todo o projeto. Passei algum tempo em Boston com Peter Senge, Charlie Kiefer e seu sócio Bob Fritz. Eles me ajudaram a me apropriar da sutil mudança que havia ocorrido na minha orientação. Refleti um bocado e comecei a entrar novamente em contato com a minha maneira original de agir. Ao longo do tempo, fiz os ajustes necessários, e começamos a focar o resultado que desejávamos – um programa nacional para desenvolver a liderança servidora. Aceleramos nosso plano original e fomos atrás de fontes de financiamento nacionais: a Fundação Hewlett, a Fundação Luce, a Fundação MacArthur, a Fundação Ford e outras. Tivemos sucesso nessas iniciativas, mesmo que com certo atraso, necessário para a liberação de um financiamento em nível nacional.

Meu hábito de pensamento – a dependência do plano de ação original que demandava financiamento do Texas para os primeiros três anos de operação – quase tinha nos afundado. Esse hábito de pensamento foi reforçado pelo meu senso de que não éramos dignos de receber fundos em nível nacional, a menos que tivéssemos estabelecido sedes locais em outras regiões.

Quando começamos a nos concentrar outra vez nos resultados reais pretendidos, meu velho hábito de pensamento perdeu grande parte da sua força. Foi um grande aprendizado para mim. As armadilhas da responsabilidade e da dependência ganham força por causa do medo de não existirem alternativas. Todavia, sempre existem alternativas. O fato é que muitas vezes não somos capazes de enxergá-las. Quando percebemos que existe um caminho alternativo, boa parte do medo desaparece. Começamos a olhar as armadilhas mais objetivamente. "Cá estou eu novamente, achando que sou indispensável... Cá estou de novo, extremamente dependente de determinada pessoa ou pessoas na organização ou do plano de negócio." É impressionante para mim quão simples é essa solução diante de ilusões tão poderosas.

Uma das mais importantes lições que aprendi sobre as armadilhas é como pode ser simples reconquistar o equilíbrio quando se perde o fluxo. Considere o ato de andar – uma metáfora maravilhosa e poderosa para refletir sobre esse assunto. Sempre que andamos ou corremos, estamos literalmente em processo de queda. Quando movemos nosso corpo para a frente, estamos na verdade "caindo", mas aprendemos a nos mover com rapidez e agilidade; portanto, estamos "caindo" no nosso próximo passo. Se não nos movermos instantaneamente e com grande destreza, cairemos de rosto no chão. Na infância, aprendemos bem nossa lição sobre o fenômeno de andar e correr, de forma que, quando nos desequilibramos, podemos nos corrigir quase sem esforço, reconquistar o equilíbrio e continuar nosso caminho.

Na vida, acontece o mesmo. Perdemos o equilíbrio, como aconteceu comigo durante meses, porque não compreendemos o suficiente – não enxergamos que possuímos formas simples de reconquistá-lo. A maioria das artes marciais, como o *aikido*, é orientada segundo esse princípio. Atos físicos simples, como respiração profunda, podem rapidamente nos ajudar a restabelecer nosso eixo, nosso equilíbrio, de forma que possamos ouvir novamente a nossa voz interior. É nesse momento que podemos enxergar com mais clareza e encontrar nosso caminho natural, nossa forma natural de prosseguir.

A armadilha da hiperatividade

A terceira maior armadilha que encontrei foi a que chamei de hiperatividade. Essa armadilha pode se manifestar da forma mais dolorosa se existirem pessoas na organização que não estejam alinhadas com o sonho, resultando em profunda incoerência na organização.

Nos primeiros estágios da criação do Fórum – reunir as pessoas, preparar o currículo e testá-lo com um curso-piloto em Houston –, eu trabalhava em todas as áreas, e o progresso foi conforme o esperado. Entretanto, à medida que a organização foi tomando corpo, me tornei cada vez mais preocupado com os detalhes e apegado a eles. Antes de 1983, estávamos no estágio criativo, recrutando pessoas para o projeto e elaborando o curso. Tudo era muito divertido e funcionava como um contraponto ao difícil trabalho de angariar fundos. Contudo, quando começamos a ministrar os cursos, selecionar os participantes e aprender como implantar novas sedes locais, aquilo se tornou diferente para mim. Havia um número cada vez maior de decisões administrativas – logística, contratação e demissão de pessoal, pagamento dos salários, organização de uma infinidade de pequenos detalhes e assim por diante.

Naquela época, comecei a compreender que eu estava no meio de algo maior que eu. Durante os estágios de criação e formação, a jornada parecia fluir de modo quase fácil. Eu estava tomado pela minha visão e pela estética de criar o Fórum de Liderança. Em algum ponto, entretanto, quando todas as pessoas foram reunidas e o trabalho começou a ser feito, "acordei" e compreendi o que estava acontecendo. Eu tinha reunido todas aquelas pessoas – os conselheiros, os fundadores, os consultores, os financiadores e os meus sócios no Fórum Americano de Liderança e no Executive Ventures Group, a divisão que havíamos criado para ministrar a parte do curso que era realizada na natureza. Para mim, a folha de pagamento era enorme, as expectativas eram gigantescas e a tarefa parecia quase monumental. A pressão estava em produzir. Quem eu pensava que era? O que estava eu fazendo no meio daquilo tudo? Senti um pouco de ansiedade e comecei a questionar a minha habilidade de conduzir tudo aquilo. Foi como a vez em que quase atingi a contagem máxima no tiro ao alvo e "acordei" só para errar o último alvo.

O sentimento de liberdade verdadeira e a clareza de propósito que eu havia experimentado no início, depois de voltar de Londres, começavam a desmoronar. Eu era forçado a agir num ritmo que considerava desconfortável. Eu trabalho melhor quando tenho tempo para refletir sobre as coisas e "processar" o que está acontecendo. Essa é a minha forma de permanecer ancorado no meio do caos necessário. Foi ótimo nos primeiros dias, quando o ritmo era menos frenético. Entretanto, agora eu não conseguia mais controlá-lo, e quanto mais me deixava levar pelo ritmo dos outros, menos eu conseguia ser claro e coerente com a minha direção interna.

Nesse processo, não consegui enxergar algumas das grandes oportunidades que se apresentaram diante de mim. Por exemplo, no início de 1983, David Bohm me enviou uma pequena carta falando do quanto havia apreciado nosso encontro alguns anos antes. Ele tinha esperança de que pudéssemos nos reunir novamente para conversar mais um pouco. É indescritivelmente doloroso para mim relembrar essa oportunidade perdida, mas, na época, eu achava que tinha muitas obrigações e responsabilidades. Portanto, coloquei a carta em segundo plano e não a respondi. Quando penso no assunto, percebo que foi uma manifestação de que eu não estava completo. Entre todas as coisas, a mais importante para mim era continuar a compreender os princípios sobre os quais Bohm e eu havíamos conversado em Londres – ser capaz de começar a aplicá-los às situações reais que estava encontrando. Eu precisava do alimento espiritual e da orientação que Bohm poderia me oferecer, mas eu parecia cego pelas responsabilidades do dia a dia para enxergar a oportunidade que estava diante dos meus olhos.

Minha incompletude resultou na atração de algumas pessoas-chave nas quais eu não podia confiar – pessoas cujo interesse maior não estava no Fórum, mas, sim, em suas próprias agendas.

Em um caso extremo, uma pessoa-chave atrapalhou todo o processo de instalação de uma sede em uma grande comunidade metropolitana do nordeste norte-americano. Ela e o diretor executivo nomeado para a nova sede vislumbraram um programa alternativo que planejavam ministrar sob os auspícios de uma organização diferente, com ganhos pessoais vultosos. Esse programa entrava em conflito direto com a responsabilidade dela no Fórum, e, embora o problema tenha sido solucionado, todo o caso resultou em perda substancial de tempo, energia e da ocasião oportuna num período crítico.

Esse foi um acontecimento raro. E existiram outros, que de várias formas geraram diferentes níveis de incoerência na organização. Esses episódios incluíram alguns diretores da matriz e algumas das pessoas que desempenhavam papéis importantes nas comunidades locais. Eram pessoas trabalhadoras e bem-intencionadas que acreditavam estar contribuindo com algo importante para a iniciativa. Ainda assim, existia essa incoerência oculta, e não parecia haver uma forma de lidar com o assunto. Lutávamos o tempo todo contra isso, mas, sob essas circunstâncias, o fluxo nunca continua. A natural ausência de esforço e a fluidez do empreendimento desaparecem, e tudo se transforma em luta, tensão e trabalho duro. Em determinado momento, a incoerência era tão profunda que acabou resultando na dissolução do setor que ministrava nosso programa na natureza selvagem. Recordando esse tipo de incoerência, só posso dizer que era como acordar atrás das linhas inimigas. Eu me sentia profundamente desconfortável, como se não fosse um membro genuíno da minha própria comunidade. Foi uma experiência muito angustiante para mim.

Sob essas circunstâncias, é muito fácil jogar nos outros a culpa pela situação: "Eles simplesmente não entendem... Eles não estão comprometidos", ou algo parecido. Sempre existe um "eles". E é aí que reside a confusão. Nessas situações, os responsáveis não são "eles". Somos nós. Isso está relacionado com a nossa própria história. Nossa história de separação, de isolamento, de baixa autoestima e de pouco mérito interage com a nossa nova percepção e cria na nossa cabeça um filme que aponta para "eles" e para o problema.

Qual a forma de sair dessa armadilha? Desistir não resolve nada, porque, em geral, vamos acabar nos juntando a outras pessoas que "simplesmente não entendem". Significa reconhecer que, se estamos trabalhando com pessoas que não entendem, é porque parte da nossa própria história está sendo evocada e, além do trabalho externo, existe um grande trabalho interior de reflexão a ser feito.

A chave para a superação da armadilha da hiperatividade é fazer o trabalho reflexivo interior necessário, individual e coletivamente, para que reconquistemos nosso equilíbrio. No calor do processo criativo, há tantas coisas para fazer que perdemos a orientação necessária para permanecer no fluxo. A menos que tenhamos disciplina individual e coletiva para ficarmos constantemente ancorados, acabamos perdendo o fluxo.

É por isso que a disciplina do diálogo parece ser tão importante para todos em um empreendimento como esse. Ter tempo para se reunir de maneira constante num diálogo dá a todos a oportunidade de manter um espaço reflexivo no centro da atividade – um espaço em que todas as pessoas possam ser realimentadas *juntas* pelo que está prestes a acontecer, a se revelar. É necessária uma disciplina regular, que deve continuar ao longo da vida do empreendimento, porque seu propósito continua a se desenvolver. A realimentação deve ocorrer no meio dessa evolução, como parte dela. É um elemento essencial do desdobramento.

* * *

Relembrar esse aspecto da minha experiência com o Fórum não é fácil para mim. Vejo as pessoas que magoei e que poderia ter servido melhor não fosse pela minha ignorância. Cometi tantos erros e me envergonho de não ter sido mais consciente, mais capaz. É difícil lidar com isso, mas eu sei que foi parte essencial do meu desenvolvimento, do meu próprio desdobramento. Uma parte crucial da jornada da vida é a luta para suplantar nossa bagagem acumulada a fim de operar no fluxo da ordem generativa. A única forma de obter isso é literalmente atravessá-la – encontrar as armadilhas e aprender com elas. Essa é uma experiência de valor incalculável.

18. O poder do comprometimento

Esta é a verdadeira alegria da vida: ser usado para um propósito que você reconhece ser poderoso... ser uma força da natureza em vez de um febril e egoísta torrão de mágoas e ressentimentos, queixando-se de que o mundo não se empenha em fazê-lo feliz.

George Bernard Shaw

No início de 1988, estávamos muito ocupados com a inauguração de uma nova sede do Fórum no Vale do Silício, na Califórnia. Eu havia estado fora a semana inteira, mas retornei a Houston na sexta-feira, a tempo de levar Mavis ao Museu de Belas Artes para a abertura de uma nova exposição. Ficamos entre os últimos a sair do museu naquela noite. Tínhamos estacionado o carro a pouco mais de um quarteirão de distância, numa rua arborizada e sem iluminação. Quando saímos, estava chovendo. Então, sugeri a Mavis que me esperasse em frente ao museu, enquanto eu ia buscar o carro. Ao me aproximar do carro, abri a porta, fechei o guarda-chuva, joguei-o no banco de trás e sentei na direção. Estava prestes a fechar a porta quando senti algo gelado nas minhas costelas.

Ergui o olhar e vi um homem grande do lado de fora do carro, com cerca de 25 anos de idade, olhar raivoso, empunhando uma faca do tamanho de uma baioneta. Ele não apenas segurava a faca, mas a pressionava com força nas minhas costelas e dizia, por entre os dentes: "Eu não quero machucar você, mas posso fazer isso. Vá para o banco do passageiro". Peguei a chave e entreguei a ele dizendo: "Leve o carro e me deixe ir". Ele pressionou ainda mais a faca contra mim e disse: "Eu não quero o carro, quero você".

Não sei o que aquele sujeito queria, mas senti que seria um homem morto se ficasse no carro. Olhei para a minha direita e vi outro sujeito do lado de fora da porta do passageiro. Lembro-me de ter pensado, por um instante: "Não vou deixar esse homem me matar. Estou comprometido com uma tarefa muito importante e preciso terminá-la". Assim, agarrei o braço dele com as duas mãos antes que ele pudesse me enfiar a faca e bati com a mão dele na maçaneta da porta, fazendo a arma cair. Nesse momento, consegui colocar meus pés para fora do carro, erguendo-os no ar para me defender. O homem pegou a faca novamente e tentou golpear os meus pés. Lembro-me de ter acertado um chute forte no rosto dele. O sujeito recuou com a faca na mão e preparou-se para me atacar de novo, quando comecei a gritar com toda a minha força: "Seu filho da mãe, desgraçado, encoste em mim outra vez e eu te mato! Eu te mato com as minhas próprias mãos. Maldito! Venha, experimente vir!".

Ele deu um passo para trás e me olhou. Gritei ainda mais alto: "Venha! Venha seu filho da mãe!". Eu me sentia como um animal enraivecido. O homem ficou parado ali e me olhou durante um tempo que me pareceu longo demais, e então virou-se e correu. O comparsa fugiu com ele. Enquanto eles corriam, eu continuava gritando com toda a minha força.

Depois que eles se foram e eu tentei me acalmar, comecei a me dar conta do que havia acontecido. Enquanto a adrenalina baixava, o medo tomou conta de mim e comecei a tremer incontrolavelmente. Naquele instante, eu ainda não tinha consciência do que havia ocorrido ali, mas sabia que sentia dentro de mim o poder de me defender com as próprias mãos contra aquela faca enorme. O motivo pelo qual senti esse poder foi o compromisso que assumira. Meu propósito era dar vida ao Fórum Americano de Liderança, e aquele sujeito não iria me impedir. O comprometimento com o Fórum foi além da mera intenção – eu e o meu sonho éramos um.

Aquele foi um momento decisivo na minha vida, sobre o qual já refleti muito. Naquele instante em que percebi que a missão da minha vida estava ameaçada, uma parte primitiva de mim assumiu o controle. Foi como se eu me tornasse uma força da natureza, tão forte que a vida não poderia ser tirada de mim. Eu era energia pura, com a qual nunca havia entrado em contato. Depois dessa experiência, comecei a compreender mais sobre a natureza do comprometimento necessário para participar ativamente do desdobramento da ordem generativa.

Existem dois aspectos no comprometimento. Há o comprometimento de agir, que é simbolicamente representado, por exemplo, pela minha saída do escritório de advocacia. Como é possível saber se as pessoas estão comprometidas? Quando estão agindo elas atravessam o limiar da aventura, e esse é o primeiro passo necessário na direção da transformação interna sobre a qual Greenleaf discorreu. Esse é o tipo de ação da qual falamos habitualmente nos cursos de administração e negócios.

E esse era o meu forte. Desde muito cedo, aprendi sobre comprometimento e disciplina com o Coronel. "Se você quiser realmente vencer num tribunal, esteja preparado para trabalhar mais que o seu adversário. Essa é a chave." Eu conhecia muito bem esse tipo de comprometimento, a vontade de levar até o fim algo que se começou. "Faça isso direito e não deixe que nada atrapalhe o seu caminho."

Existe ainda um segundo aspecto do comprometimento e da vontade, mais sutil, que é o *fundamento do ser* que fomenta a ação. Minha compreensão desse segundo aspecto do comprometimento começou a se cristalizar no meu encontro com Bohm e se desenvolveu ao longo dos anos seguintes.

Qual o fundamento de ser que me permitiu agir de forma coerente com a minha missão como um todo? Qual o fundamento de ser que permitiu a ocorrência da sincronicidade – encontrar Bohm, encontrar Mavis e os "momentos de ataque" que ocorreram nos meses seguintes? A natureza do meu comprometimento se transformou quando o meu fundamento do ser mudou. Era um tipo diferente de comprometimento, uma base diferente para a ação. É o que Martin Buber chamou de "vontade sublime", em oposição à "vontade frágil e aprisionada".

> O homem livre é aquele cuja vontade não é arbitrária.
>
> Ele acredita em destino e acredita que este o aguarda, e tem necessidade dele. Não o mantém com rédeas, mas espera-o. Ele precisa ir ao seu encontro, e, no entanto, não sabe onde

> encontrá-lo. Mas sabe que precisa ir com todo o seu ser. A questão não se resolverá segundo a sua decisão; mas o que virá, apenas virá quando ele decidir o que é capaz de querer. Ele precisa sacrificar sua vontade frágil e aprisionada, que é controlada pelas coisas e pelos instintos, por sua vontade sublime, que abandona o ser definido em favor do ser destinado. Então, ele já não intervém; mas, ao mesmo tempo, não deixa que as coisas simplesmente aconteçam. Fica atento ao que emerge de si mesmo, ao processo de ser no mundo, não para ser apoiado por ele, mas para transformá-lo em realidade (Buber, 1958, p. 59).

O fundamento do ser que faz com que a vontade sublime se realize é o fundamento do ser da ordem implicada – ser uma parte do processo de desdobramento do universo, o "movimento de estar no mundo". Ela se manifesta na nossa vida simplesmente quando fazemos e agimos no presente. Quando estamos mais certos da direção que do objetivo, e a cada dia pedimos orientação para dar o próximo passo. Quando dedicamos nossas vidas a fazer o que verdadeiramente precisamos fazer a cada dia. Quando prestamos atenção em tudo o que está acontecendo ao nosso redor. Quando nossa consciência funciona em múltiplos níveis e quando a escutamos cuidadosamente, com todos os recursos de que dispomos, para saber o que fazer a seguir. Nunca enxergamos toda a paisagem; portanto, damos um passo pequeno e improvisamos com o que aprendemos. Esse pensamento é capturado muito bem pelo poeta espanhol Antonio Machado: "Caminhante, não existe caminho. O caminho se faz ao caminhar".[23] Esse é um tipo muito diferente de comprometimento – e está no centro da transformação interna à qual Greenleaf se refere.

Existe um paradoxo em ação aqui. Sob a nossa velha perspectiva, "vontade sublime" soa como se pedíssemos a alguém que nos dissesse o que devemos fazer. Entretanto, algo importante mudou – e o que mudou fundamentalmente foi o "eu". Eu estou tomando minhas

[23] Foi Francisco Varela quem me apresentou a citação de Machado pela primeira vez.

próprias decisões, mas o meu senso de identidade se transformou. Agora, faço parte desse processo de desdobramento generativo, e nesse estado de ser não sou mais controlado por coisas ou instintos.

Nesse estado de ser, fazemos coisas que são muito difíceis e que podem até mesmo ser pouco naturais para nós, tendo em vista o que estamos habituados a fazer. Nesse novo comprometimento, assumimos desafios maiores, desafios aparentemente impossíveis, trabalhamos até a exaustão e permanecemos totalmente concentrados – e ainda assim não se trata de uma batalha. Na verdade, é um fluxo natural, "sem esforço".

Depois daquele encontro com Bohm, a necessidade de criar o Fórum de Liderança começou a se destacar como o propósito de toda a minha vida. Isso deu um significado para a minha existência. Era a minha vida, e eu era ele. Era o meu destino. E era como se eu não tivesse outra escolha. Eu me senti exatamente como Carl Jung descreveu a si mesmo:

> Eu tinha um senso de destino, como se minha vida tivesse sido atribuída a mim pelo destino e precisasse ser realizada. Isso me deu segurança interna... Muitas vezes, tive o sentimento de que, em todas as decisões cruciais, eu não estava mais entre os homens, mas sozinho com Deus (Jung, 1961, p. 48).

Quando relembro isso tudo, acho quase irracional, porque o sonho era muito grande. Na verdade, naquela época, eu não sabia o que estava fazendo. Não tinha contatos no campo do desenvolvimento de lideranças. Não possuía o capital inicial necessário e não tinha a menor ideia de como iria realizar o que sentia que precisava ser feito. Ainda assim, possuía essa certeza interior de que, apesar de todos os obstáculos, o meu sonho se tornaria realidade.

Por um longo período, não tive medo, como o guerreiro que Joseph Campbell descreve entrando em combate. Não deixei mais que as opiniões das outras pessoas me influenciassem, parei de me preocupar com o que os meus colegas ou vizinhos iriam pensar e encontrei uma nova força interior.

Desde o instante em que saí do escritório de Bohm, tudo o que me aconteceu tinha uma aura misteriosa. As coisas começaram a se encaixar quase sem esforço – incidentes não previstos e encontros com pessoas memoráveis que me forneceram ajuda essencial.

Era a ordem implicada agindo na minha vida. A experiência de sentir a ordem generativa operando ao longo da nossa vida é de tirar o fôlego – é como se estivéssemos deslizando na crista de uma grande onda.

Uma das mais claras expressões dessa experiência é apresentada em um diálogo entre Bill Moyers e Joseph Campbell, que resultou em uma série de televisão, com seis horas de duração, intitulada *O poder do mito*, baseada no livro homônimo de Campbell:

> MOYERS: Você já teve esse sentimento, como eu tenho às vezes, de estar atendendo ao seu chamado e ser ajudado por mãos invisíveis?
>
> CAMPBELL: O tempo todo. É milagroso. Eu tenho até uma espécie de superstição, que desenvolvi como resultado da ação das mãos invisíveis atuando o tempo todo – nitidamente, se você realmente atende ao seu chamado e encontra a sua felicidade, coloca a si mesmo num caminho que sempre esteve ali, esperando-o... e a vida que você deveria viver é exatamente aquela que vive. Quando você consegue enxergar isso, começa a encontrar pessoas que estão no campo da sua felicidade, do seu contentamento, e elas abrem as portas para você. Meu conselho é: siga o seu contentamento sem medo, e as portas se abrirão onde você nem imaginava que elas existiriam (Campbell, 1988, p. 120).

PARTE IV

A DÁDIVA

Enquanto não estivermos comprometidos haverá hesitação, possibilidade de recuar e uma ineficácia constante.

Em relação a todos os atos de iniciativa (e criação), existe uma verdade elementar que, se ignorada, inviabiliza inúmeros planos e ideias esplêndidas: no momento em que definitivamente nos comprometemos, a providência divina também começa a agir...

Tudo conspira a nosso favor, todos os tipos de coisas que, de outra forma, nunca teriam ocorrido. Todo um fluxo de acontecimentos surge a partir da nossa decisão, colocando a nosso favor toda sorte de coincidências, encontros e ajuda material imprevisíveis, que nenhum homem jamais poderia ter sonhado encontrar no seu caminho...

Goethe, J. W. von; *apud* W. N. Murray, *The Scottish Himalayan Expedition*

19. O RETORNO – E AVENTURANDO-ME NOVAMENTE

O incidente do lado de fora do museu foi um divisor de águas na minha vida. Ele me fez prestar atenção no poder dos princípios que estiveram em jogo durante os últimos oito anos. A essa altura, minha vida poderia ser resumida como uma série de conexões com diferentes pessoas. Estabelecer essas conexões sincrônicas havia se tornado a minha forma natural de agir. Na verdade, eu já não conseguia agir de outra forma. Comecei a aprender como me mover *com* a ordem que se desdobra e a viver seus princípios de maneira natural.

Com o passar do tempo, desenvolvi uma grande sensibilidade de escuta da minha voz interior, que se comunicava comigo. Descobri que precisava de muito tempo de reflexão para permitir que os princípios agissem. No meu dia a dia, eu conseguia fazer isso bem cedo, durante as minhas corridas matinais, e, sempre que possível, aproveitava as oportunidades ao longo do dia para refletir e escutar. Sempre que o fazia, percebia o princípio da atratividade operando de forma regular na minha vida. De certo modo, aquilo para mim era uma maneira incrível de viver. Eu tinha que realizar minhas tarefas, tratando-as com o máximo grau de responsabilidade, e, depois, simplesmente aguardar, no repouso do guerreiro, com a percepção aguçada, por aquele momento oportuno – "o centímetro cúbico de chance". Quando a oportunidade se apresentava, era preciso que eu agisse imediatamente, sem qualquer tipo de premeditação consciente.

Algumas vezes, muito tempo iria se passar antes que eu compreendesse os movimentos que eu fazia naquele estado. Movimentos leves e hábeis, no momento e no lugar exatos, teriam fortes consequências. Agir no momento certo era crucial. Quando aquele momento chegava, bastava um pequeno gesto para que todo tipo de ações e resultados passasse a existir. Esse é o princípio da *economia de recursos*, que fica mais evidente à medida que aprendemos a agir com verdadeira maestria em nossas vidas.

Um encontro aparentemente insignificante que tive algumas semanas após o incidente no museu ilustra bem esse princípio. Uma conversa de poucos segundos de duração deflagrou uma série de eventos que moldaram todo o estágio seguinte da minha vida.

Certa noite, compareci a uma reunião no Houston Lyceum, um grupo de aproximadamente 25 executivos de empresas e profissionais locais que se encontravam para jantar a cada dois meses com o propósito de trocar ideias e aprender juntos. Geralmente, quem organizava o jantar convidava uma personalidade de destaque para conversar com todo o grupo. Em uma dessas ocasiões, em fevereiro de 1988, um dos organizadores convidou Norman Duncan para nos explicar o processo de planejamento de cenários utilizado pelo conjunto de empresas que formava o Grupo Royal Dutch Shell. Eu já havia me encontrado antes, uma ou duas vezes, com Norman Duncan, e eu o considerava um executivo muito respeitado na companhia de petróleo Shell, uma das maiores subsidiárias do Grupo Shell. Ele se reportava diretamente ao presidente da empresa. Naquela noite, Norman nos contou que, em vez de confiar nas previsões (que invariavelmente estão erradas), o Grupo Shell faz o seu próprio planejamento para o futuro por meio da utilização de decisões sobre cenários. Ele nos disse que o planejamento de cenários não trata de fazer planos, mas sim do processo pelo qual as equipes gerenciais transformam os seus modelos mentais sobre o ambiente empresarial e sobre o próprio mundo. No Grupo Shell, o planejamento de cenários é um gatilho para a aprendizagem institucional. Norman explicou ainda que o modelo internalizado de um gestor nunca reflete a realidade – ele está sempre em construção. O processo de elaboração dos cenários visa trabalhar essas percepções na mente dos tomadores de decisão. Por meio da apresentação de outras formas de olhar o mundo, os cenários de decisão possibilitam aos gestores algo muito precioso: a habilidade de reperceber a realidade, conduzindo-os então a percepções estratégicas que estão além do alcance da mente.

A equipe de planejamento de cenários em Londres, disse Norman, inclui especialistas em economia, sociopolítica, energia, meio ambiente e tecnologia. Essa equipe mantém diálogo contínuo com cerca de cinquenta executivos do Grupo Shell e com uma rede de pensadores de todos os lugares do mundo, renomados em suas respectivas áreas: política, ciência, educação, negócios, economia, tecnologia, religião e artes. A cada três anos, aproximadamente, o grupo sintetiza essa informação em dois ou mais cenários – com histórias sobre como o negócio poderia evoluir nos próximos anos e décadas. A consideração desses cenários e de suas consequências fornece o alicerce para a abordagem de gestão estratégica do Grupo Shell.

Ficamos todos fascinados com a apresentação de Norman. Boa parte dos participantes, composta por líderes envolvidos com negócios, comentou que aquela abordagem de gestão estratégica havia colaborado para que o Grupo Shell fosse considerado uma das companhias mais bem administradas em todo o mundo. A conversa daquela noite foi muito dinâmica e animada e durou muito mais tempo do que havia sido inicialmente planejado. Já no fim do encontro, Norman comentou que tinha sido convidado a se juntar à equipe de planejamento de cenários em Londres, para ajudar a desenvolver e elaborar o próximo conjunto de cenários. Ele partiria para lá em duas semanas.

Enquanto todos se preparavam para deixar o local, permaneci sentado no meu lugar por alguns instantes digerindo o que tinha ouvido. Então, espontaneamente, me aproximei de Norman e disse a ele como a sua apresentação havia sido impactante e como eu o admirava por ele ter sido escolhido para aquele novo cargo. "Amigo, eu adoraria fazer algo desse tipo em algum momento", comentei. Norman sorriu e me agradeceu. Assim, trocamos um aperto de mão, eu lhe desejei boa sorte, e saímos cada um para um lado.

Cerca de dez meses depois, em uma manhã de dezembro de 1988, recebi um telefonema de Renata Karlin, representante do Grupo Royal Dutch Shell em Nova York. Ela estava me telefonando porque gostaria de marcar uma reunião comigo, mas não explicou o objetivo da sua visita. Acreditei que fosse algo sobre o nosso programa de liderança e o apoio que a companhia de petróleo Shell, a subsidiária do grupo nos Estados Unidos, nos dava já há alguns anos.

Uma semana depois, quando nos encontramos no meu escritório, Karlin foi direto ao assunto. Perguntou se eu gostaria de participar de um projeto com duração de quatro anos em Londres, como chefe da equipe de planejamento de cenários do Grupo Shell mundial. Aquele convite me pegou de surpresa, e revelei isso a ela. Conversamos em detalhes sobre a proposta, e eu prometi que lhe daria uma resposta no prazo de uma semana.

Naquela noite, quando Mavis e eu chegamos do trabalho e as crianças já haviam ido dormir, nos sentamos para conversar. Eu estava muito empolgado com o que me havia sido apresentado – um verdadeiro presente e uma oportunidade de aprendizado inigualável. Contudo, a nossa vida pessoal era muito complexa. De certo modo, não fazia sentido discutir a possibilidade de mudarmos para Londres. Mavis estava no meio da sua residência médica na Faculdade de Medicina de Baylor. Ela havia se destacado bastante lá e amava o que fazia. A última coisa que passaria pela nossa cabeça seria a possibilidade de ela deixar a residência. Aquilo simplesmente não estava no nosso projeto de vida.

Além do mais, havíamos acabado de terminar a construção da nossa casa em Houston, próxima ao Texas Medical Center. Em três anos, Mavis poderia montar seu consultório ali. Nós havíamos passado mais de dois anos planejando, desenhando e construindo aquela casa. Estávamos morando lá não fazia nem nove meses, e ambos havíamos jurado que não nos mudaríamos nunca mais.

Quando comecei a contar para Mavis sobre a proposta de Renata Karlin, eu estava realmente em um estado de conflito interno. De um lado, eu havia recebido uma oportunidade que estava exatamente em sintonia com os meus interesses. Naquele momento, no entanto, minha mais alta prioridade era ajudar Mavis a realizar o seu sonho de se tornar médica. Tudo o mais era secundário.

Enquanto eu contava a Mavis toda aquela história, ela sorriu para mim como se já soubesse de tudo. Eu estava confuso e parei no meio de uma frase. Então, ela deu um sorriso largo e me disse: "Eu te avisei, lembra? Na frente da catedral de Saint Paul?". Eu prendi a respiração por um instante. Era verdade. Cinco anos antes, em uma viagem a Londres, eu havia mostrado a Mavis os meus lugares favoritos, sobre os quais havia lhe falado tanto a respeito: o meu escritório de advocacia na Grosvenor Square, o pequeno apartamento no qual eu havia, em uma manhã de domingo, lido sobre David Bohm pela primeira vez, meus restaurantes e parques favoritos, e as pequenas ruas de Chelsea que eu amava visitar enquanto caminhava e pensava na vida.

Certa noite, eu e Mavis pegamos um táxi para a catedral de Saint Paul. Assim que começamos a subir a escadaria da catedral, Mavis parou, me pegou pelo braço e disse: "Joseph, eu quero que você saiba de uma coisa que tenho certeza. Nos próximos anos, você vai mudar novamente para Londres comigo e com a nossa família. Você fará um trabalho muito importante para uma grande empresa multinacional". Naquela altura, eu estava no meio da abertura da filial do Fórum em Hartford e, portanto, suas palavras me pareceram pouco plausíveis para serem levadas a sério. Ainda mais porque, naquele estágio do nosso relacionamento, eu ainda não havia aprendido a aceitar a intuição de Mavis com a seriedade que aceito agora.

A partir do momento em que Mavis me relembrou daquela intuição na catedral de Saint Paul, ela passou a conduzir a conversa. Disse que era nosso destino ir para Londres. Que não havia nenhuma dúvida sobre isso. Disse que o Fórum estava passando da sua fase inicial para uma fase mais operacional; que a minha intenção sempre havia sido entregar as coisas para mãos mais capazes operacionalmente, quando esse ponto tivesse sido alcançado.

"Além do mais", ela me relembrou, "você sempre disse que seu objetivo final era aplicar, em escala global, os princípios do Fórum Americano de Liderança. Essa é a sua chance de aprender mais sobre como fazer isso. Tudo isso é parte do esquema maior das coisas". Daquele ponto em diante, nossa conversa se concentrou nas possibilidades que nos haviam sido apresentadas – como faríamos para organizar a nossa vida e "quando", como Mavis colocou, o trabalho proposto iria começar. Essa reviravolta em nossa conversa era totalmente contrária àquilo que eu esperava. Mavis simplesmente disse: "Era para acontecer. Está claro o que deve ser feito".

Diante da complexidade da nossa vida pessoal naquela época, a discussão sobre esse tipo de assunto poderia ter sido muito difícil – escolhas, negociação das prioridades individuais, resistência para sair da casa. Mesmo assim, a decisão de partir foi tomada naquela mesma noite, e em pouco tempo. Todas as outras questões estavam subordinadas, naquele momento, àquilo que estava destinado a acontecer.

Mavis e eu conversamos sobre seguir a nossa voz interior, a voz que nos ajuda a compreender o que em nós deseja se manifestar no mundo; nos recordamos das lições que juntos havíamos aprendido ao longo dos anos sobre seguir a nossa intuição. Mavis sempre me apoiou nessa maneira de ser – sintonizada com a sua voz interior e a sua capacidade natural de percepção elevada e de premonição. Essa forma de ser é condizente com a vida na câmara de bolhas, onde os processos de tempo-espaço algumas vezes rodam em sequências causais reversas e as noções de antes e depois se confundem.

No decorrer dos anos, esses momentos intuitivos de Mavis passaram a ocorrer com regularidade. E, então, passei a aceitá-los como um estilo de vida e não pensava muito sobre aquilo. Quando já estava em Londres, com o Grupo Shell, havia cerca de dois anos, Mavis e eu andávamos apressadamente por um corredor de hotel a caminho de uma reunião quando ela puxou o meu braço e me fez parar. Voltou-se para mim e simplesmente disse: "Nós moraremos em Boston quando você concluir seu projeto com a Shell". Claro que jamais havíamos pensado em Boston. Nosso plano era retornar a Houston e retomar a vida do ponto onde havíamos parado. Talvez eu nem precise dizer que, neste momento, quase três anos depois, com o meu projeto na Shell concluído, estou escrevendo este livro na nossa casa localizada no litoral norte de Boston.

* * *

Naqueles últimos meses, à medida que eu visitava as filiais do Fórum, encontrei muitas coisas a serem celebradas. Nos meus encontros com os participantes mais experientes – vindos das turmas que haviam se formado nos anos anteriores –, observei um dos resultados mais perceptíveis do trabalho que havíamos realizado: a extraordinária energia e a coerência existentes entre grupos tão diversos. Naquelas situações, eu podia sentir a mente coletiva trabalhando. Ocasionalmente, pessoas de projeção nacional, como Jack Kemp, Warren Bennis e John Gardner, vinham a esses encontros para dialogar com os participantes. E eles me falavam sobre essa grande energia, a coerência e o amor entre os participantes. Essa coerência e esse amor ainda são características do Fórum Americano de Liderança, que continua a florescer mesmo depois da minha partida.

Os meses finais antes da minha saída do Fórum de Liderança foram também um período de reflexão muito profunda acerca dos eventos da minha vida desde a criação do Fórum, em 1980. O que havia acontecido durante aqueles anos era uma representação, em si mesma, da ordem generativa. O processo generativo é um desdobramento contínuo, e estamos no mundo para participar dele. Na verdade, ficamos mais profundamente satisfeitos quando participamos desse processo criativo, seja no papel de pais, seja na formação de uma organização ou trabalhando em um projeto.

Pensando sobre o passado, recordei o nascimento do nosso filho Leon, em 1982, e da nossa filha Shannon, quatro anos depois. Não encontro palavras para descrever a alegria e o maravilhamento que vivenciei naquelas ocasiões. Participei desses nascimentos como companheiro ativo, ao contrário, infelizmente, do que aconteceu com Joey, que nasceu em um estágio anterior da minha vida.

Quando Leon nasceu, o médico o entregou imediatamente a Mavis, que estava totalmente acordada, pois o parto havia sido natural, sem anestesia. Leon mamou um minuto ou mais, e depois veio para os meus braços. Aquela pequena criança, úmida da cabeça aos pés com os remanescentes do seu mundo, dentro do ventre de sua mãe, gritava com os olhinhos fechados diante daquela luz brilhante. Eu o peguei com carinho e o coloquei aos poucos na água morna, seguindo o método Leboyer. Enquanto eu fazia isso, falava com ele de maneira suave, da mesma forma que havia feito todas as noites enquanto ele ainda estava no ventre de sua mãe. "Leon, aqui é o papai... seu velho amigo. Não se preocupe, meu pequeno companheiro, tudo vai ficar bem." Enquanto eu falava, ele parou de chorar, abriu os olhinhos e olhou diretamente nos meus. Naquele instante, nossas almas se conectaram. Ele claramente havia reconhecido o som da minha voz. Com as lágrimas já escorrendo pelo meu rosto, coloquei Leon na água morna para lavá-lo e confortá-lo. Enquanto fazia isso, ele mantinha os olhos fixos nos meus, sem emitir nenhum som, simplesmente relaxado em minhas mãos enquanto eu continuava a lhe falar com suavidade. A imagem desse momento em que nos conectamos pela primeira vez, já no "mundo exterior", permanecerá para sempre.

Essa conexão com meu filho foi um dos verdadeiros presentes que os anos no Fórum haviam me proporcionado, porque o Fórum era, em si, uma expressão do meu desenvolvimento pessoal. Com o passar dos anos, aprendi mais e mais sobre mim mesmo e sobre quais eram as minhas verdadeiras prioridades. O meu casamento com Mavis, a experiência de conexão com Leon no momento do seu nascimento e mais tarde o nascimento da minha filha Shannon são os três maiores e mais importantes presentes da minha vida, que me foram proporcionados nesse processo de desdobramento.

No entanto, há ainda outro momento que é tão importante quanto esses que eu já mencionei. Esse presente decorreu da minha disciplina em escrever no meu diário, atividade que eu passei a apreciar com mais profundidade durante o desenvolvimento do nosso programa de vivências na natureza selvagem.

Como resultado desse trabalho que eu estava realizando com o meu diário, passei a reconhecer um pouco da raiva que eu sentia do Coronel. E então, um belo dia, entrei na sala de estar do rancho e disse a ele: "Coronel, eu acho que você nunca disse que me ama. Eu acredito que você me ame. Mas por que razão você nunca me disse isso?".

Ele permaneceu calado. Não sabia o que dizer. Depois de algum tempo, me olhou e disse: "Ora, você sabe que eu te amo". Eu disse:

"Tudo bem. Mas por que você não pode me falar isso?". O Coronel continuou: "Eu sempre te amei, e você sabe disso. Você sabe que eu te amo". Então, respondi: "Não, eu não sei disso. E me dói muito o fato de você nunca ter dito isso para mim".

Então, antes de nos afastarmos, eu o abracei com toda a força e o segurei. Ele permaneceu rígido como uma tábua. Não houve reação alguma de sua parte. Eu o segurei, dei um tapinha em suas costas e me despedi.

Eu imagino que o Coronel tivesse dificuldade em expressar o seu amor porque seu pai nunca havia lhe dito que o amava. Ele veio da velha escola que acreditava que dizer "Eu te amo" a outro homem não era uma coisa muito masculina. Um verdadeiro homem estava sempre no controle. Um verdadeiro homem nunca se lamentava ou chorava. Um verdadeiro homem tomava conta das coisas, especialmente das questões relacionadas à sua família, sendo, portanto, a figura de autoridade da casa. No antigo paradigma do qual meu pai havia vindo, o homem ficava, de certa forma, separado do restante da família. Ele mostrava sua masculinidade sendo durão, persistente e teimoso, nunca admitindo que não sabia. A expressão de suas emoções simplesmente não fazia parte desse quadro.

Eu continuei a abraçar meu pai sempre que o encontrava, e gradualmente, ao longo do ano seguinte, ele começou a se aproximar de mim na hora de ir embora para que eu pudesse abraçá-lo. Finalmente, chegou um momento em que todas as vezes que dizíamos "Oi" e todas as vezes que dizíamos "Tchau", ele me dava um grande abraço de urso. Também ficou confortável a ponto de me dizer "Eu te amo". Toda a nossa relação se tornou mais expressiva.

Durante esse período, o Coronel estabeleceu uma espécie de tradição entre nós dois. Toda sexta-feira, nos encontrávamos para almoçar no Coronado Club, em Houston. Esses almoços de sexta-feira eram tão importantes para mim que continuei essa tradição com o meu filho Joey, sempre que estou em Houston, o que atualmente é bem frequente. Joey é um advogado muito reconhecido por lá, tendo construído uma reputação e tanto. Joey e eu aprendemos ao longo dos anos, com muito esforço, a construir um relacionamento saudável e amoroso entre pai e filho, e hoje considero esse relacionamento um dos meus mais importantes tesouros.

* * *

Numa sexta-feira durante o almoço, o Coronel olhou para mim e disse: "Camarada, quando eu morrer, quero estar calçado com as minhas botas, cortando cedros na fazenda". Assim, nos levantamos e, enquanto saíamos, nos abraçamos em mais um adeus. Foi muito natural; não foi um grande evento. E apenas dois dias depois, enquanto limpava uma encosta no rancho, ele morreu vítima de um ataque cardíaco.

Eu continuei pensando em como teria sido para mim se nós nunca tivéssemos feito essa transição, se nunca tivéssemos realmente aprendido a expressar nosso amor um pelo outro. Eu sempre imagino como teria me sentido se, naquele dia, no Coronado Club, nós tivéssemos dado apenas um aperto de mão, ele tivesse se virado e eu nunca mais o tivesse visto.

20. Estabelecendo o campo

Cheguei a Londres em meados de abril de 1990, período de mudanças assombrosas no cenário mundial. Fazia poucos meses que o Muro de Berlim havia sido abruptamente derrubado. A União Soviética também havia entrado em colapso e, com ela, todas as premissas e todo o quadro referencial das relações internacionais desde a Segunda Guerra Mundial. Foi um período de grande entusiasmo e ansiedade, e tive a certeza de que o correto para mim era realmente estar naquele lugar, exatamente naquele momento.

Eu havia sido submetido a um processo intensivo de seleção durante os quatro meses após o meu primeiro contato com Renata Karlin, inclusive viajando para Londres e Haia, onde me reuni com diversos executivos do alto escalão do Grupo Royal Dutch Shell. Durante esse processo, passei boa parte do tempo com o coordenador de planejamento Arie de Geus, a quem Karlin se reportava. Na etapa final do processo, passei quase um dia inteiro em Haia com o presidente do conselho do grupo e seu assistente.

Eu havia estudado muito nos meses que se seguiram ao meu primeiro contato com a Shell. Havia lido quase tudo o que encontrei sobre o Grupo Shell, bem como seu processo de planejamento de cenários. Eu já estava confortável com o conceito de planejar por meio da utilização de cenários, sobretudo porque eu tinha a sensação de que nunca mais as empresas e os governos seriam capazes de "planejar" com eficiência um futuro de longo prazo. Ao contrário, era necessário aprender a criar e descobrir um desdobramento futuro. Eu podia perceber como o processo de planejamento de cenários da

Shell se enquadrava exatamente no centro da visão quântica do universo que Bohm havia me descrito havia tanto tempo. Estava tudo em consonância com a forma pela qual eu havia começado a operar em minha própria vida.

Toda a matéria e o universo estão em constante movimento. Em determinado nível que não podemos ver, existe uma totalidade indissolúvel, uma "ordem implicada" da qual emergem eventos aparentemente distintos. Todos os seres humanos fazem parte dessa totalidade indissolúvel que está continuamente se desdobrando. Uma de nossas maiores responsabilidades na vida é estarmos abertos e aprendermos, e dessa forma nos tornarmos mais capazes de perceber e concretizar novas realidades emergentes.

Senti então que me havia sido dada a oportunidade de aprender mais acerca desse processo, mas em escala infinitamente maior, em uma organização com 120 mil funcionários, operando em mais de cem países ao redor do mundo. Mais ainda, minha voz interior me dizia que aquela era uma oportunidade para começar a aprender como aqueles princípios poderiam ser aplicados em uma escala global, fora do ambiente da própria organização. Isso parecia ser parte do que estava se desdobrando para mim – a oportunidade de começar a aprender sobre como influenciar de forma positiva e modelar eventos globais, em vez de apenas aceitar e reagir às forças maiores que estavam atuando.

Pode até ter parecido grandioso demais, ou até mesmo ingênuo, pensar em proporções tão grandes. E, consciente disso, eu era cuidadoso sobre o que falava a respeito desses sentimentos e para quem eu os expressava. Não obstante, minha compreensão da forma como o universo funcionava me levou a crer que esse tipo de aprendizado não apenas era possível, mas imperativo para que o mundo pudesse navegar com sucesso os tempos turbulentos que estavam à nossa frente.

Entre as maiores corporações, me parecia que a Royal Dutch Shell era incomparável por ser de certa forma capaz, com uma notória regularidade, de tocar no que havia de melhor em pensamento acerca do futuro. Eu tinha a esperança de entender exatamente como o processo de cenários realmente funcionava e como ele poderia ser ainda mais desenvolvido. Já em 1972, os cenários da Shell previram a formação da Organização dos Países Exportadores de Petróleo (Opep) e o súbito choque nos preços do petróleo ocorrido no inverno de 1973-1974, assim como previram o colapso igualmente significativo dos preços do petróleo, que começou em janeiro de 1986. Em 1984, um cenário regional de propriedade da Shell, intitulado "Ecologização da Rússia", descrevia um possível desmembramento da União Soviética e o subsequente caos na Europa Ocidental. O que mais me interessou não foi apenas a precisão dessas narrativas, mas a forma como o processo de planejamento de cenários pode ajudar as pessoas a perceberem melhor as realidades complexas e a moldar o futuro, não apenas dentro, mas para além da própria corporação.

Eu sabia, por exemplo, do impacto significativo que o processo de elaboração de cenários da Shell havia provocado recentemente na África do Sul. Uma equipe de planejadores de cenários, que incluía o antigo líder da equipe de cenários da Shell, Pierre Wack, havia sido formada no início dos anos 1980 na África do Sul. Apoiados pela Anglo-American Mining Corporation, a equipe havia vislumbrado uma "estrada veloz" e uma "estrada lenta" no futuro da África do Sul. Iniciando-se em 1985, apresentações pautadas no trabalho da equipe foram feitas para representantes do governo da África do Sul, líderes do empresariado, grupos de comunidades negras e grupos de líderes negros exilados. Essas apresentações motivaram milhares de pessoas a pensar sobre as escolhas futuras. Ou a política segregacionista do apartheid seria desmantelada e o país poderia desenvolver um sistema político e econômico aberto e assim reingressar na comunidade mundial, ou o apartheid continuaria, com o país vivenciando um crescente isolamento, uma forte estagnação econômica e terríveis disputas internas. Os notáveis progressos que se tornaram públicos em fevereiro de 1990, por meio do discurso histórico do presidente Frederik de Klerk, e que até hoje continuam a ter desdobramentos, se originaram da descoberta, pelo povo sul-africano, de que o caminho que estavam seguindo não era sustentável e que havia outra escolha para o seu futuro.

Eu continuava a pensar sobre o teorema de Bell e no meu encontro com Bohm, que alterou de forma definitiva e por completo a minha visão sobre como o universo está interligado por um tecido de conexões invisíveis. Compreendi que pequenas mudanças no lugar certo podem ter um impacto no sistema em sua completude, porque essas mudanças partilham da totalidade indissolúvel que une o sistema inteiro. Um ato aparentemente insignificante numa parte do todo cria resultados não delimitados, que vão aparecer em pontos distantes. Conexões invisíveis criam efeitos a distância – "saltos quânticos" – em locais um tanto quanto surpreendentes para nós. Esse modelo de mudança era muito mais compatível com a minha experiência diária do que o modelo tradicional de mudanças graduais.

Eu sabia que os cientistas haviam começado a falar em "campos" para explicar as conexões que eles observavam. Quando estivemos juntos em Londres, Bohm havia mencionado o "campo geral" aplicável a toda a humanidade. Naquela oportunidade, ele havia revelado: "Todos nós estamos conectados e operamos dentro desses campos ativos de pensamento e percepção".

Apenas alguns meses antes de me mudar para Londres para iniciar aquele projeto, tive a oportunidade de aprender mais sobre essa nova formulação da teoria de campos com Rupert Sheldrake, um renomado biólogo inglês. Sheldrake e eu éramos convidados de um amigo comum que tinha uma casa em Santa Fé, no Novo México. Passei o final de semana imerso em uma conversa com Sheldrake e saí daquele encontro com um entendimento mais profundo acerca do fenômeno do diálogo, de como o universo está interconectado e de como o meu trabalho na Shell poderia contribuir de maneira mais ampla.[24]

Sheldrake me explicou que os campos são regiões de influência não material – forças invisíveis que estruturam o espaço ou o comportamento. O campo gravitacional da Terra, por exemplo, está ao

[24] Muito do que Rupert Sheldrake me disse pode ser encontrado em *The Presence of the Past: Morphic Resonance and the Habits of Nature*. Também foi de grande ajuda o livro de Margaret Wheatley, *Leadership and the New Science: Learning About Organization from an Orderly Universe*, especialmente o capítulo 2.

nosso redor. Não podemos vê-lo, não é algo material, mas mesmo assim é real. Atribui massa aos objetos e lhes dá forma no espaço. Há também os campos magnéticos subjacentes ao funcionamento do nosso cérebro e do nosso corpo. Incontáveis padrões de atividades vibracionais ocorrem no interior desses campos e não podem ser detectados por nossos sentidos, mas podem ser sintonizados em receptores de rádio e televisão. "Embora a natureza dos campos seja inevitavelmente misteriosa, nós agimos como se isso não fosse surpreendente", ele me disse. E continuou falando que há também os campos quânticos fundamentais da matéria reconhecidos pelos físicos – campos de elétrons, campos de nêutrons e outros. São "invisíveis, intangíveis, inaudíveis, insípidos e inodoros"; e, no entanto, na teoria quântica, eles são a substância do universo. Campos são estados do espaço, mas o espaço em si é cheio de energia e estruturas invisíveis que estão interconectadas.

Em nossa conversa, não pude deixar de pensar no campo de energia que eu vivenciei de maneira consistente lá em Santa Fé, mais especificamente na casa de Charles e de Beth Miller, onde nos hospedamos naquele final de semana. Ao longo dos anos, eu visitei com frequência a casa dos Miller (uma propriedade chamada Sol y Sombra, onde anteriormente havia residido a artista Georgia O'Keeffe) para escrever, pensar e aprender por meio de conversas profundas com as pessoas extraordinárias que lá se reuniam. Eu literalmente podia sentir os campos energéticos se formando sempre que eu estava lá – assim como nas minhas experiências na catedral de Chartres, ou nos meus "mochilões" por lugares inóspitos, ou nos diálogos ao redor da fogueira durante a vivência de isolamento na natureza selvagem, no programa do Fórum de Liderança, e até mesmo no autódromo de Monza.

O tempo que passei com Sheldrake me proporcionou uma apreciação ainda mais profunda das possibilidades de diálogo e da mudança no sistema mais amplo. Como resultado desse encontro, passei a compreender com mais clareza a importância do diálogo e da aprendizagem organizacional para o processo pelo qual os seres humanos possam governar a si próprios.

No início do meu trabalho com a Shell, tudo isso estava fresco na minha mente. Eu morei sozinho em Londres por quatro meses enquanto Mavis finalizava o seu primeiro ano de residência médica. Isso me possibilitou o tempo necessário para me entregar por completo ao trabalho que eu planejava executar. Assim, eu passava todo o meu tempo sozinho, lendo e pensando, considerando tanto os objetivos imediatos quanto o propósito mais amplo do trabalho que havia me comprometido a fazer. Por muitos anos, eu havia seguido a disciplina de planejar as escolhas pessoais e os objetivos fundamentais que eu buscava atingir para o ano seguinte. Eu escrevia tudo isso e, regularmente, visualizava aquilo que eu havia escolhido fazer. No topo da lista que preparei em janeiro de 1990, estava a criação de um conjunto de cenários globais para a Royal Dutch Shell, que daria início ao processo de formar e influenciar de maneira positiva o pensamento coletivo, não apenas na Shell, mas no mundo inteiro – cenários que contribuiriam para a coesão social num mundo em crescente fragmentação. Meu compromisso era fazer tudo o que estivesse ao meu alcance para realizar isso e, nesse processo, confiar que a natureza disponibilizaria para mim qualquer coisa que se fizesse necessária.

Para realizar esse objetivo, eu sabia que precisava desenvolver esses cenários de forma coletiva com a mais diversificada e inteligente equipe de cenários que eu pudesse reunir. Eu não poderia desenvolvê-los sozinho, apenas me valendo da ajuda de uma equipe de apoio que me fornecesse informações. Pelo contrário, aqueles cenários deveriam ser desenvolvidos por meio da sabedoria coletiva de todo o grupo. A diversidade na equipe era um objetivo essencial, e concentrei-me imediatamente em concretizá-lo.

Uma grande parte dos integrantes da equipe já havia aderido ao projeto, mas outros, tanto de dentro como de fora da Shell, ainda deveriam ser recrutados. No fim do processo, tínhamos na nossa equipe pessoas do Japão, de Cingapura, da África, do Canadá, dos Estados Unidos, da Austrália, da Holanda, da França, da Inglaterra e da Escócia. Tivemos muita sorte nos processos de recrutamento e seleção, mas não fomos bem-sucedidos na tentativa de localizar e recrutar pessoas da América do Sul, da Índia e da China.

Com a equipe definida, dediquei-me a fazer o que podia para ajudar a estabelecer o campo – quer dizer, estabelecer o espaço no interior da nossa organização, articulando os valores que nos eram essenciais, o que considerávamos importante, como interagíamos entre nós mesmos e como interagíamos com o restante do grupo. Assim, instituímos um processo que nos permitiu permanecer em constante conversação uns com os outros. Isso incluía sessões regulares de atualização, sessões de aprendizado durante o almoço, um grupo de palestrantes interessantes vindos de fora da equipe e também, de forma regular, "dias longe do escritório", para que todos pudessem aprender juntos e se reconectar uns com os outros.

A primeira tarefa foi estabelecer uma visão para a nossa equipe e definir como desejávamos trabalhar. Fiquei satisfeito com a coerência geral do grupo, que vislumbrei desde o início. Havia muita energia naquele time – era um grupo de pessoas muito inteligentes, escolhidas a dedo, de cada uma das disciplinas representadas no Grupo Shell. O balanço da seleção foi o seguinte: cerca de 20% eram membros selecionados fora do Grupo Shell, todos de alto desempenho, que sabiam a importância e o valor para o grupo daquele trabalho que estávamos prestes a realizar e que estavam orgulhosos por poder integrar aquela seleta equipe.

Desde o início, entretanto, chamou-me a atenção a racionalidade dos membros ocidentais da equipe, assim como a forma cética e até mesmo de menosprezo com a qual a maioria deles tratava tudo aquilo que se enquadrasse no que eles chamavam de "material brando" – qualquer coisa que não pudesse ser mensurada ou quantificada. Gráficos e mapas eram prioridade, na medida em que apenas a quantificação e a mensuração eram o que consideravam como real. Isso era muito difícil para mim, porque, nos dez anos anteriores, eu havia conseguido compreender o imensurável como sendo precisamente aquilo que era o mais real, aquilo que na verdade mais me importava. Lembrei o que Bohm havia dito sobre isso: "A tentativa de supor que a medida existe antes do homem e independentemente dele conduz, como já verificado, à 'objetificação' da percepção do homem, de modo que ela se torna rígida e incapaz de mudar, por fim acarretando a fragmentação e a confusão geral" (Bohm, 1980, p. 23).

Naqueles dias iniciais, me senti como um peixe fora d'água durante boa parte do tempo. De outro lado, eu sabia que aquilo era uma verdadeira bênção para mim, pois precisava daquele tipo de exposição para adquirir a capacidade e o equilíbrio necessários para, no futuro, lidar com esses encontros de forma eficaz. Essa era parte da razão de eu estar ali, parte de minha aprendizagem. E realmente eu ainda tinha muita coisa para aprender em um espaço reduzido de tempo. Assim, desde o início, tornei-me um sistema aberto, escutando, absorvendo, fazendo perguntas e compreendendo tudo o que podia sobre o negócio do Grupo Shell em todo o mundo, sobre como ele era gerenciado e sobre a sua cultura corporativa singular. Esse aprendizado foi substancialmente ampliado pelo processo de entrevistas sobre cenários que eu havia começado já no início do projeto.

Durante os seis meses que se seguiram, eu me reuni com aproximadamente cinquenta executivos seniores do Grupo Shell, incluindo diretores-presidentes, coordenadores regionais e funcionais e os diretores executivos das subsidiárias mais importantes do Grupo espalhadas pelo mundo. Eu passava intensas três horas, às vezes mais, trancado em uma sala conversando com alguns desses gestores, um a um. Eles compreenderam exatamente a razão pela qual eu estava ali – para revelar seus modelos mentais acerca dos ambientes internos e externos da Shell, o que representava o primeiro passo para o desenvolvimento de cenários globais para o grupo. Era uma experiência fascinante e concretamente o melhor método de construir relações e me familiarizar com a cultura do grupo de maneira geral. Muitas dessas conversas elevaram-se ao nível de diálogo, ou chegaram próximas a isso. Eram conversas cheias de significado. Todas as principais características do diálogo estavam lá – o fluxo, a coerência acima do normal e o senso de sabedoria coletiva que surgia em cada um dos encontros. Nesse processo, conheci várias pessoas que me pareciam ser claramente como uma família – pessoas com as quais eu sabia poder contar para obter recursos, conexões e o apoio de que eu necessitasse conforme o meu trabalho se desenvolvesse.

Desse processo, nossa conclusão foi a de que os cenários globais para os trinta anos seguintes deveriam girar, sobretudo, em torno da questão do relacionamento entre os países ricos e os países pobres do mundo. Iniciamos o trabalho testando nossas ideias e fazendo pesquisas intensas sobre questões-chave. Designamos "elementos fundamentais" para pequenas equipes de projeto, as quais deveriam pesquisar e desenvolver temas, para depois apresentá-los ao grupo todo em sessões plenárias que seriam realizadas fora da empresa durante três dias.

Nos doze meses que se seguiram, membros da nossa equipe se espalharam pelo mundo para realizar a pesquisa de campo. Começamos pelos países emergentes, incluindo Argentina, Brasil, México, Índia e China, e pelos novos países industrializados do sudoeste da Ásia, Rússia, África do Sul e Oriente Médio. Também passamos bastante tempo nos países industrializados, sobretudo nos Estados Unidos, no Canadá, no Japão e em países da Europa. Nesse processo, conhecemos as pessoas mais incríveis que poderíamos imaginar. Utilizamos a influência considerável do Grupo Royal Dutch Shell para abrir as portas nesses países, organizando seminários de um ou dois dias de duração conduzidos pelas pessoas que melhor dominavam as disciplinas que queríamos abordar. Convidamos os gestores-chave alocados nas operações locais da Shell para participar dessas mesas-redondas. Dessas reuniões conjuntas, outras portas começariam a se abrir. Nesse ponto, deixávamos a natureza seguir o seu curso, levando-nos de uma pessoa com boas percepções e compreensões para outra com as mesmas características.

Saímos dessa experiência com uma visão de mundo profundamente diferente daquela que tínhamos no início. Ainda não entendíamos todas as estruturas subjacentes e as forças motrizes, mas todos nós percebíamos que estávamos testemunhando um momento revolucionário de mudança na história do mundo. Ao longo dos oito meses seguintes, nosso trabalho seria colocar em prática aquela estrutura abrangente e contar as duas comoventes histórias de futuro que visualizamos e que se concretizaram em nossas mentes.

21. Barricadas

A data planejada para a finalização dos cenários globais era 1º de setembro de 1992. Nessa data, estavam marcadas as nossas apresentações dos cenários para o comitê de diretores-presidentes, o mais alto escalão de executivos do Grupo Shell, para que eles aprovassem o projeto; caso fosse aprovado, haveria a posterior divulgação para todas as empresas que compunham o grupo. Tratava-se de uma data não prorrogável, portanto, desde o início determinamos um cronograma a ser seguido rigidamente. A pressão era grande, mas, em janeiro daquele ano, ainda estávamos de acordo com o nosso cronograma de entrega.

Definimos um grupo formado por seis pessoas que representavam as diferentes equipes e áreas e que ficariam encarregadas da edição e da revisão do projeto e, por duas semanas inteiras, nos trancamos em uma sala localizada no andar mais alto de um clube no centro de Londres. Nessas duas semanas, tomamos café da manhã e almoçamos lá, e todos concordamos em não receber chamadas telefônicas. Nossa tarefa era desenvolver a estrutura geral e ampliar os temas dos dois cenários que vimos se desdobrarem. Ao final dessas duas semanas, expusemos nossas conclusões para o grupo como um todo, para então iniciar o processo de desmembrar a estrutura das histórias e remontá-las. Havia uma atmosfera de laboratório experimental que permeava todo aquele esforço. Existia um grande estresse, e mesmo assim a equipe estava desempenhando o máximo da sua eficiência, com cada um dos membros contribuindo com mais do que seria sua parte. Depois, nos espalhamos outra vez para testar nossas conclusões na China, Índia, América do Sul e África do Sul.

Retornamos a Londres em abril, prontos para iniciar a difícil tarefa de registrar as histórias no papel. Até esse ponto, tínhamos nos encontrado regularmente e comunicávamos os detalhes por meio de memorandos, relatórios periódicos, mapas e gráficos para ilustrar o nosso progresso. No entanto, eu sabia, lá no fundo, que a parte crucial do processo inteiro seria redigir as histórias, linha por linha. A pessoa escolhida para redigir os cenários não apenas precisava ser uma exímia profissional na arte da escrita e uma excelente organizadora, mas também deveria ser capaz de mediar aquela equipe de especialistas, que estavam desenvolvendo opiniões variadas e contundentes sobre os cenários. Com isso em mente, pedi a Betty Sue Flowers, professora da Universidade do Texas que havia editado o livro *O poder do mito*, escrito por Joseph Campbell, que viesse até Londres para ser responsável por essa tarefa.

Desde o princípio, procurei obter na equipe uma concordância coletiva acerca dos vetores de força que estavam influenciando os acontecimentos mundiais. Historiadores escrevem sobre indivíduos e acontecimentos, mas geralmente não possuem linguagem para descrever os vetores fundamentais da história – o que Tolstói chamou de "leis da história", no livro *Guerra e paz*. Identificar esses vetores com precisão é um pré-requisito para construir cenários duráveis. Mais que isso, eu particularmente sentia que, ao compreender esses vetores, poderíamos identificar os pontos de alavancagem para proporcionar mudanças efetivas. Poderíamos verificar em que lugar as ações e as mudanças específicas poderiam promover avanços significativos e duradouros. Ao compreender a estrutura geral, poderíamos entender como o curso da história poderia ser alterado. Assim, nos esforçamos muito, e por um longo período, nesse aspecto fundamental do processo de elaboração de cenários; e no decorrer do trabalho um grande alinhamento entre os membros da equipe ocorreu.

Em determinado momento, concordamos que dois padrões inter-relacionados caracterizavam as mudanças fundamentais no nosso mundo: liberalização e globalização crescentes. Percebemos que estávamos no meio da primeira revolução *global* – o advento da liberalização mundial, tanto política quanto econômica. Desde 1989, o mundo assistira à reunificação da Alemanha, às eleições livres e à reforma econômica no Leste Europeu, ao fim do comunismo soviético, à aceleração da abertura das economias da China e da Índia e à queda do apartheid na África do Sul. Estávamos testemunhando ainda uma reforma de longo alcance na América Latina e no México. A mensagem que havíamos aprendido durante nossas viagens nos dezoito meses anteriores era clara – os sistemas políticos autoritários e a centralização do planejamento das economias não funcionam nesse mundo de interconectividade crescente. Um dos motivos pelo qual a liberalização se espalhou tão rapidamente e tão extensamente é a globalização. O conhecimento sobre como outras pessoas vivem e como outras sociedades trabalham se espalhou rapidamente por meio da mobilidade e da comunicação internacional. Constatamos que governos iriam encontrar cada vez mais dificuldades em limitar o que as pessoas sabem e resistir às suas demandas por acesso a produtos e por controlar seus próprios destinos. A liberalização, de outro lado, acelera a globalização ao abrir e liberar fluxos de bens e conhecimento. Nesse momento, a globalização e a liberalização reforçavam-se mutuamente. Analisamos isso como um vetor de extremo poder e potência.

Percebemos que a liberalização contínua não era necessariamente inevitável. Existem duas faces da revolução liberal – duas forças que se opõem e que impulsionariam os dois cenários que vimos se desdobrarem para o mundo. De um lado, a liberalização oferece grandes oportunidades para que indivíduos, grupos, companhias e sociedades melhorem de vida. Caso essas oportunidades sejam aproveitadas e realizadas, a esperança e as expectativas vão gerar uma pressão para mais mudanças econômicas e políticas. Um ciclo positivo de realimentação será formado – um círculo virtuoso começa a se fazer.

De outro lado, a liberalização pode ameaçar muitas pessoas, que temem perder o que valorizam atualmente – a identidade nacional, religiosa e cultural; o poder político; a posição econômica. Isso poderia levar a uma atmosfera crescente de medo e resistência, tendo como resultado um ciclo negativo de realimentação.

Vimos o mundo em um ponto decisivo importante – que poderia ser descrito como "um fator determinante na história".[25] A liberalização poderia continuar a se espalhar em um mundo de mudanças rápidas e inquietantes, com novos e vastos mercados competitivos abrindo-se nos países em desenvolvimento. Concebemos esse contexto como sendo o "Cenário A", que depois viemos a chamar de "Novas fronteiras". De outro lado, a liberalização poderia sofrer restrições e gerar resistência, resultando em um mundo de barreiras e divisões – um mundo profundamente dividido, com grandes disparidades na distribuição de renda, pobreza generalizada, violência nos centros urbanos e desrespeito pelo meio ambiente, fatores que inevitavelmente acarretam desespero e falta de esperança. Esse contexto foi definido como "Cenário B" e posteriormente chamado de "Barricadas".

A equipe foi unânime em sua visão dessa estrutura implícita e também estava totalmente de acordo com a história do cenário "Barricadas". Nossa pesquisa nos mostrava que esse cenário poderia facilmente se desdobrar na história.

A história do cenário "Barricadas"

Em meio à instabilidade que ocorreu após a Guerra Fria, nenhuma "nova ordem mundial" visionária se desenvolveu. Com problemas internos, até mesmo países com mentalidades parecidas não conseguem concordar. O Acordo Geral sobre Tarifas e Comércio (*General Agreement on Tariffs and Trade* – GATT) sinaliza um colapso, o que aumenta a tensão nas relações entre Estados Unidos e Japão e entre Estados Unidos e Comunidade Europeia.

No entanto, a maior ruptura está entre os países ricos e os países pobres do mundo. Os ricos temem as políticas instáveis do mundo pobre e constatam os efeitos dessas políticas no número de refugiados, no descumprimento das leis, no tráfico de drogas e nos desastres

---

[25] Ouvi esse termo pela primeira vez durante uma conversa com Harlan Cleveland em Londres enquanto os cenários eram desenvolvidos. Citando Barbara Ward, Harlan usou essa expressão como título de um capítulo em seu livro *Birth of a New World: an Open Moment for International Leadership*.

ambientais, e querem então se isolar. Esses países querem se afastar daquilo que encaram como valores estranhos: por exemplo, o fundamentalismo islâmico e as sangrentas guerras tribais nos Bálcãs, no Cáucaso e na África. Eles voltam sua atenção para si próprios e tomam as medidas necessárias para se isolar daqueles países castigados pela pobreza e assolados por doenças.

De outro lado, os governos dos países pobres mostram desconfiança da motivação dos países ricos, relembrando suas histórias nos tempos de exploração colonial, sua diplomacia por meio de ameaças ou do poderio militar e da desestabilização política. A interminável descrição das sociedades ricas como egoístas, ateias, amorais e racistas acaba criando uma profunda alienação. Assim, o medo e a desconfiança imperam nos dois lados.

A ruptura aumenta à medida que os ricos encontram formas de excluir os pobres por meio de políticas de imigração e reestruturação dos regimes de importação. Algumas vezes, os pobres são expulsos fisicamente ou repatriados, como no fim dos anos 1990, quando, de acordo com esse cenário, um golpe de estado comandado por fundamentalistas na Argélia leva uma multidão de refugiados para a França. De modo similar, os alemães lidam com os poloneses e com os russos, os Estados Unidos lidam com os povos da América Central e os japoneses lidam com os chineses e os coreanos. Pela experiência, esses países aprenderam que comportamentos impiedosos atuam politicamente, assim como, historicamente, os italianos aprenderam a lidar com os albaneses, e os norte-americanos aprenderam a lidar com os vietnamitas e os refugiados do Haiti. Nesse cenário, uma política de imigração atua como um catalisador que ajuda a homogeneizar os países europeus numa União Europeia coesa e exclusiva. A tecnologia reforça a marginalização dos pobres. A automação torna o trabalho braçal e de baixo custo menos importante, enquanto o avanço das telecomunicações e das redes de computadores torna os ricos do mundo mais unidos em sistemas compartilhados que excluem aqueles que não possuem condições de acesso.

Contudo, depois da virada do século, o crescimento dos países ricos e economicamente isolados se mostra estagnado. Não há um aumento da demanda nos países pobres. A força de trabalho é decrescente. Os custos sociais e ambientais reduzem a produtividade. O envelhecimento da população significa que tanto os níveis de poupança quanto os de investimentos estão baixos, e grupos políticos com interesses especiais paralisam a construção de um consenso. Consequentemente, os déficits continuam a crescer.

Enquanto a revolução da liberalização prossegue nos países pobres, torna-se claro que a tradição nacional singular e a cultura são muito mais importantes do que se acreditava na euforia do início da década de 1990, quando as mesmas receitas para o crescimento econômico foram indiscriminadamente aplicadas no Paquistão, na Polônia ou no Peru. As reformas ocorridas no México e na Índia atingem alguns resultados, mas na Rússia e na África não há exércitos de empreendedores esperando para criar um novo e dinâmico setor de negócios. Os investidores estrangeiros hesitam, preocupados com os riscos e aguardando os resultados. Nos países onde os políticos prometeram resultados rápidos por meio de reformas econômicas, as pessoas não conseguem compreender a razão de seus padrões de vida não se elevarem e a razão pela qual são forçadas ao sacrifício de economizar mais em prol do futuro.

O processo é traumático e de desilusão. O liberalismo orientado para a política externa não é visto como uma forma de obter os benefícios esperados. Os políticos recorrem à experiência do "capitalismo nacionalista" aplicada no Japão e na Coreia do Sul. O "modelo coreano" é particularmente atraente: desregulamentação e privatização não implicam a disposição de ceder o controle a estrangeiros ou de atrapalhar os benefícios atrelados a certos privilégios. A extinção de barreiras tarifárias ou impostos com o livre-comércio é aplicada apenas às exportações, e não às importações.

Em alguns países, essa abordagem mais nacionalista do capitalismo envolve uma dolorosa mudança de direção. Nesse cenário, uma forte ruptura ocorre na China, quando a bancada dos moderados fica alarmada com a forma dinâmica com que a província de Guangdong, no sudoeste da China, está se tornando referência de corrupção, gangues de criminosos e prostituição, e assim decide se aliar aos conservadores. Juntos, então, concordam com um sistema de mercado fortemente regulado, concordando ainda com a exclusão das influências moralmente corruptoras advindas do Ocidente. Em outros lugares, os velhos modelos que refletem a ideia de necessidade de "soluções locais" são revividos. O novo governo fundamentalista da Índia promete continuar com o liberalismo apenas no que estiver em consonância com a "dignidade hindu". A economia russa está muito pior que a economia norte-americana durante a Grande Depressão. A experiência catastrófica de Bóris Iéltsin com o liberalismo se arrasta por diversos anos, acarretando uma repugnante base para a corrupção, o crime organizado, a ganância, a miséria, a degradação moral e as injustiças ocasionadas pelo capitalismo ocidental. Em muitas sociedades, a globalização é associada à intrusão e à dominação do Ocidente. Em particular no mundo islâmico, as ideias e os valores ocidentais são rejeitados porque são tidos como "poluição cultural". A influência crescente do fundamentalismo islâmico é uma causa indireta da turbulência em grande parte do Oriente Médio e da Ásia Central, e uma fonte de hostilidade constante, em que existe o confronto direto com culturas cristãs ou hindus.

Em muitos países, as esperanças daqueles que desejam fazer um rompimento decisivo com o passado – modernizar e promover novos e melhores padrões de vida para alcançar o Ocidente – são constantemente frustradas. As tensões decorrentes dessa frustração permanente, manifestadas por meio do crime organizado, da violência e da instabilidade política, são sentidas de forma mais aguda nas grandes cidades dos países pobres. Em muitos países africanos, latino-americanos e asiáticos, a situação é tão crítica que poucas empresas multinacionais se interessam em investir, mesmo quando o governo oferece grandes vantagens fiscais para atraí-las.

No comércio internacional, assim como na imigração, os ricos constroem barricadas contra os pobres. Por exemplo, a grande preocupação com o meio ambiente nos países ricos acarreta uma onerosa regulamentação, o que acaba por aumentar ainda mais a diferença nos custos de produção entre ricos e pobres. Para equalizar essa questão, os países ricos impõem uma série de "tarifas ambientais" aos países pobres, que não possuem essas regulamentações, de modo que os produtos derivados dos países pobres são gradualmente empurrados para fora dos mercados dos países ricos. Assim, para a maioria dos países pobres, a possibilidade de crescimento por meio das exportações está literalmente vedada.

Sob essa nova ordem internacional está a habilidade de o mundo rico permanecer indiferente aos problemas do mundo pobre. Os problemas relacionados à miséria e à instabilidade no mundo pobre parecem não ter solução. A hostilidade do eleitorado ocidental em relação a programas de ajuda, "produtos importados baratos" e imigrantes dos vizinhos "superpovoados" é facilmente perceptível. De modo recorrente, os problemas críticos que requerem soluções de longo prazo são recebidos com indiferença e com a construção apressada de barricadas.

Até o fim da primeira década do século XXI, os graves problemas que se intensificam, como crescimento populacional, escassez de recursos, doenças e criminalidade crescente, levam uma multidão de imigrantes a bater na "porta dourada" dos países ricos. A escassez ambiental e o esgotamento dos recursos naturais – sobretudo a falta de água – inflamam os ódios já existentes. Ocorrem incidentes fronteiriços em grande escala, e os países pobres se tornam cada vez mais impossíveis de serem governados. A visão acerca da diferença entre guerra e crime nos países pobres se torna cada vez mais indistinta, e a criminalidade anárquica emerge como um significativo e estratégico perigo para os países ricos.

No início da terceira década do século XXI, a escala dos problemas do mundo de barricadas é impressionante. Enquanto as áreas problemáticas se deterioram rapidamente e as tensões aumentam, existe uma dúvida preocupante sobre a capacidade das barricadas de aguentá-las.

22. Novas fronteiras

Temos o poder de começar o mundo outra vez.
Uma situação similar à atual não acontecia desde
os tempos de Noé.
O nascimento de um novo mundo está ao nosso alcance.

Tom Paine, 1775[26]

O processo de redigir o cenário "Barricadas" foi uma experiência séria e de grande sensibilidade para toda a equipe. Tínhamos sido tão realistas e conservadores quanto possível ao desenvolvê-lo. Contudo, havíamos esboçado o retrato de um mundo cada vez mais dividido, com a anarquia envolvendo a sociedade na qual viveriam nossos filhos, o que causava arrepios.

Então, nos voltamos para a tarefa de desenvolver um quadro alternativo para o futuro, que, naquele estágio, chamamos apenas de "Cenário A". Tínhamos chegado a um acordo sobre a dinâmica geral desse cenário, que previa um crescimento econômico substancial nos países pobres e novos mercados se desenvolvendo no mundo inteiro. A equipe havia escrito partes significativas dessa história, e havíamos testado nossas conclusões diante dos melhores modelos de energia e de econometria disponíveis. No entanto, à medida que iniciamos o desenvolvimento do cerne do cenário, ficou muito claro que divisões profundas em relação a ele começavam a aparecer entre os membros da equipe.

Essa dicotomia foi gerada pelos nossos diferentes modelos mentais – as profundas imagens internas que tínhamos sobre a forma como o universo é construído e como ele funciona. Alguns de nós enxergávamos o mundo por meio de uma visão da física moderna: uma teia interconectada de relacionamentos, com toda a matéria

26 Essa epígrafe surgiu de uma conversa com Harlan Cleveland, que usou a expressão de Paine "o dia do nascimento de um novo mundo" como base para o título do seu livro, *Birth of a New World*.

em constante movimento e fundamentalmente aberta. Dessa forma, o futuro não era fixo. O mundo, para nós, estava cheio de criatividade e possibilidades de mudança. Para outros, o modelo newtoniano parecia prevalecer. Aquele era um grupo de alto nível acadêmico e de grande magnitude. A maioria deles reconhecia a física moderna como válida, mas apenas em um nível intelectual. Quando chegou o momento de colocar o trabalho em prática, ficou aparente que as suas profundas imagens internas de como o mundo funcionava estavam baseadas na relação entre causa e efeito, no determinismo e na mudança gradual. Essa visão determinista de mundo se traduzia às vezes em uma espécie de cinismo – um ceticismo e uma descrença acerca da sinceridade ou da bondade nas motivações humanas.

Por exemplo, logo no início das nossas deliberações sobre o "Cenário A", em uma sessão plenária com a presença de todos os membros da equipe, propus a construção de um cenário que projetasse a visão do tipo de mundo no qual gostaríamos que nossos filhos vivessem, uma ordem mundial que fosse inteiramente plausível, baseada nos vetores que nós discernimos como ativos no mundo de hoje. Por que não desenvolver esse cenário com base em todo o conhecimento e sabedoria que havíamos adquirido nos últimos dois anos e, então, usar esse cenário para ajudar a *criar* um futuro em vez de reagir a ele? Em outras palavras, as ações daqueles que internalizaram as histórias criariam o ambiente, em vez de simplesmente responderem a ele.

Isso trouxe para a equipe dois problemas consideráveis. Em primeiro lugar, o Grupo Shell sempre usara cenários para ajudar seus gestores a *responderem* rapidamente às mudanças no ambiente empresarial. Esse modo de utilização tinha servido muito bem ao Grupo Shell e havia sido uma distinta fonte de vantagem competitiva desde o início dos anos 1970. Entretanto, o conceito de usar cenários para ajudar a *moldar* o ambiente empresarial era estranho para os modelos mentais de muitos dos membros da nossa equipe. Além do mais, para eles, a proposta como um todo parecia não ter credibilidade empresarial. Para eles, essa era uma abordagem ingênua com vestígios de uma atitude de "bom samaritano" e, pior ainda, de pensamento teológico.

À medida que o nosso trabalho prosseguiu, as discussões sobre essas questões lidavam não apenas com a teoria geral dos cenários, mas também com a essência das histórias e os aspectos práticos para conseguir a aprovação dos cenários pelos primeiros escalões gerenciais do Grupo Shell. Tudo isso era altamente construtivo e útil para as nossas deliberações. Contudo, em alguns momentos, as conversas se transformavam em debates – algumas vezes impiedosos. Como alguém comentou depois de uma dessas sessões: "Muito sangue foi deixado no chão".

Aqueles que lideravam a oposição tinham um senso de certeza, que era apoiado por suas experiências em altas posições dentro e fora do Grupo Shell. Seus argumentos eram extremamente racionais e baseados em fatos e números. Para eles, essa quantificação era real. Meus argumentos eram pautados em "coisas não quantificáveis", sob a premissa de que vivemos num universo relacional e participativo, e que aquilo que se desdobrava no mundo era único, que aquele era um momento "aberto" na história. Sob essas circunstâncias, pequenas descontinuidades poderiam transformar todo o sistema de forma rápida e significativa. Temos grandes oportunidades de criar algo novo. Ao construir modelos mentais compartilhados, podemos contribuir para o ambiente que desejamos ver se desdobrar.

Naquela época, eu estava fazendo um péssimo trabalho de articulação desses pontos de vista. Por fim, contudo, alinhar a equipe em torno daquelas questões se tornou a nossa grande conquista. Eu senti que, para desenvolver o verdadeiro consenso, precisávamos compartilhar nossos modelos mentais de como o "Cenário A" poderia se desdobrar – não apenas para a utilização do Grupo Shell, mas também para ajudar a criar um futuro positivo para o mundo.

Dois conjuntos de eventos deram o "empurrão" de que precisávamos.

O primeiro veio de uma decisão que tomamos no fim de 1991, que permitiu que um dos membros mais proeminentes de nossa equipe,

Adam Kahane, fosse ajudar a África do Sul a realizar a transição da sociedade sob o regime do apartheid para uma democracia representativa. Enquanto estávamos nos estágios iniciais de desenvolvimento dos cenários, um grupo de líderes políticos sul-africanos enfrentava dificuldades para encontrar uma linguagem comum que ajudasse a falar sobre o futuro. Em função do trabalho que Pierre Wack havia realizado dez anos antes, os líderes políticos convidaram Adam para liderar o projeto de elaboração dos cenários para desenvolvimento de uma mentalidade comum sobre o futuro daquele país.

Quando o convite direcionado a Adam foi recebido na nossa unidade, localizada na sede da Shell em Londres, conversei longamente sobre o assunto com os gestores mais importantes das diretorias de planejamento e de negócios públicos, assim como com o presidente executivo da Shell na África do Sul. Senti que aquela era uma oportunidade extraordinária para o Grupo Shell de fornecer ajuda crucial naquele delicado processo político que estava se desdobrando na África do Sul, e, assim, enfatizei a participação de Adam. Ele foi disponibilizado para aquele projeto, e, ao longo dos oito meses que se seguiram, liderou-o, mantendo, concomitantemente, suas responsabilidades e suas funções como chefe da nossa unidade de economia sociopolítica.

A equipe sul-africana de elaboração dos cenários contou com 22 membros advindos de diferentes esferas de uma diversidade de distritos. Essa equipe multirracial incluiu ativistas políticos de esquerda, separatistas de direita, membros do Congresso Nacional Africano, líderes sindicais, economistas e executivos seniores de grandes corporações.

Em uma série de reuniões em Mont Fleur, um centro de convenções próximo da Cidade do Cabo, a equipe desenvolveu quatro cenários, todos focados na natureza da transição política, a incerteza mais premente naquele país. Caprichosamente, os cenários foram todos nomeados em homenagem a aves.

No cenário denominado "Avestruz", o governo de Klerk "enfia a cabeça na terra". Segue-se, então, algum outro caminho que não o de eleições livres. Os segregacionistas brancos e os extremistas negros ganham influência, param de se comunicar e então polarizam o país, levando-o a uma "libanização"[27] da África do Sul.

O cenário denominado "Pato Manco" sugere o que pode acontecer em uma transição muito prolongada com um governo de transição enfraquecido. O governo se propõe a atender a todos, mas não satisfaz ninguém. Os investidores recuam, e o crescimento e o desenvolvimento perecem diante das incertezas.

O terceiro cenário, "Ícaro", tornou-se o mais importante e influenciador. Foi proposto por alguns dos membros negros da equipe e sugere que um governo negro chegaria ao poder com grande apoio popular, tentando satisfazer todas as promessas feitas durante a campanha. Esse governo embarcaria em um grande e insustentável programa de gastos e, consequentemente, causaria a quebra da economia.

O cenário denominado "Flamingos" era o mais positivo dos quatro cenários. Assim como o "Pato Manco", diz respeito a um governo de coalizão, mas os dois cenários, quando analisados em conjunto, levantam a questão sobre o que quer dizer uma "boa" coalizão. Esse nome foi escolhido porque, quando os flamingos voam, decolam *devagar*, mas voam *juntos*. Nesse cenário, a melhora é gradual e, mais importante que isso, ela é participativa. Essa é uma história consistente e plausível de crescimento econômico e igualdade política reforçando-se mutuamente.

Quase na mesma época em que nós estávamos em Londres trancados em uma sala para avaliar como de fato iríamos contar a história referente ao "Cenário A", os cenários de Mont Fleur foram publicados e estavam sendo apresentados ao público e a lideranças políticas, empresariais, financeiras e profissionais da África do Sul.[28] Eles apontaram para uma visão da África do Sul que começou a influenciar o diálogo político em todas as esferas. Para os observadores

---

27 Termo utilizado para descrever o estado permanente de guerra civil entre as diferentes religiões, etnias e facções políticas no Líbano, que foi campo de batalha de um conflito interárabe, vivendo intermináveis lutas internas e sendo abastecido pela venda de armas vindas do exterior. (N. T.)

28 Os cenários de Mont Fleur foram publicados na África do Sul nos periódicos *The Weekly Mail* e *The Guardian Weekly*. Posteriormente, também foram produzidos em vídeo.

do governo e do empresariado, a existência do cenário "Ícaro" era tranquilizadora, porque nesses círculos havia um grande medo de que a economia quebrasse logo após um período de gastos públicos insustentáveis permitido por um governo liderado por negros. Para a ala esquerdista dos partidos políticos negros, era a primeira vez que uma equipe que incluía importantes membros do Congresso Nacional Africano e do Congresso Pan-Africano avaliava com seriedade a possibilidade de se tentar fazer algo a mais. Isso possibilitou a apresentação de uma forma não ameaçadora da mensagem nada palatável do cenário "Ícaro" – de que uma política governamental que defende a redistribuição radical dos recursos econômicos poderia não funcionar.

Relatórios sobre os progressos decorrentes dos cenários de Mont Fleur tiveram um impacto significativo nos membros da nossa equipe. Os acontecimentos que passaram a se desdobrar na África do Sul deram evidências diretas e tangíveis de que cenários poderiam ser utilizados para moldar positivamente o ambiente em vez de meramente ajudar as pessoas a responderem mais rapidamente às mudanças.

O segundo conjunto de eventos que influenciou fortemente a direção do "Cenário A" foi a nossa reunião com quatro homens altamente respeitados e notáveis, na qual todos falaram com veemência que sua visão de mundo estava em consonância com aquela descrita no cenário.

O primeiro foi R. Kaku, presidente do conselho de administração da Canon. Eu havia me encontrado com Kaku em inúmeras ocasiões e fiquei impressionado com a sua visão ampla e clara do mundo. Era um verdadeiro estadista em todos os sentidos da palavra – um cidadão do mundo. Eu e mais três membros influentes da nossa equipe fomos ao Japão para discutir nossos cenários emergentes com os principais gestores de nossas subsidiárias japonesas, e, enquanto estávamos lá, apresentei os membros da nossa equipe para Kaku e dois de seus gestores seniores.

Tivemos uma conversa muito abrangente com Kaku, que sempre retomava dois assuntos principais. Um era a necessidade de reforma radical no Japão e no mundo. Ele mencionou uma série de passos necessários para conseguir uma espécie de reforma e começou dizendo o seguinte:

> Nos últimos quinze anos, venho trabalhando pela instituição de um estado ético com um plano concreto de mudança. O primeiro passo é dar ao Japão um novo propósito. Uma vez que nosso objetivo anterior de prosperidade nacional foi atingido, agora precisamos adotar o princípio do *kyosei* – que sugere o convívio em harmonia e interdependência com os outros povos do mundo – e nos comprometer de coração com esse propósito.[29]

Mais adiante, a conversa foi direcionada para o segundo tema – o papel que as corporações deveriam desempenhar em um mundo interdependente. Ele começou dizendo: "Hoje, existe apenas uma entidade cujos esforços para criar estabilidade no mundo correspondem aos seus próprios interesses. Essa entidade é uma corporação agindo globalmente". A essência de uma empresa de sucesso, afirmou Kaku, é seu esforço para contribuir em três dimensões: para seus consumidores, para seus empregados e para a sociedade. Esse é o elemento essencial do "espírito Canon", e tem sido assim desde sua fundação, em 1933. Esse é o propósito da companhia, "representa a espinha dorsal de todo o nosso trabalho corporativo".

De acordo com Kaku, ele acreditava, já há muitos anos, que a evolução das empresas se dava em quatro estágios. O primeiro é puramente capitalista, o que leva a conflitos entre a gestão da empresa e seus trabalhadores. Ao superar esses problemas, a empresa atinge o estágio em que as questões trabalhistas são baseadas em um destino compartilhado. Todas as pessoas da empresa são tratadas como iguais, o que diminui a diferença entre os salários dos executivos e dos outros trabalhadores. Kaku revelou ainda que: "A gestão com destino comum convida todas as partes a dividirem as suas alegrias, suas tristezas e também a sua prosperidade". Poucas empresas

---

[29] O que Kaku revelou durante nossa conversa ele já havia falado no Caux Round Table, na Suíça, em 1991.

evoluem até esse estágio. Kaku continuou: "Entretanto, dar muita ênfase a esse tipo de solidariedade pode criar uma lacuna entre a empresa e a sociedade". Portanto, no estágio seguinte, a companhia tem consideração pela comunidade em que está inserida e contribui com ela. Kaku sentia que diversas empresas no Japão e em outros lugares haviam alcançado esse estágio. Contudo, a empresa pode eliminar a barreira entre a comunidade local e ela própria apenas para provocar atritos em nível internacional. Por fim, esse comportamento pode levar ao quarto estágio, em que, por meio de sua filosofia e de suas atividades, a empresa está comprometida em servir a humanidade como um todo.

Em seu quinquagésimo aniversário, a Canon decidiu se tornar uma companhia no quarto estágio. "Sua responsabilidade é tratar dos grandes conflitos do mundo... do desequilíbrio crescente entre ricos e pobres... da criação de instalações industriais nos países em desenvolvimento; de transferir tecnologia e de ajudar esses países a se tornarem autossuficientes." Há ainda um outro desequilíbrio global, definido por Kaku como tão grave quanto o primeiro: a escassez dos recursos naturais mundiais e a destruição do meio ambiente. "Conectada a esse aspecto está a grande questão sobre se o mundo em deterioração será capaz de alimentar a sua população em crescimento e até mesmo se será capaz de sustentar a vida na Terra. Esse é o desequilíbrio vital entre a existência humana agora e o que existirá no futuro." Uma empresa do quarto tipo deve estar completamente comprometida com o desafio dessa abrangente e inquietante questão.

Kaku prosseguiu: "Estou convencido de que, se as empresas do mundo se juntassem a nós nessa busca, o mundo seria um lugar muito melhor". De acordo com esse princípio, o papel dos negócios está se tornando cada vez mais importante. No passado, o governo provia a liderança. Kaku ressaltou ainda: "Contudo, está ficando cada vez mais claro que, no crescente mundo sem fronteiras criado por uma economia global, os políticos e os burocratas não seriam aqueles a quem deveríamos pedir orientações. É da natureza dos políticos e dos burocratas do governo servir apenas a um país. Entretanto, empresas globais só podem conduzir seus negócios em um mundo estável e pacífico". E concluiu: "É vital para os negócios que a paz seja mantida na Terra. Se as empresas globais não assumirem um papel de liderança, quem irá salvar o mundo?".

A segunda conversa importante ocorreu na Argentina com Roberto T. Alemann, ex-presidente do conselho de administração e diretor-presidente da Ciba Geigy da Argentina; ele também foi ministro da economia na Argentina, trabalhando com três presidentes, sendo um dos mais respeitados estadistas do país. Ele falou com tanta eloquência e persuasão a respeito do tipo de mundo que poderia ser criado no "Cenário A" que eu o convidei para ir a Londres conhecer e se reunir com o comitê de diretores executivos da Shell e alguns outros gestores seniores. Um grande número de membros da nossa equipe de cenários também estava presente naquela ocasião. Naquela manhã na sede da Shell, Roberto comentou sobre o "Cenário A" que estávamos desenvolvendo: "O fascínio pelos ideais de democracia e de liberdade não pode ser extinto – é parte de um caminho sem volta para a história da humanidade. As populações dos países pobres estão assumindo a liderança nessa revolução em direção à liberdade econômica e política. Esse empurrão e essa revolução vão mudar o mundo".

O terceiro foi Harlan Cleveland, um antigo representante legal do Fórum Americano de Liderança e ex-embaixador americano na Otan, que, apoiado numa vida inteira de serviços na área internacional, falou conosco sobre esse "momento de abertura" da história mundial e delineou uma estratégia detalhada sobre o que poderia ser feito para "tornar o mundo seguro para a diversidade", em que nunca mais uma nação ou aliança estaria "no comando".

Finalmente, fizemos uma longa reunião no Shell Center com Kenichi Ohmae, o diretor executivo da McKinsey & Company no Japão, um respeitado e renomado pensador sobre questões empresariais. Ohmae falou do "mundo sem fronteiras" que se delineava, em que a interdependência econômica poderia gerar prosperidade e paz mundial.

* * *

Os relatórios que nos eram enviados sobre os cenários de Mont Fleur e as apresentações a estadistas ao redor do mundo provocaram a alteração gradual dos modelos mentais coletivos do grupo. Por quase um mês, nós discutimos, escrevemos e reescrevemos a história do "Cenário A". Foi um processo longo e exaustivo, mas, à medida que continuamos a conversar juntos e a considerar todas as possibilidades, finalmente atingimos um entendimento comum acerca de como a história deveria ser contada.

Em junho de 1992, no processo de finalizar a versão do "Cenário A", decidimos nomeá-lo como "Novas fronteiras". Esse título pareceu ser adequado para descrever um cenário sobre o que pode ocorrer se o mundo abraçar o desafio sem precedentes de assegurar liberdade política e econômica para todos os povos do mundo.

A história do cenário "Novas fronteiras"

No cenário denominado "Novas fronteiras", a revolução da liberalização continua e se espalha em larga escala. O cenário "Novas fronteiras" prevê um mundo em que o centro de gravidade da economia mundial passa do rico para o pobre. Assim, novas prioridades surgem nos países ricos, reduzindo o consumismo, o que ajuda a equilibrar a demanda e a oferta extremamente altas das nações em desenvolvimento. É uma história de novas demandas, novas oportunidades, turbulência e grandes mudanças, em que os governos e o empresariado são desafiados muito além do que imaginavam ser possível.

A característica mais marcante do mundo do cenário "Novas fronteiras" é o drástico crescimento econômico dos países pobres. De 1992 a 2020, o centro de gravidade da economia mundial e da atividade comercial global se desloca do mundo rico para o pobre. No período inicial previsto no cenário, menos da metade da economia mundial, em termos de poder aquisitivo, está no mundo pobre, enquanto, no ano de 2020, esse percentual chega a 70%. A incorporação dos países pobres muito populosos – principalmente a Índia e a China – à economia mundial é a mudança de maior alcance. As reformas na América Latina continuam a produzir resultados, e o avanço decisivo acontece quando o Brasil mantém sob controle seus déficits fiscais e monetários. O fim da década de 1990 é um período de rápido crescimento na América Latina, em que ciclos virtuosos de desenvolvimento são observados.

A bem-sucedida reforma econômica contém as sementes de sua própria estabilidade política. Os reformistas são reeleitos à medida que suas reformas produzem frutos. Em muitos casos, são os mais pobres, marginalizados pela política anterior, os maiores apoiadores dessas reformas. A relação entre liberalização política e econômica é diferente em cada país, mas, independentemente do modelo, a liberdade individual aumenta com uma reforma de livre-comércio bem-sucedida. Ao longo do tempo, os governos aprenderam a prestar atenção aos miseráveis. Para evitar revoluções sociais, eles aprendem a distribuir os benefícios do crescimento de modo mais equilibrado e a prover os mecanismos de segurança necessários.

Em importantes países como Polônia, México e África do Sul, o progresso inspira outros países por intermédio do "efeito demonstrativo". Mesmo na África, os difíceis ajustes começam a dar resultados no início do século XXI, ajudados por um avanço tecnológico na hibridização introduzido no início dos anos 1990, o que multiplica o rendimento na produção de mandioca e de sorgo e os torna resistentes à seca.

A antiga União Soviética mostra dificuldade de aceitar transformações. Contudo, na metade dos anos 1990, milhares de novas empresas começam a surgir em vários lugares, de modo que alguns locais na Rússia se tornam centros econômicos em amplo desenvolvimento, com seu crescimento alimentado por investimentos estrangeiros. Na virada do século, a antiga União Soviética terá passado o ponto máximo da crise e poderá seguir em franca expansão.

Nos países ricos, o ritmo de prosperidade crescente coincide com a deterioração dos serviços públicos, os congestionamentos, as cidades sujas e o crescimento da violência, da criminalidade e da poluição. Esse "paradoxo da riqueza" requer uma reavaliação básica do paradigma do crescimento. Qualidade de vida se torna uma questão essencial. O crescimento por si só já não é mais suficiente. A vontade pública de gastar dinheiro com o meio ambiente, com infraestrutura e com outras questões sociais, como educação, saúde e controle da criminalidade, resulta no aumento da carga tributária, em gastos diretos nas questões sociais pelas empresas e na diminuição do crescimento e do consumo.

O deslocamento do foco econômico dos ricos para os pobres é acompanhado por uma alteração no poder, à medida que fica claro que os países pobres não podem mais ser excluídos das tomadas de decisão. A disseminação das ideias, da informação e do capital cruza fronteiras e não pode ser interrompida. A difusão da tecnologia, o progresso econômico e a percepção acerca dos interesses mútuos evitam que países pobres fiquem marginalizados. Muitos desses países exigem uma posição de maior destaque no cenário mundial.

O desenvolvimento de uma nova ordem internacional é complexo e lento, absorvendo cada vez mais tempo e energia de executivos, empresários e governos, mas, por fim, uma nova ordem acaba se formando. Já no início do século XXI, a Índia e o Brasil têm lugar garantido no Conselho de Segurança da Organização das Nações Unidas (ONU).

Um grande passo à frente é o acordo realizado na Rodada Uruguai do GATT, que elimina barreiras comerciais e tarifárias na agricultura e nos serviços, excluindo a ameaça de uma guerra comercial. Os países pobres lutam pela remoção das barreiras comerciais remanescentes, enquanto os ricos procuram reconciliar as políticas ambientais com o comércio internacional. Esse movimento ocasiona a conquista do acordo de Bombaim, no fim dos anos 1990, e de outros acordos para negociações futuras.

A nova ordem internacional emerge porque os governos e os indivíduos conseguem enxergar além dos interesses de curto prazo, visualizando os interesses mais amplos, de longo prazo. Em alguns casos, governos e indivíduos demonstram um verdadeiro espírito de generosidade, como nos casos de ajuda e de perdão de dívidas estendidos à África e à Rússia, dando-lhes mais tempo para se ajustarem.

Como primeiro passo em direção à globalização, o regionalismo começa a florescer nos primeiros anos do mundo de "Novas fronteiras". No leste e no sudoeste da Ásia, a integração regional liderada pelos negócios se consolida. As zonas de desenvolvimento industrial atravessam as fronteiras nacionais, como Hong Kong, China, Taiwan e o triângulo formado por Cingapura, Bataan e Johor. A Ásia vivencia o mesmo tipo de aceleração decorrente da integração que a Europa desfrutou nos anos 1950 e 1960.

Na Europa, uma grande ampliação dos acordos comerciais e de segurança une a Europa Oriental ao Ocidente. Em 2015, a noção de Gorbachev de um "lar europeu", do Atlântico aos Urais, parece estar prestes a ser alcançada.

A Turquia é parte desse "lar europeu", mas também é parte do Oriente Médio e da rede de relações econômicas e políticas que se forma na Ásia Central e no mar Negro. A África do Norte está cada vez mais atrelada à Europa pelo comércio e pelos gasodutos. O México se mostra fortemente integrado à economia norte-americana, e ambos são parte de uma zona de comércio mais ampla e mais liberal localizada no hemisfério ocidental.

No fim do período previsto para o cenário "Novas fronteiras", que se encerra em 2020, o mundo é um lugar muito diferente. Em vários países em desenvolvimento, o sucesso continua a gerar mais sucesso – uma melhoria na educação resulta em menores taxas de nascimento, o crescimento econômico leva a movimentos em direção à reforma de políticas ambientais e a liberalização da economia promove maior busca pela democracia. O aumento nas comunicações torna mais fácil descobrir e discutir áreas de interesse comum. No cenário "Novas fronteiras", ricos e pobres reconhecem sua interdependência econômica, social e ambiental.

* * *

Os cenários foram publicados internamente pela Shell em setembro de 1992, após a aprovação do comitê de diretores executivos. O primeiro volume continha as duas histórias que narravam os cenários e suas implicações para a ordem internacional, para a economia e a política, para a energia e o meio ambiente, para o empresariado e a sociedade. O segundo volume mostrava como esses temas globais poderiam se desenvolver em diferentes regiões geográficas e em diferentes setores comerciais. Ele também quantificava as implicações globais econômicas e energéticas dos diferentes cenários.

Durante os doze meses seguintes à publicação, a equipe de planejamento de cenários visitou mais de cinquenta subsidiárias do Grupo Shell ao redor do mundo, reunindo-se em seminários de dois a três dias com as respectivas equipes de gestão de cada uma das subsidiárias. Nesses seminários, os cenários eram apresentados de maneira original e interessante para permitir que os participantes pudessem "vivenciar" as histórias. Essa etapa foi seguida de uma série de sessões de estratégia, criadas para que os gestores adquirissem percepções ampliadas sobre como esses futuros alternativos poderiam se desdobrar nos seus respectivos ambientes operacionais.

Nossa equipe também teve o privilégio de ser convidada para encontros com importantes organismos governamentais e não governamentais em cada um dos países onde a Shell atua. Nesses encontros, apresentávamos os cenários e mantínhamos amplas discussões com os participantes. Em muitos casos, iniciávamos as conversas pela manhã e elas se concluíam bem depois do almoço. Esses tomadores de decisão tiveram que realmente parar e refletir sobre os caminhos alternativos que nosso mundo poderia tomar a partir daquele importante ponto na história. Também nos reunimos com líderes importantes, pessoas que, em seus respectivos organismos, eram responsáveis por criar as políticas do Banco Mundial, da Organização das Nações Unidas, do Fundo Monetário Internacional, da Organização para a Cooperação e o Desenvolvimento Econômico (OCDE), da Comunidade Europeia e do Ministério das Relações Exteriores do Reino Unido. Nos Estados Unidos, o Conselho do Atlântico atuou como anfitrião em um encontro de cinco horas em Washington, D.C., com cinquenta líderes governamentais e empresariais de destaque.

Esse encontro aconteceu no fim de junho de 1993, e foi a última apresentação sobre os cenários da Shell da qual eu participei. Foi um encerramento perfeito para os quase quatro anos de trabalho com o Grupo Shell. Nós havíamos atingido uma etapa importante da visão da nossa equipe: "Fornecer informações para o diálogo público". Ao fazer essas apresentações, nosso propósito era ajudar as pessoas nos papéis de liderança a criar um referencial esclarecedor do que seria possível para o mundo no início dessa nova era. Pelo que eu já havia observado durante o meu trabalho nos cenários globais, existem pessoas em posições importantes, em todo o mundo, que têm em seus corações o desejo de fazer o cenário "Novas fronteiras" se tornar realidade – para erradicar a fragmentação e criar um mundo melhor, mais pacífico e mais sustentável para todos.

* * *

Ainda é muito cedo para julgar o impacto a longo prazo desses cenários no Grupo Shell. Entretanto, é inquestionável que os cenários contribuem para que os gestores da Shell adquiram novas e significativas percepções estratégicas para eles mesmos, bem como para a companhia – o retorno que a equipe de cenário e o grupo de planejamento da Shell receberam ao longo dos últimos anos tem nos demonstrado isso. Nós também aprendemos que, ao longo do tempo, os cenários têm um impacto pessoal profundo em muitas pessoas. Dois membros da nossa própria equipe de cenários mudaram significativamente o curso de suas carreiras, especificamente para se entregarem à tarefa de ajudar a criar o cenário do mundo "Novas fronteiras".

Para mim, em particular, só posso descrever o meu trabalho na equipe de cenários como uma experiência estética profunda e extremamente gratificante. A experiência como um todo serviu para ressaltar tudo aquilo que eu estava aprendendo na área referente à liderança generativa – sobre como podemos trabalhar dia após dia para participar da criação de novas circunstâncias e de novas realidades. Especialmente nos últimos dois anos do nosso trabalho em conjunto, eu me tornei intensamente consciente em relação à frequência com que coincidências vinham acontecendo. Para qualquer lado que eu me virasse, as respostas estavam lá – uma porta se abria, uma "coincidência" ocorria; alguém nos apresentava a alguém que, por acaso, conhecia a pessoa que, como constatamos, nos daria a direção correta. Algumas vezes, as coincidências eram como lembretes muito sutis. E, em outras, o aprendizado chegava até nós como fortes ondas. Por vezes, pelo menos para mim, era impressionante.

Veja, por exemplo, nossa visita à Canon para encontrar Kaku. O próprio Kaku era extraordinário. Nós todos ficamos impressionados com ele – só o fato de estar em sua presença e participar de um diálogo com ele já era uma experiência singular. Logo após essa reunião, dois dos executivos mais importantes da Canon, que haviam participado dessa reunião, nos levaram para conhecer as instalações da matriz, onde tivemos a oportunidade de assistir a um filme que contava a história da Canon. Numa das cenas da projeção de 22 minutos, reconheci um rosto familiar na tela – Bernard Cahier, o homem que eu havia conhecido totalmente por acaso no Grande Prêmio de Monza, em 1977. Ele havia me direcionado a um lugar em particular, a Curva Parabólica, de onde assisti à maior parte da corrida. Foi naquele lugar que vivenciei uma das minhas primeiras percepções dentro dos campos de energia e o estado de fluxo coletivo – o mesmo tipo de campo que vivenciei na nossa reunião com Kaku, apenas alguns minutos antes. Fiquei maravilhado com a sincronicidade daquilo tudo.

Mais tarde, durante o almoço, a conversa se voltou para o tópico "liderança", e mencionei para um dos nossos anfitriões, o sr. Tadenuma, como havia achado impressionantes a presença de Kaku e sua orientação de caráter, e como ele me havia parecido humano. Ele era, de acordo com as minhas próprias palavras, uma daquelas pessoas para as quais eu me sentia atraído como um ímã.

Tadenuma disse que me compreendia perfeitamente. Em seguida, narrou uma história impressionante. Em 1945, Kaku tinha apenas 18 anos e trabalhava num grande navio num estaleiro japonês em Nagasaki, quando a bomba atômica foi lançada. Tendo estudado física e entendido os princípios da fissão nuclear, assim que sentiu o calor e a força da explosão, instintivamente soube o que era aquilo.

Embora fosse o membro mais novo da tripulação, ele imediatamente guiou os seus companheiros para a parte mais profunda do porão do navio e os avisou que era vital que eles ficassem ali e não se expusessem à contaminação na superfície. Kaku os convenceu a ficar no porão do navio por três dias antes que saíssem. Tadenuma revelou acreditar que Kaku saiu daquela experiência, daquela provação, como uma nova pessoa.

Desde esse episódio, tenho pensado com frequência sobre os meus encontros com Kaku e a história que Tadenuma me contou. Nagasaki havia sido a experiência mais terrível de Kaku, e ele havia saído daquela situação, nas palavras de Buber, com "algo mais em seu ser". Ele não apenas é o perfeito exemplo do líder que serve, como também, consistentemente, do líder que foca na questão maior sobre o que podemos criar – como podemos coletivamente moldar nosso destino. Eu concluí que, em última instância, é disso que se trata a liderança.

23. Um mundo de possibilidades

A habilidade de entender e pensar de forma diferente é muito mais importante que o conhecimento adquirido.

David Bohm

Em fevereiro de 1993, eu estava em Houston para apresentar à equipe de gestores da companhia de petróleo Shell os cenários globais referentes ao ano de 1992. Relembrei o encontro em Houston, anos antes, em que eu tinha feito breves comentários a Norman Duncan, que acabaram por me conduzir à posição de líder da equipe de planejamento de cenários. Depois de apresentar os cenários, caminhei até o Hotel Hyatt Regency para assistir a uma palestra de John Gardner no Forum Club de Houston. Ao entrar no salão de festas do hotel, constatei que ele estava completamente lotado.

O título da palestra de Gardner era "O Renascimento de uma Nação". Como de costume, ele fez uma apresentação brilhante e, ao final, foi aplaudido de pé por toda a plateia presente. Em sua palestra, Gardner propôs uma questão que, segundo ele, é subjacente a todas as outras questões que se colocam atualmente: "Se somos capazes de criar um futuro digno do nosso passado".

Foi uma palestra inspiradora – era possível sentir a energia que ele havia gerado naquele salão. Fiquei particularmente comovido com uma passagem em especial. Ao falar sobre a sociedade livre norte-americana, Gardner disse:

> A surpreendente frase "Nós, o povo dos Estados Unidos" sugeria uma fonte de legitimidade e poder que era maior que a dos Estados soberanos, mas ao mesmo tempo os incluía. Essas palavras sensibilizaram e emocionaram a maioria dos norte-americanos – e essa frase se espalhou pela Europa como uma centelha. Nos países mais antigos, cansados

> dos autocratas, essas palavras tiveram um efeito incrível e arrepiante. Os europeus ficaram chocados com a ousadia e a audácia dos norte-americanos de, com tranquilidade, fundamentar a legitimidade da Constituição naquela surpreendente frase.

Ao retornar a Londres naquela mesma noite, fiquei pensando sobre o tema central da palestra de Gardner – a possibilidade de criar o futuro – e o impressionante poder daquelas palavras: "Nós, o povo". Fiquei pensando em como nós, como pessoas, *de fato* criamos o futuro por meio das nossas declarações, das nossas ações, da nossa maneira de ser. Pensei sobre cenários – em como nós projetamos imagens por meio das palavras e nos engajamos em processos de diálogo com equipes de gestores, e como (quando tudo funcionar conforme o esperado) o futuro de uma empresa é afetado pelas percepções modificadas das equipes e pelas ações resultantes disso. Pensei sobre o Fórum de Liderança e em como, no início, ele era uma noção totalmente abstrata. No entanto, a partir das histórias que contamos e do comprometimento e das ações de um grupo pequeno de pessoas, algo bastante tangível se desenvolveu, e isso alterou a vida de inúmeras comunidades em todo o país. Pensei sobre o escritório de advocacia e em como, quando éramos apenas um grupo de jovens advogados, apenas dois ou três anos após a formatura, costumávamos fazer viagens para a seleção de novos advogados das melhores escolas de direito do país. Nós ficávamos de pé diante de um grupo de mais de cem estudantes de direito e falávamos sobre o nosso sonho de ter uma empresa com duzentos advogados que seria um grande expoente na comunidade jurídica do nosso país. Tínhamos um sonho e um comprometimento claro para com ele. Ano após ano, os melhores jovens advogados foram atraídos ao nosso pequeno grupo, até que, finalmente, nosso sonho se tornou realidade. Fomos nós que criamos o futuro daquela forma.

Essa possibilidade de criar coletivamente o nosso futuro foi o cerne do trabalho que realizamos tanto no Fórum de Liderança como no planejamento de cenários da Shell. Contudo, nem sempre havia clareza quanto a isso. Era até difícil encontrar o vocabulário adequado para abordar a questão. O tipo de transformação que buscávamos alcançar com os companheiros requeria uma mudança básica na nossa forma de pensar e interagir. As mudanças que se faziam necessárias afetavam diretamente a base dos pressupostos e dos costumes da nossa cultura como um todo. Naquela época, entretanto, eu simplesmente não entendia o suficiente sobre esse assunto para que pudesse escrever ou falar de forma coerente sobre ele. Enquanto eu estava na Shell, li um pouco sobre o assunto e me mantive atualizado com o trabalho realizado por Peter Senge e seus colegas do Centro de Aprendizagem Organizacional do MIT. Eles trabalhavam arduamente nestas mesmas questões: como as pessoas mantêm crenças infundadas como certezas pessoais; como o modelo analítico não aceita o seu *status* de circunstancial – como Fred Kofman e Senge afirmam, o modelo "adota a condição de necessidade e exige uma validade universal"; e como o que vemos como "realidade" é inseparável da nossa linguagem e das nossas ações.

Em Londres, Bohm havia me falado sobre a relação entre "realidade" e linguagem:

> A ordem implicada é, em primeira instância, uma linguagem. Não é uma descrição da realidade, mas, sim, uma linguagem, uma linguagem interna, pela qual você não consegue associar cada palavra a uma coisa. É como uma música. Você não pode dizer que uma nota significa algo. É como uma pintura. Há vários pontos de tinta num quadro impressionista, mas, quando você se afasta para admirar a tela, não existe correspondência entre os pontos de tinta e o que você vê no quadro. Do mesmo modo, a ordem implicada e sua matemática não descrevem de forma direta uma espécie de correspondência com a realidade. É simplesmente uma linguagem. E essa linguagem se refere a algo que não pode ser expresso. A realidade que nos é mais imediata não pode ser expressa.[30]

---

[30] Essas palavras de Bohm foram extraídas do meu diário, da transcrição da nossa conversa em Londres, em 1980.

* * *

Cerca de dois meses depois de apresentar os cenários globais para a companhia de petróleo Shell, em Houston, eu já estava em Paris para uma reunião de negócios. Era abril, e a cidade estava muito bonita. Mavis e as crianças viriam passar o fim de semana comigo, para o que seria talvez a nossa última visita lá durante aquele período, uma vez que o meu contrato com a Royal Dutch Shell estava chegando ao fim. Na noite anterior à chegada da minha família, eu estava em um jantar patrocinado pela Global Business Network. Arie de Geus estava lá junto com o seu grande amigo Francisco Varela. Por muitos anos, Arie e os outros me falavam que eu precisava conhecer Francisco, que ele era realmente uma pessoa extraordinária, mas, em razão das pressões do cotidiano, eu nunca cheguei a fazê-lo.

No jantar, sentei-me em frente a Arie e Varela, mas o ambiente estava barulhento e trocamos apenas amabilidades. Então, já na metade do jantar, fomos convidados a sentar em outras mesas para garantir que pudéssemos estar com a maior variedade de pessoas. Logo que me sentei em outra mesa, uma mulher norte-americana, que chamarei de Catherine, se sentou ao meu lado. Ela transbordava energia e gostei de conversar com ela. Ela me perguntou sobre o meu trabalho na Shell, e, no momento em que eu lhe falei a respeito, ela ficou muito entusiasmada e perguntou: "Como isso aconteceu?". Contei a ela a história sobre Norman Duncan no Liceu e como Renata Karlin havia aparecido na minha vida; contei também sobre a intuição de Mavis em relação ao meu trabalho em Londres e, por fim, falei sobre o meu trabalho no Fórum de Liderança. Assim, percebi que contava a ela sobre a sincronicidade daqueles anos iniciais do Fórum. Parecia natural fazê-lo, e ela compreendeu perfeitamente. Enquanto falávamos, nossa conversa atingiu um novo estágio. Eu disse a Catherine que estava profundamente interessado na dinâmica de como os humanos criam o futuro em conjunto e que eu gostaria de saber mais sobre a dinâmica que ocorre quando portas inimagináveis parecem se abrir diante de nós de maneiras antes impensáveis.

Ela me contou que estava fazendo doutorado na Universidade de Berkeley e naquele momento escrevia sua tese, que estava centralizada nessas questões. Ela estava em Paris para entrevistar Francisco Varela, um ilustre professor de ciência cognitiva e epistemologia da Escola Politécnica e do Instituto de Neurociência, ambos de Paris. Foi apenas quando ela mencionou os livros escritos por ele que eu tive a clareza de quem ele era – ele era simplesmente coautor de dois livros pioneiros: *A árvore do conhecimento* e *The Embodied Mind*.[31] Eu os havia lido no período em que trabalhei na Shell, como parte da minha responsabilidade de ficar antenado em relação aos novos desenvolvimentos que pudessem indicar mudanças importantes para o mundo. Como resultado dessas leituras, eu conhecia de forma geral a nova "biologia da cognição", um campo de estudo que fora desenvolvido apenas nos últimos dez ou quinze anos sobre "saber como sabemos". A abordagem central do trabalho de Varela e de seus colegas sobre pensamento e percepção era empolgante e muito surpreendente. O ponto principal é o seguinte: a cognição não é uma representação do mundo "lá fora", mas, sim, "uma criação do mundo mediante o processo de vivê-lo". Para os humanos em particular, o único mundo que podemos ter é aquele que também criamos juntos por meio da nossa linguagem e das nossas interações. Ainda mais importante, como assinalado por esses autores, é que esse mesmo conhecimento nos obriga a perceber que o nosso mundo, as nossas comunidades e as nossas organizações mudarão apenas se *nós* mudarmos.[32]

Catherine e eu conversamos longamente sobre esses conceitos. Pouco antes de nos despedirmos, ela disse: "Se alguém pode ajudar você a entender a dinâmica do fenômeno das portas que se abrem, essa pessoa é Francisco Varela".

No dia seguinte, entrei em contato com Varela, e agendamos um horário em que ele pudesse se reunir comigo no Shell Center, em

[31] Nesse contexto, outra importante influência é a obra de Terry Winnograd e Fernando Flores, *Understanding Computers and Cognition: a New Vision for Design*.

[32] Para uma excelente discussão sobre a linguagem como uma prática criativa, ver o artigo de Fred Kofman e Peter M. Senge, "Communities of Commitment: the Heart of Learning Organizations", em *Organizational Dynamics*, pp. 5-23.

Londres. Nossa reunião ocorreu cerca de três semanas depois, e eu a considero como uma das mais importantes experiências de aprendizado de toda a minha vida.

Convidei o belga Alain Wouters, um novo membro de nossa equipe de cenários, para participar do encontro com Varela. Alain era uma das jovens estrelas do Grupo Shell. Ele não apenas possuía um intelecto muito aguçado, mas era extremamente sábio, apesar da sua pouca idade. Foi uma daquelas pessoas por quem senti uma empatia instantânea.

Comecei a reunião falando para Varela do meu interesse em aprender a dinâmica das "portas se abrindo" ou dos "milagres previsíveis" e contei como eu havia começado a pensar neles. Contei a ele a história do que havia acontecido na minha vida desde Watergate: um pouco do meu passado; a crise provocada pelo meu divórcio; a subsequente viagem para a Europa, incluindo os eventos em Monza; o desligamento do escritório de advocacia; o encontro com Bohm e o que eu havia aprendido com ele; e a sincronicidade que começou a ocorrer depois desse encontro. Contei a Varela que eu sabia que o que havia acontecido depois daquilo era real, mas que estava buscando alguns princípios norteadores, alguma forma de conseguir racionalizar essa experiência. Eu queria compreender como criamos nosso futuro, como criamos o mundo ao nosso redor.

O que se seguiu foi um diálogo de oito horas que parecia atemporal. Posteriormente, Alain e eu falamos sobre o campo de energia que pareceu se formar entre nós à medida que conversávamos. Era tangível e inegável – algo que eu já havia experimentado muitas vezes antes.

Varela começou dizendo: "O ponto inicial é perceber que estamos falando a respeito de um território completamente novo – como a exploração de um novo continente. Assim, cientistas cognitivos são como exploradores do século XVI examinando os primeiros mapas da América". E continuou: "Os mapas provavelmente estão errados em muitos aspectos, mas pelo menos sabemos que o continente existe".

Ele prosseguiu: "Comecemos então com aquilo que você aprendeu com David Bohm: a qualidade aberta do universo. Toda a matéria está constantemente em movimento e não possui substância. A imagem de uma pedra, ou de uma tábua, ou de um ser humano como matéria sólida não está de acordo com a realidade. A noção de que o nosso universo é feito de 'coisas' separadas é uma ilusão que leva a uma confusão sem fim".

Varela nos disse que existe também uma qualidade emergente no universo, em que você pode ter um simples grupo de pessoas que de repente passam a agir juntas, "como uma orquestra sem maestro", para fazer emergir algo novo, com qualidades bastante distintas. O trabalho de Ilya Prigogine, Prêmio Nobel de Química, contribuiu bastante para o nosso entendimento acerca da natureza emergente do universo.

Segundo Varela, "O trabalho de Ilya Prigogine demonstrou a capacidade de certos sistemas químicos – ele os chamou de 'estruturas dissipativas' – de se regenerarem em níveis mais elevados de auto-organização diante das exigências do meio ambiente. Essas propriedades emergentes têm sido encontradas numa grande variedade de áreas. Além de fazer com que reações químicas oscilem, essas propriedades já foram encontradas em vórtices de fluidos, *laser*, redes genéticas, redes do sistema imunológico, redes neurais e ecossistemas, assim como em sistemas sociais. Todos esses diferentes fenômenos possuem algo em comum: em cada caso, uma rede de elementos interativos possibilita a emersão de uma nova entidade com propriedades completamente novas. Se você tentar definir o 'condutor', não há como encontrá-lo. Não se pode defini-lo com precisão".

"E isso é um paradoxo", afirmou Varela. "Você não pode entendê-lo se utilizar o pensamento clássico como padrão. A forma de David expressar isso é por meio da ordem implicada." Eu me recordei do que Bohm havia me dito: "A ideia da ordem implicada é que tudo está entrelaçado em tudo. A matéria basicamente tem sua existência no todo e se manifesta de uma forma localizada em vez de sua existência fundamental ser constituída por partes separadas".

Varela continuou: "Uma vez que você reconhece que a natureza do nosso mundo, do nosso universo, é insubstancial e mesmo assim existe, você imediatamente se abre para a possibilidade da mudança. Parece óbvio. Existe uma grande abertura para as possibilidades de criar e mudar".

Eu me recordo de, nesse momento, Alain ter feito um comentário: "Isso é muito profundo. Agora eu consigo enxergar". O raciocínio de Alain já estava muito à frente, e ele já estava elaborando e organizando as suas conclusões antes mesmo de Francisco Varela terminar.

Varela prosseguiu dizendo que existia um outro lado de tudo isso. Considerando que o mundo é aberto – não substancial – surge uma questão: Como os seres humanos experimentam esse mundo aberto? "A menos que sejamos capazes de compreender isso, não podemos começar a entender como interagimos com o mundo e como esses 'milagres previsíveis' ocorrem. No entanto, o fato é que a nossa linguagem e o nosso sistema nervoso se integram com o intuito de construir constantemente o nosso ambiente. Só podemos enxergar aquilo sobre o que falamos porque falamos 'cegos', além da linguagem. A linguagem é como outro par de olhos e de mãos para o sistema nervoso, pelos quais coordenamos as ações coletivas. Nós existimos em linguagem. É por meio do 'linguagear' e das ações recorrentes ou das práticas humanas que criamos significado juntos. Isso é o que chamo de abordagem criadora para conhecer o mundo; nós o construímos à medida que o percorremos."

Varela nos explicou que uma colher não é algo que existe por si só. Torna-se uma colher diante do contexto da nossa espécie (mãos, necessidades alimentares, e assim por diante) e da nossa história humana (etiqueta e padrões culturais, por exemplo), os quais são situações recorrentes. Da mesma forma, colocamos a colher na boca para nos alimentar. Contudo, se essa prática não fosse recorrente, a colher não existiria para o seu propósito presente. "Esse é o poder do corpo e da linguagem – podem criar recorrências de interações e de práticas, criando assim o futuro. Desse modo, existe uma interação seguida de uma resposta. Ou fazemos uma declaração ou promessa seguida por uma satisfação condicional. É assim que as coisas procedem."

Depois de fazer uma pausa de alguns instantes, Varela continuou sua fala, calmamente: "Estabelecemos o caminho mediante o conjunto de práticas humanas recorrentes. Isso é literalmente o que significa ser humano – existir em um mundo de distinções como comunidades, famílias, nosso trabalho e objetos como colheres, todos sem nenhuma existência real a não ser nesse conjunto de ações corporais e práticas humanas, nessa rede de ações e de 'linguagear'.

Mesmo assim, é importante reconhecer que, por natureza, esse fenômeno é coletivo. Quando eu prometo algo ou faço um pedido, eu o faço enquanto estou inserido na rede de práticas humanas do passado e do presente. Embora seja eu quem faça a promessa, o pedido ou a declaração, ela não é individual, pois provém de e está inserida em todo o passado e na história das práticas humanas".

Eu não compreendia completamente tudo aquilo que Francisco Varela estava me dizendo, mas, enquanto ele falava, eu podia sentir, literalmente, um novo entendimento começando a se formar dentro de mim. Não parecia uma iluminação intelectual; parecia mais com um "saber" mais amplo e integrado. No entanto, uma coisa parecia cristalina: o que estava sendo dito era de importância fundamental para mim. Por isso, mais tarde, dediquei bastante tempo ao estudo das minhas anotações e das transcrições da conversa, primeiro sozinho e depois junto com Alain.

Enquanto eu refletia sobre a importância da linguagem e como os seres humanos interagem com o mundo, me chamou a atenção o fato de o desenvolvimento da linguagem ter transcorrido, de certa forma, como a descoberta do fogo – uma incrível força primordial. Eu sempre havia imaginado que usávamos a linguagem para *descrever* o mundo. No entanto, agora, eu estava percebendo que não era exatamente esse o caso. Ao contrário, é por meio da linguagem que *criamos* o mundo, porque ele não é nada até que sua descrição seja feita por nós. E, quando o descrevemos, criamos distinções que governam nossas ações. Em outras palavras, nós não descrevemos o mundo que vemos, mas, sim, vemos o mundo que descrevemos.

Quando eu estava conversando com Francisco Varela a respeito disso, ele comentou como era difícil comunicar tudo aquilo. "Nosso problema", disse ele, "é que mal temos o vocabulário ou a linguagem necessária para descrever tudo isso – para falar sobre o que significa ser humano nesse mundo". Varela me contou que havia se valido da tradição budista para tentar explicar essa questão. Contudo, os budistas levaram sete séculos para alcançar uma linguagem refinada, e, portanto, não nos deveria parecer surpreendente que nós, na tradição científica ocidental, experimentemos alguma dificuldade nesse estágio. "Mal podemos ir além das metáforas aqui descritas", argumentou ele.

Mais tarde, naquele mesmo dia, conversamos especificamente sobre os acontecimentos da minha vida, e ele me deu sua visão a respeito do que havia acontecido. Disse que a mudança que havia ocorrido comigo não era um fenômeno isolado e exclusivo meu. Essas mudanças acontecem com os seres humanos exatamente porque somos, como todo o restante do universo, "abertos e insubstanciais". Apesar do nosso costume de nos enxergarmos como "coisas" sólidas e separadas, nossas mentes e nossos seres não são fixos. Nós existimos numa rede de relações.

De acordo com ele, houve um momento em que todos os "pressupostos" que eu tinha como certos estavam se dissolvendo. Foi nesse ponto que me defrontei com um mundo de possibilidades. "Se existe um sistema aberto, não substancial, que nós podemos criar – por que não fazê-lo? Isso é um paradoxo: confrontar a falta de substância tanto no universo como nas nossas vidas é a fonte da nossa criatividade. Nesse estágio, temos a integridade de nos colocarmos em um estado de 'entrega'. É nesse estado do ser que alteramos nosso relacionamento com o futuro e nos tornamos parte do universo que se desdobra."

À medida que Varela falava, eu pensava sobre a forma como Buber e Greenleaf descreveram o momento do comprometimento. Esse é o fundamento do ser que permite o livre-arbítrio, cujo funcionamento não é controlado por "coisas ou instintos". Varela continuou: "Assumimos uma posição e fazemos uma declaração para criar uma nova realidade. Essa não é uma declaração arbitrária, pois em nosso ser possuímos a certeza interior de que podemos, nesse sentido, reinventar o mundo. Nós sentimos que a hora está correta, que a realidade já está no sistema esperando para ser trazida à tona".

Varela disse ainda que parte da transformação que ocorre nessas circunstâncias é uma declaração de comprometimento que pode vir apenas de alguém que tenha transformado sua postura, passando da *resignação* para a *possibilidade*. Precisamos aprender a internalizar essa capacidade. "Ela é fundamental", afirmou ele, "e, no entanto, nós ainda estamos na Idade da Pedra quando se trata de saber como atingir regularmente esse estado de ser".

E Varela prosseguiu: "O que eu quero descrever a você em seguida está no domínio espiritual – espiritual porque tem a ver com o coração dos seres humanos. Quando estamos em contato com a nossa 'natureza aberta', o nosso vazio, nós exercemos uma enorme atração em outros seres humanos. Existe um grande magnetismo nesse estado de ser, que é chamado por Trungpa[33] de 'presença autêntica'". Varela então se inclinou para trás na cadeira e sorriu. "Isso não é lindo? E se outros estiverem nesse mesmo espaço, ou entrando nele, eles entram em ressonância conosco, e imediatamente novas portas se abrem para nós. E isso não tem nada de estranho ou místico. Faz parte da ordem natural das coisas. Aqueles que estão em contato com essa capacidade de se manter em 'presença autêntica' são vistos como grandes guerreiros na tradição indígena norte-americana, ou como samurais na tradição oriental. Para mim, o samurai é aquele que mantém essa postura no mundo – alguém tão aberto que está pronto para morrer pela causa. Essa capacidade nos fornece uma chave fundamental e é um estado de ser conhecido em todas as grandes tradições da humanidade."

Posteriormente, Varela alertou: "Existe um grande perigo em considerar essas pessoas como sendo extraordinárias. Elas não são. Essa capacidade é parte da ordem natural e é a manifestação de algo que não havíamos enxergado antes, e não de algo que não possuímos. Esse estado está disponível para todos nós, e, ainda assim, é o maior de todos os tesouros humanos. Esse estado em que nos conectamos profundamente com outras pessoas e as portas se abrem está lá esperando por nós. É como uma ilusão de ótica. Tudo o que temos de fazer é observar com cuidado e ver que tudo aquilo esteve lá o

33 Chögyam Trungpa. Para mais informações sobre a presença autêntica, ver as páginas 159-160 de seu livro *Shambhala: the Sacred Path of the Warrior*.

tempo todo, esperando por nós. Tudo o que temos a fazer é enxergar a unicidade que somos".

* * *

Quase todas as manhãs, a caminho do trabalho no Shell Center, eu parava às margens do rio Tâmisa e me sentava num determinado banco do Albert Embankment, o meu lugar preferido para contemplar a paisagem e relaxar. Eu me sentava lá por cerca de meia hora ou mais, apenas para pensar, "ser" e escrever no meu diário. Aquele banco ficava exatamente debaixo de duas lindas árvores próximas a uma pequena área verde chamada Jubilee Garden. Daquele ponto singular, a vista era espetacular. Posicionado exatamente na minha frente estava o rio com seus barcos partindo para iniciar o dia. E, do outro lado, na outra margem, ficava o Victoria Embankment, uma linda e ampla alameda que se estendia desde a ponte Westminster, que estava à minha esquerda, até a ponte Waterloo, situada à minha direita. Um pouco atrás do Victoria Embankment, estava a Rua do Parlamento, a Whitehall e a Rua Downing. Mais à esquerda, do outro lado da ponte Westminster, estava o Big Ben e o Parlamento. Era um cenário histórico e inspirador, idêntico à vista do meu escritório no Shell Center, a qual nunca me cansei de apreciar.

Naquelas manhãs na margem do rio Tâmisa, durante a primavera e o verão de 1993, pensei frequentemente sobre o fato de que o meu contrato com o Grupo Shell estava chegando ao fim. Nos dias imediatamente após o meu encontro com Varela, essa reflexão era constante na minha mente e, ao mesmo tempo que eu sentia uma real tristeza pelo fato de esse importante episódio da minha vida estar chegando à sua conclusão, eu estava animado pela perspectiva de iniciar uma nova jornada. Parecia claro que, nesse momento em particular, eu deveria encontrar alguém que me desse a orientação e a direção necessárias ao próximo estágio da minha vida. Muitas das lições que aprendi com Bohm não se tornaram claras senão depois de muitos anos terem se passado e à medida que eu refletia, à luz das minhas novas experiências, sobre a conversa que tive com ele.

Portanto, fazia sentido que algumas partes da conversa com Varela estivessem claras, mas outras partes me deixassem com mais perguntas do que eu tinha anteriormente, porque eu sabia que as partes da nossa conversa que ainda me pareciam confusas seriam gradualmente esclarecidas à medida que o novo estágio da minha vida fosse se desdobrando.

24. Criando o futuro

Liberdade e destino estão solenemente prometidos um ao outro e conectados em significado.

Martin Buber, *Eu e Tu*

O método de planejamento de cenários da Shell é reconhecido como um dos mais modernos métodos para planejamento estratégico utilizados nos dias atuais. Ele tem servido extremamente bem ao Grupo Royal Dutch Shell ao longo dos últimos vinte anos. Em 1970, a revista *Forbes* afirmou que a Shell era a mais fraca das sete maiores companhias petrolíferas do mundo, chegando até a chamá-la de "a irmã feiosa" das chamadas "sete irmãs" petrolíferas. Três anos mais tarde, a Shell descobriu o poder de focar os modelos mentais de seus tomadores de decisão por meio do planejamento de cenários. Em 1979, a Shell e a Exxon eram vistas como operando numa classe própria, e, em 1994, a *Forbes* elegeu o Grupo Royal Dutch Shell como o primeiro na lista das cinquenta melhores companhias estrangeiras (as chamadas "Super 50"), definidas como as maiores companhias fora dos Estados Unidos e classificadas por faturamento, lucro líquido, total de ativos e valor de mercado.

Quando eu cheguei a Londres, em 1990, para iniciar o meu trabalho com o Grupo Shell, eu tinha lido tudo o que pude encontrar a respeito do planejamento de cenários. Pensei que havia entendido como o processo de cenários da Shell se ajustava bem no centro da visão quântica do universo que Bohm havia me descrito quase uma década antes. Naquela época, também pensei que o método de planejamento de cenários da Shell ajudasse as pessoas, de algum modo, a sentir e a criar novas realidades *antes* de elas emergirem, mas eu estava enganado. Na verdade, o processo apontava para realidades que estavam começando a se manifestar no mundo. De fato, os cenários estavam sendo utilizados na Shell para ajudar seus gestores a reagir quase que de forma instantânea às novas realidades que estavam emergindo. Essa abordagem em relação aos cenários é fundamentada no mais profundo pressuposto que nós, seres humanos, sustentamos: o de que não podemos alterar as coisas e, portanto, precisamos viver nossa vida reagindo a forças fora do nosso controle.

O objetivo central de escrever este livro é propor uma alternativa: se os indivíduos e as organizações operarem a partir de uma orientação generativa, com base na possibilidade em oposição à resignação, podemos *criar* o futuro no qual viveremos, em vez de simplesmente reagir quando chegarmos lá.

Em um nível que não conseguimos compreender, existe uma totalidade indivisível – uma ordem implicada da qual emergem eventos aparentemente distintos, como uma gota de tinta na glicerina, que gradualmente se manifesta a partir de seu estado implicado. Todos os seres humanos fazem parte desse todo indivisível que está continuamente se desdobrando do seu estado implicado (ou implícito) e se manifestando no nosso mundo explicado (ou explícito). Um dos mais importantes papéis que podemos desempenhar, tanto individual quanto coletivamente, é criar uma abertura, ou "escutar" o desdobramento da ordem implicada, e então criar sonhos, visões e histórias que, em nosso âmago, sentimos que querem acontecer – aquilo, como disse Buber, que "quer ser realizado com espírito e gestos humanos". Utilizar os cenários dessa forma pode ser um processo extremamente poderoso – ajudar as pessoas a sentir e concretizar novas realidades que estão emergindo por meio do fornecimento de uma história para o nosso tempo, que, como disse o historiador Thomas Berry, "responde às perguntas dos nossos filhos".[34]

A visão convencional sobre liderança enfatiza o poder da posição e das realizações discerníveis. No entanto, a verdadeira liderança se caracteriza pela criação de um espaço no qual possamos

[34] A referência a Thomas Berry e a forma de expressar essas ideias sobre liderança foram sugeridas por Peter Senge em uma correspondência pessoal, em setembro de 1995. Senge também fez essas mesmas referências nas anotações de uma palestra para uma conferência organizada pela Pegasus Communications, que foi gravada em fitas cassete com o título "Organizational Learning Infrastructures" (The Systems Thinking in Action Series). Campbell cita uma passagem similar de Berry na página 139 de *O poder do mito*.

continuamente aprender e nos tornar mais capazes de participar do nosso futuro que se desdobra. Um líder verdadeiro, portanto, organiza o palco onde os milagres previsíveis, sincrônicos em sua natureza, podem ocorrer e realmente ocorrem.[35]

A capacidade de descobrir e participar do desdobramento do nosso futuro está mais relacionada ao nosso ser – nossa orientação geral de caráter e consciência – do que àquilo que fazemos. A liderança está relacionada à criação, dia após dia, de um espaço no qual nós e aqueles que nos rodeiam aprofundamos, de forma contínua, nossas compreensões da realidade e somos também capazes de participar da criação e da moldagem do futuro. Esse, portanto, é o território mais profundo da liderança – "escutar" coletivamente aquilo que deseja emergir no mundo, e depois ter a coragem de fazer o que é necessário.

* * *

Como resultado das experiências apresentadas neste livro, comecei a estudar seriamente a dinâmica dos milagres previsíveis. Como era possível que tantas portas tivessem se aberto após eu cruzar o limiar e deixar o meu escritório de advocacia? Como era possível que eu tivesse "perdido" a capacidade de criar o futuro que havia vislumbrado e como havia reconquistado essa capacidade? Que princípios podem ser extraídos dessas experiências e de suas conexões com as novas e profundas ideias que David Bohm, Francisco Varela e tantos

[35] Para os leitores interessados numa compreensão mais profunda do nosso universo como algo que se desdobra de acordo com uma ordem subjacente e dinâmica, recomendo *Synchronicity: the Bridge Between Matter and Mind*, de F. David Peat. Jonas Salk, que conseguiu controlar a poliomielite com a vacina que desenvolveu, também falou sobre um universo que se desdobra como um caleidoscópio, de acordo com uma ordem profundamente impregnada. Ele acreditava que as pessoas podiam desenvolver a capacidade de ir ao encontro desse "dinamismo" em contínuo desdobramento – que as pessoas podiam sentir em que direção o futuro deseja se desdobrar e podiam "apressá-lo". Ele disse: "Eu vim a reconhecer a evolução não apenas como um processo ativo que experimento a todo instante, mas como algo que posso direcionar por meio das escolhas que faço...". Salk afirmou ainda que foi essa força que o guiou no início dos anos 1950, levando-o a rejeitar a sabedoria convencional e desenvolver a vacina contra a poliomielite usando vírus mortos em vez de vírus vivos (*The New York Times*, 24-6-1993, pp. 1, 9).

outros haviam compartilhado comigo durante essa jornada?[36] Se essa dinâmica ocorre em indivíduos, por que não poderia ocorrer de forma coletiva em organizações e até mesmo em sociedades? E, se assim fosse, quais qualidades atribuídas à liderança poderiam inspirar essa dinâmica a ocorrer?

Eu sou o primeiro a reconhecer que, ao tentar falar a respeito dessas questões, nós estamos explorando as fronteiras do conhecimento humano e que qualquer coisa que seja dita aqui será apenas o começo. Nesse espírito, elenquei três mudanças fundamentais de mentalidade necessárias à liderança criativa, a qual, na minha percepção, é crucial para o futuro.

Uma mudança fundamental no nosso modo de pensar o mundo

Em primeiro lugar, nosso modelo mental de como o mundo funciona precisa mudar de formato: da imagem do mecanismo de um relógio, um universo mecanicista onde tudo é fixo e determinado, para o modelo do universo aberto, dinâmico, interconectado e cheio de qualidades vivas. Quando Bohm falou comigo a respeito da vida na câmara de bolhas, eu esperava que ele descrevesse a matéria representada por átomos de maneira similar àquele modelo ensinado na escola e ilustrado por pequenas bolas de bilhar representando as partículas se chocando umas com as outras. Entretanto, em vez disso, Bohm descreveu a matéria como sendo às vezes partículas, às vezes ondas, às vezes massa, às vezes energia, mas tudo sempre interconectado e em constante movimento. Uma vez que enxergamos essa

36 Ao entrar no terceiro milênio, nos deparamos com uma diversidade crescente, mudanças descontínuas e complexidade acelerada. Acredito que a filosofia apresentada neste livro irá nos permitir ir ao encontro desses desafios. Ao mesmo tempo, entretanto, precisamos continuar a desenvolver as capacidades tradicionais essenciais à liderança efetiva. Existe um bom número de autores e coautores, muitos dos quais foram mencionados neste livro, que eu recomendo expressamente a qualquer um em busca de esclarecimentos sobre o caminho da liderança organizacional ou social. Eles incluem: Warren Bennis; James MacGregor Burns; David D. Chrislip e Carl E. Larson; Harlan Cleveland; Stephen R. Covey; Max Du Pree; John W. Gardner; Howard Gardner; Robert K. Greenleaf; Ronald A. Heifetz; Rosabeth M. Kantor; Peter Koestenbaum; John P. Kotter; James M. Kouzes e Barry Z. Posner; Peter M. Senge e Margaret J. Wheatley.

qualidade fundamental do universo que é o seu estado de abertura, isso imediatamente nos faz acolher o potencial de mudança. Assim, compreendemos que o futuro não está definido, e então transformamos o nosso senso de resignação em senso de possibilidade. E compreendemos que estamos criando o futuro a todo o momento.

Uma mudança fundamental no nosso modo de compreender as relações

Quando Bohm me contou sobre a descoberta do teorema de Bell e como ele foi confirmado de maneira experimental oito anos depois, ele simplesmente validou tudo aquilo que eu havia vivenciado ao viajar pela Europa, ao me encontrar com o arminho e, mais tarde, ao trabalhar no Cairo. Eu enxerguei o mundo como sendo fundamentalmente conectado. Tudo o que eu havia estudado desde esse período confirmou que as *relações* são o princípio organizador do universo. O físico Henry Stapp descreve as partículas elementares como sendo, "em sua essência, uma série de relações que se estendem na direção de outras coisas" (Stapp *apud* Capra, 1985, p. 139). Margaret Wheatley, teórica na área de administração, afirma que as partículas criam sua existência de forma efêmera, pela interação com outras fontes de energia. Nós nomeamos cada uma dessas fontes como nêutrons, elétrons e assim por diante, mas essas fontes são "estados intermediários em uma rede de interações". A partir do momento em que compreendemos as relações como o princípio organizador do universo, passamos a aceitar uns aos outros como seres humanos legítimos. Isso ocorre quando, como dito por Martin Buber, passamos a ver a nós mesmos e aos outros em uma relação *eu e tu* (Buber, 1958, p. 59).[37]

[37] Meu entendimento sobre o poder da palavra "tu" foi ampliado com a leitura dos comentários feitos por Joseph Campbell, que sugerem uma reverência pelo próximo. Ele afirma que "se nos referirmos a todas as coisas como 'tu', sentiremos uma mudança psicológica. O ego que percebe o 'tu' não é o mesmo que percebe o 'isso'. O problema é que, quando vamos à guerra, os jornais transformam as pessoas em 'issos'" (Campbell, 1988, pp. 78–79). Mais informações sobre a orientação *eu e tu* podem ser encontradas nas páginas 128-132 do livro *The Quantum Self: Human Nature and Consciousness Defined by the New Physics*, de Danah Zohar. Ao reconhecermos o outro como "tu" em relação a nós, ambos nos tornamos parte de algo novo, maior que o si mesmo. Veja também "Communities of Commitment", de Kofman e Senge.

Uma mudança na natureza do nosso comprometimento

Na minha antiga forma de operar, eu tinha muita clareza sobre a minha capacidade de me comprometer com alguma coisa. Comprometimento significava ser altamente disciplinado em manter minha atenção em um determinado assunto. Desde cedo, eu havia sido ensinado que "a forma de vencer no tribunal é fazendo acontecer – trabalhando mais que o outro advogado, persistindo e permanecendo profundamente comprometido com o que você está fazendo". Esse é o tipo de comprometimento por meio do qual você agarra o touro pelo chifre, enfrenta o destino e faz o que for necessário para ter êxito.

Somente tempos depois, consegui compreender outro aspecto mais profundo do comprometimento. Esse tipo de comprometimento não começa com a vontade, mas com a disposição. Começamos a escutar a nossa voz interior, que ajuda a nos guiar à medida que a nossa jornada se desdobra. O componente subjacente desse tipo de comprometimento é a nossa confiança no desfecho do nosso destino. Temos a integridade de permanecer, como diz Varela, em um "estado de entrega", sabendo que qualquer coisa que precisarmos no momento de encontrar nosso destino estará disponível para nós. E é exatamente nesse ponto que transformamos nossa relação com o futuro.

Quando operamos nesse estado de comprometimento, vemos a nós mesmos como parte essencial do desdobramento do universo. Nesse estado de ser, nossa vida é naturalmente preenchida de significado, e, como diz Buber, sacrificamos a nossa "vontade frágil e aprisionada" em favor da nossa "vontade sublime, que abandona o ser definido pelo ser destinado".

No momento em que fui confrontado com o meu maior desafio durante a construção do Fórum Americano de Liderança, perdi completamente de vista esse princípio. Uma vez que enxerguei o que significava *se render* no sentido de Buber, desisti do meu esforço e da minha luta, e gradualmente recuperei o meu equilíbrio. Nessa época, comecei a entender, pela primeira vez, o poder do comprometimento.

As pessoas se reúnem

Desse comprometimento surge certo fluxo de significados. As pessoas se reúnem ao nosso redor, e uma conversa mais ampla passa a se formar. Quando você está nesse estado de entrega, nesse estado de maravilhamento, você exala uma enorme atratividade, mas não porque seja especial, e, sim, porque as pessoas são atraídas pela presença autêntica e pelo desdobramento de um futuro que é pleno de possibilidades. E foi isso que ocorreu quando reuni os conselheiros, os fundadores e tantos outros que foram tão importantes para o êxito do Fórum.

Sincronicidade

Parafraseando Jung, Arthur Koestler define "sincronicidade" como "o encontro aparentemente acidental de duas correntes não relacionadas de eventos causais em um único evento coincidente que parece ser altamente improvável e muito significativo" (Koestler, 1978, p. 259). As pessoas que vêm até você são exatamente aquelas de que você precisa em relação ao seu comprometimento. As portas se abrem, uma sensação de fluxo aparece e você descobre que está agindo em um campo coerente formado por pessoas que talvez nem mesmo conheçam umas às outras. Você não está mais agindo individualmente, mas, sim, por meio da ordem generativa que se desdobra. Essa é a totalidade indivisível da ordem implicada, por meio da qual eventos aparentemente distintos começam a ocorrer. E é nesse ponto que a sua vida se torna uma série de milagres previsíveis.

* * *

Depois de todas essas experiências e dos meus encontros com as pessoas notáveis mencionadas ao longo deste livro, concluí que a liderança capaz de dar corpo aos milagres previsíveis está mais pautada no *ser* do que no *fazer*. Trata-se da nossa orientação de caráter, do nosso estado de atividade interior.

Quando permanecemos nesse estado de ser essencialmente aberto e interconectado, nós nos assemelhamos ao guerreiro samurai mencionado por Varela, que aguarda, com expectativa e com a percepção aguçada, pelo surgimento daquele centímetro cúbico de chance. E, quando isso acontece, precisamos agir com a velocidade de um raio e quase sem o processo de racionalização consciente. E é nesse ponto exato que a nossa liberdade e o nosso destino emergem, e nós criamos o futuro no qual vivemos.

25. Bretton Woods e Hadamar

Nossa exploração será incessante.
E, no fim de toda a nossa aventura,
Vamos chegar ao ponto de partida
E ver o lugar pela primeira vez.

T. S. Eliot, *Four Quartets (Quatro quartetos)*

O último milagre previsível que mencionarei neste livro foi de muitas formas o mais surpreendente. Tive a impressão de que me trazia de volta ao início do círculo, a meu pai e ao caso Watergate, e ao mesmo tempo confirmava a natureza do meu trabalho na fase subsequente da minha vida.

* * *

Eu estava trabalhando nos últimos dois capítulos deste livro quando recebi um telefonema da secretária de Peter Senge, do MIT. Ela queria marcar uma reunião por telefone com Peter, eu e Betty Sue Flowers, a editora que havia me ajudado com este livro desde o início, quando ele ainda era uma série de reminiscências registradas com um gravador depois das minhas corridas matinais; mais tarde, ela se juntou à equipe da Shell como editora dos cenários e produtora executiva dos vídeos sobre eles. Betty Sue e eu havíamos nos encontrado com Peter regularmente nos meses anteriores para conversar sobre o livro e sobre os princípios que poderiam ser extraídos de tudo o que eu havia vivenciado. Enquanto Peter falava conosco ao telefone, ele nos contou sobre uma reunião que seria realizada em Bretton Woods, New Hampshire, dali a algumas semanas. Seria uma reunião de três dias com cerca de 350 pessoas engajadas na criação de organizações e comunidades que aprendem. A intenção da reunião, segundo Peter, era começar uma conversa profunda a respeito do que havia sido aprendido até o presente momento e o que era necessário aprender agora. Peter nos disse que as nossas conversas tinham sido "extraordinárias" e que havia uma "energia muito particular" quando nós três conversávamos. Quanto mais conversávamos, mais nossa visão se abria. Ele sabia que o convite vinha em cima da hora, mas achava importante que nós dois nos juntássemos a ele num diálogo sobre as ideias que emergiam do nosso trabalho no livro.

Conversamos brevemente sobre o formato da apresentação. Seria como um diálogo informal entre os três, no fim da tarde do segundo dia da conferência. Não planejamos especificamente o que seria dito – deixaríamos que aquele bate-papo se desenrolasse naturalmente. Depois que tivéssemos conversado sobre os princípios-guia e contado algumas histórias para ilustrá-los, iríamos abrir a conversa para incluir o público participante. Peter acreditava que tudo levaria cerca de duas horas.

Falamos também a respeito da importância da conferência ser realizada no Hotel Mount Washington, mesmo local da Conferência Monetária Internacional de Bretton Woods, realizada em 1944. O trabalho dos representantes de 44 nações que ali se reuniram possibilitou ao mundo do pós-guerra a estabilidade monetária que era urgentemente necessária para a reconstrução naquele momento. Peter contou que todas as vezes que ia ao hotel percebia o significado histórico do que havia acontecido naqueles salões.

Quando cheguei ao Hotel Mount Washington, admirei as placas com os nomes dos líderes mundiais que haviam trabalhado lá em 1944. Entrei no Salão Gold, onde foram assinados os acordos que organizaram o Banco Mundial, estabeleceram o padrão-ouro em 35 dólares por onça[38] e escolheram o dólar norte-americano como base para quando fossem realizados intercâmbios internacionais. A Segunda Guerra Mundial havia destruído as grandes regiões industriais do globo, com exceção da América do Norte. O presidente Roosevelt e seus planejadores imaginaram uma reconstrução pós-guerra – uma nova ordem

---

38 Antiga unidade de medida de peso de diversos países, com valores que variam entre 24 e 33 gramas. (N. T.)

econômica – que evitaria os erros de Versalhes, em que as reparações e outras condições impostas à Alemanha haviam causado a grande escassez econômica que produzira o clima propício para o nazismo. E Bretton Woods realmente criou um mundo pós-guerra completamente diferente do que havia sido criado por Versalhes.

Na tarde marcada para o nosso diálogo, Peter, Betty Sue e eu nos encontramos brevemente para organizar e coordenar nossas atividades. Peter reiterou seus sentimentos de expectativa sobre o momento e seu entusiasmo pelo fato de estarmos lá juntos para participar de um diálogo com aquele grupo. Sentamo-nos em silêncio por um instante. Então, Betty Sue comentou sobre o cenário histórico e o momento interessante em que tudo aquilo acontecia: o dia seguinte marcaria o quinquagésimo aniversário da convenção original em Bretton Woods. O que era tão comovente em Bretton Woods, como ela disse, era a forma como eles haviam criado um mundo em que os vencedores não insistiam em vingança, mas tratavam seus inimigos como futuros parceiros.

Uma hora depois, Peter abriu a apresentação mencionando o fato de que, cinquenta anos antes, líderes mundiais estavam reunidos naquele mesmo lugar preparando os eventos históricos que ocorreram. Comentou ainda que não compreendia muito bem o sentido completo, mas sentia que aquele momento histórico estava de alguma forma conectado em significado ao que iria se desenrolar naquela reunião.

Então, Peter me apresentou, falando sobre a minha carreira e o fato de que agora eu estava trabalhando com ele e seus colegas no Centro de Aprendizagem Organizacional, no MIT. Apresentou Betty Sue dizendo que ela havia sido professora de inglês por muitos anos na Universidade do Texas, em Austin, tendo trabalhado ainda como diretora do programa para alunos destacados e como autora e editora de vários livros, mas que ele a conhecia, sobretudo, por ter sido uma das responsáveis pelo livro e pela série de televisão *O poder do mito*, apresentada por Bill Moyers, com a participação de Joseph Campbell.

Nesse ponto, em vez de começar a falar a respeito do livro em si, pareceu-me natural contar como conheci Betty Sue, porque esse fato ilustrava muito bem um dos princípios mais importantes do livro. Em 1989, quando aceitei minha posição na Royal Dutch Shell e resolvi escrever este livro, eu sabia que precisava de ajuda. Estaria ocupado demais acertando as coisas no Fórum de Liderança, me preparando para morar em Londres e ainda realizando todo o trabalho de edição. Além disso, não tinha nenhuma experiência em escrever livros. Portanto, comecei a procurar um editor. Organizei uma pequena lista, que incluía o nome de Betty Sue. Certo dia, fui até a biblioteca e peguei os livros que essas pessoas haviam editado. Comecei a ler aqueles livros para ter uma ideia do trabalho dos editores. No entanto, antes que chegasse ao fim, o nome de Betty Sue Flowers não saía da minha cabeça. Em razão disso, não consegui ler todos os outros livros, me levantei da cadeira, fui até o telefone público, procurei o número de Betty e liguei para ela naquela mesma hora. Encontrei-a em seu escritório na Universidade do Texas e comecei a explicar o que eu desejava. Resumi a minha história em dois minutos só para "abrir a porta". Em seguida, pretendia fornecer detalhes suficientes para que Betty Sue percebesse a importância daquela empreitada. Eu sabia como ela era famosa pelo sucesso da série de televisão com Moyers e Campbell e sentia, lá no fundo do meu coração, que seria difícil até mesmo me aproximar dessa porta. Quando terminei a minha apresentação, e antes que pudesse lançar meus principais argumentos, Betty Sue disse: "Aceito. Vamos falar sobre os próximos passos". Fiquei pasmo e mudo por um instante, mas me recuperei com rapidez, e conversamos brevemente sobre o que eu deveria fazer. Ela descreveu todas as medidas que eu precisava tomar e me explicou a melhor forma de fazê-lo. Depois de desligar, fui até a biblioteca e me sentei em silêncio, tentando compreender aquilo tudo. Na minha mente, esse era mais um dos milagres previsíveis. Contudo, foi somente muito mais tarde, quando a encontrei pela primeira vez, que entendi como aquela nossa troca havia sido extraordinária.

Nesse ponto, virei-me para Betty Sue e pedi que narrasse para a plateia o que havia acontecido do seu ponto de vista. No momento em que eu havia lhe telefonado, ela estava bastante ocupada em seu escritório, com cinco pessoas esperando para vê-la. Por causa do sucesso de *O poder do mito*, Betty Sue havia recebido um grande número de telefonemas de pessoas pedindo ajuda para escreverem seus próprios livros. Como não seria possível responder a todos os telefonemas e cartas, ela fez uma espécie de formulário para enviar em resposta às cartas e escreveu um pequeno parágrafo para que sua secretária lesse para as pessoas que ligassem pedindo ajuda em um livro, explicando que ela não tinha tempo hábil para trabalhar com ninguém. "Então por que", perguntou ela ao público de forma retórica, "quando um desconhecido liga do nada e lhe pede para ajudá-lo a escrever um livro sobre algo que você não entende, você diria 'sim'? Você diz 'sim' porque alguma coisa te convoca a dizer 'sim'. Você não consegue explicar racionalmente, porque, se insistisse em fazê-lo dessa forma, você diria 'não'". Betty Sue voltou-se para Peter e perguntou se ele tinha muitas experiências como aquela para compartilhar com todos. Ele respondeu que havia acontecido algumas vezes. "É como um ímã – você sabe que foi destinado a fazer alguma coisa junto. É para você, e você tem de fazer."

Em seguida, comecei a contar a história da minha jornada, falando do comprometimento de fundar o Fórum Americano de Liderança, da travessia do limiar quando deixei o meu escritório de advocacia em Londres e do encontro com David Bohm. Contei a história das portas se abrindo uma após a outra, culminando com a formação do conselho do Fórum, e como isso continuou por mais de dezoito meses – até que eu perdesse essa capacidade. Perguntei o que permitiu que essas mãos auxiliadoras aparecessem na minha vida e o que as fez desaparecer com tanta rapidez. Nós três estávamos em sintonia e o fluxo da conversa levou a uma discussão sobre destino. Peter citou a maravilhosa frase de Martin Buber: "Ele precisa sacrificar sua vontade frágil e aprisionada, que é controlada pelas coisas e pelos instintos, por sua vontade sublime, que abandona o ser definido em favor do ser destinado" (Buber, 1958, p. 59).

Naquele momento do diálogo, um homem na plateia se juntou a nós e perguntou a respeito do papel do Ser Supremo em tudo isso. Ele disse que era um alto executivo de uma grande empresa e que parecia "inaceitável" mencionar assuntos do espírito ou o Ser Supremo no mundo dos negócios. Ainda assim, parecia-lhe que o bate-papo sobre os milagres previsíveis necessariamente levantava essa questão. "Devemos falar de Deus na empresa?", quis saber ele. Pensei por um instante e contei a história da minha primeira apresentação em Hartford para um grupo de fundadores em potencial daquela sede local do Fórum. Naquela oportunidade, depois de concluir as minhas observações, um membro do grupo se levantou e perguntou qual era o papel de Deus em tudo aquilo. Argumentou que eu havia falado sobre liderança servidora, aludindo a servir à humanidade e a servir a algo mais elevado. "Qual a sua posição em relação a essa questão?", indagou ele.

Dei uma resposta frágil, sem saber realmente como lidar com o delicado assunto de Deus num cenário secular, sobretudo onde eu lidava com importantes executivos do mundo dos negócios. No dia seguinte, liguei para John Gardner e contei a ele sobre as minhas dúvidas quanto à forma correta de me portar nesse tipo de circunstância. John simplesmente disse: "Na porta de entrada da casa de Carl Jung, na Suíça, existe uma inscrição em latim: *Vocatus atque non vocatus, Deus aderit* (Invocado ou não, Deus está presente)".

Betty Sue acrescentou que é difícil encontrar uma linguagem para conversar sobre a vida do espírito neste nosso mundo secular. Precisamos de uma linguagem que nos reúna em torno das coisas profundas que nos importam, em vez de nos separar. Peter disse que uma palavra que ele acha útil ao conversar a respeito de assuntos como a grandiosidade divina, que está além da compreensão ou da descrição, é "numinoso". É um reconhecimento de que palavras e conceitos não são suficientes e de que qualquer tentativa de articular, mesmo que de modo intencional, não é suficiente também. "Já presenciei muitas vezes sessões de diálogo", disse Peter, "em que literalmente não podíamos encontrar as palavras para falar. De fato, a incrível imprecisão e inexatidão de palavras era total na sala – e nós simplesmente ficamos ali, olhando em silêncio um para o outro".

E continuou: "Engraçado, às vezes pensamos nas palavras como medida, e de algum modo imaginamos que a nossa habilidade de articulá-las seja um assunto mensurável. No entanto, é precisamente do imensurável que temos que cuidar – o indefinível, o intangível, o inexprimível, o real. Existe um capítulo maravilhoso no livro *A totalidade e a ordem implicada*, de David Bohm, em que ele fala sobre a raiz da palavra 'medir'. O termo ocidental 'medir' e a palavra *maya*, em sânscrito, possuem a mesma raiz. O vocábulo *maya* é o mais antigo para 'ilusão'. A filosofia predominante no Oriente é de que o imensurável é a realidade suprema. Sob esse ponto de vista, toda a estrutura e a ordem de formas que se apresentam a nós pela percepção comum e pela razão são consideradas uma espécie de véu – um véu que cobre a realidade verdadeira, aquela que não pode ser percebida pelos sentidos e sobre a qual nada pode ser dito ou pensado".

Peter então se voltou para mim e sugeriu que poderia ser útil apresentar aos participantes as lições que eu havia aprendido com as minhas experiências nos últimos vinte anos, que eram o assunto do livro. Ele disse que sentia que seria uma boa maneira de começar a considerar a questão central que estava emergindo naquela conversa: como podemos operar de forma mais coerente com a percepção de que não estamos sozinhos no mundo?

Descrevi as três mudanças de mentalidade que emergiram da minha jornada de milagres previsíveis – as mudanças acerca de como compreendemos o mundo, de como entendemos as relações e de como nos comprometemos. Também falei sobre os resultados dessas mudanças – a reunião de pessoas e a sincronicidade.

Quando terminei, antes que Peter e Betty Sue pudessem dizer algo, uma mulher da plateia se manifestou. Um microfone foi levado até ela para que pudesse ser ouvida no enorme salão. Seu nome era Claire Nuer. Ela era de Paris e falou em francês, enquanto sua filha, Lara, traduzia para nós. Claire se referiu às duas primeiras mudanças de mentalidade que eu havia descrito – que, quando nossa forma de *ser* se transforma, nosso sentido de identidade também se transforma e enxergamos a nós mesmos em conexão uns com os outros e com todo o universo. Nesse estado, aceitamos os outros como seres humanos legítimos, e fatores como a raça, o sexo ou a nacionalidade realmente não importam. Claire se levantou e disse com energia e convicção: "Essa é uma decisão que todos nós podemos tomar. Podemos dedicar nossas mentes a esse propósito". Ao ouvir isso, permaneci em silêncio por um instante, depois me voltei para Peter e Betty Sue e disse: "O que Claire disse levanta uma das questões centrais deste livro, um tema que só descobrimos nas últimas semanas".

Peter explicou: "O processo pelo qual passamos durante o trabalho com o livro foi extraordinário. Justamente quando pensávamos ter entendido o significado mais amplo do livro – exatamente quando acreditamos ter enxergado –, continuamos conversando e, de repente, um novo nível começou a aparecer. A princípio, pensamos que o livro começasse com o caso Watergate e um profundo questionamento sobre como pudemos chegar a um ponto em que uma confiança sagrada, que todos consideramos preciosa, pudesse ser violada. Não era uma crítica a um indivíduo. A pergunta era a respeito de todo o sistema. Como *nós* chegamos a esse ponto? Pensamos que Watergate fosse o início – mas então começamos a enxergar um nível totalmente diferente, e é isso que Joe vai tentar lhes descrever agora".

Comecei: "Quando meu pai tinha 35 anos, ofereceu-se como voluntário do Exército, pouco antes do fim da guerra. Foi designado para analisar os primeiros julgamentos de crimes de guerra, o que estabeleceu o precedente para os julgamentos posteriores de Nuremberg. Ele supervisionou, planejou e foi o promotor-chefe em dois casos sem precedentes: o tribunal de Hadamar e o caso conhecido como a Marcha da Morte de Russelsheim. Meu pai também supervisionou e preparou para julgamento o caso do campo de concentração de Dachau. Com essa responsabilidade, ele foi a esses campos e a outras instalações, à medida que eram liberadas, para poder reunir e preservar as evidências necessárias. Nesse processo, conheceu o horror daquelas histórias".

Quando contei esse ponto da história, não consegui mais falar. Fiquei inesperadamente tomado pela emoção. Eu estava sentado diante de 350 pessoas e lágrimas corriam pelo meu rosto. Eu via os olhos de todos e queria continuar, mas não consegui. As palavras não vinham. Permaneci sentado lá, soluçando. Parecia uma eternidade.

A sala repleta e todo aquele silêncio. Finalmente, tentei começar outra vez dizendo: "Eu tinha apenas 11 anos quando presenciei tudo aquilo" – mas não consegui prosseguir. De novo, sobreveio o silêncio. Finalmente, um homem que eu havia conhecido no dia anterior, Dinesh Chandra, veio até o palco. Eu me levantei, ele colocou os braços ao meu redor e me abraçou. Dinesh é indiano e dirige sua própria empresa em seu país. No momento em que o encontrei, senti-me profundamente ligado a ele, como se fizéssemos parte da mesma família. Dinesh continuou a me abraçar e a me confortar até que eu tivesse condições de continuar.

Por fim, consegui continuar: "Em 1945, depois que a guerra terminou, enquanto meu pai julgava esses casos, minha mãe, minhas duas irmãs e eu sentávamos em frente ao rádio, na sala da nossa casa em Houston, e escutávamos as transmissões dominicais em que meu pai descrevia o que estava acontecendo nesses julgamentos. Mais tarde, ele voltou para casa e me disse que havia colocado alguns arquivos em seu escritório e que eu nunca deveria entrar lá e olhar para aquilo. Ele queria que isso ficasse muito claro para mim. Entretanto, no dia seguinte, assim que tive oportunidade, fui ao seu escritório e olhei aquelas fotografias – o horror que meu pai havia visto e com o que ele havia lidado naqueles julgamentos. É por isso que estou chorando agora. Porque foi realmente tenebroso e porque meu pai teve de carregar tudo isso com ele durante todos aqueles anos".

Naquele instante, num nível profundo, percebi que eu também chorava as lágrimas do meu pai por todas as vítimas e por todo aquele horror. Foi similar à "dissolução de limites" que senti no Cairo quando conversei com a minha irmã Claire ao telefone, depois de saber que o filho dela havia morrido. Só que, dessa vez, não era assustador. Senti a presença do meu pai comigo. E senti a dor da questão primordial em sua vida: Como pessoas boas puderam fazer coisas tão cruéis? E como poderíamos garantir que não aconteceria outra vez? Comecei a soluçar, e um longo tempo se passou até que conseguisse prosseguir. "Foi tão horrível que ele não queria pensar sobre isso e não conseguiu lidar com o assunto durante quinze anos. Então, escreveu um pequeno livro chamado *After Fifteen Years*. Na introdução, ele declarou que, para escrever o livro, se inspirou pensando que as questões suscitadas por ele teriam um efeito duradouro no mundo e sobretudo em seu filho, que começava na carreira de advogado. Em Hadamar, por exemplo, como podiam médicos e enfermeiras civis em um hospital matar centenas e centenas de pessoas inocentes – homens, mulheres e seus filhos –, levadas para lá imaginando que os pais seriam tratados de alguma doença? Como podiam médicos e enfermeiras assassinar essas pessoas metodicamente porque eram judias ou polonesas, ou qualquer outra coisa diferente deles mesmos? Como pudemos chegar a isso? Ele queria saber a resposta. Ali estavam pessoas que iam à igreja aos domingos, pessoas comuns, cidadãos respeitadores da lei, pessoas que juraram servir e curar seus semelhantes. Como podiam matar, dia após dia, seus irmãos seres humanos? O que permitia que as pessoas fizessem isso? Quais eram as dinâmicas que ocorreram na Alemanha para permitir que isso acontecesse? E nesse livro ele disse: 'Atenção! Isso pode acontecer aqui nos Estados Unidos se não tivermos cuidado'.

Portanto, meu pai dedicou esse livro para mim, e, no processo do meu trabalho com Peter e Betty Sue, descobri que aquele era o trabalho que eu pretendia fazer. É também o trabalho que Peter está realizando: descobrindo como transformar instituições, assim como o coração de cada pessoa, para assegurar que esse tipo de dor não aconteça no mundo outra vez. Está acontecendo em outros países ao redor do globo e está acontecendo de forma peculiar em empresas e organizações." Comecei então a contar a história dentro da história à qual Peter havia aludido, a história da nossa descoberta sobre o que era o livro em seu âmago.

"Descobri outro nível a respeito de qual era o propósito deste livro cerca de duas semanas atrás, quando Betty Sue me mandou por fax uma carta. Ao receber o fax, percebi que era de Hadamar, na Alemanha. Uma semana mais tarde, quando ela chegou a Boston, eu disse: 'Betty, eu não quis dizer nada enquanto você estava na Alemanha, porque estava escrevendo um livro sobre o amor, mas, agora que está aqui, eu preciso revelar o que Hadamar significa para mim'. Então, contei a ela a história que acabei de mencionar e mostrei o livro do meu pai. Mais tarde, Peter, Betty e eu reconhecemos que, na verdade, o meu livro se iniciou muito antes de Watergate; iniciou-se no fim da Segunda Guerra Mundial, na época em que meu pai começou sua busca para compreender como um sistema inteiro podia criar tanto mal."

Quando parei de falar, Peter se levantou e disse: "Apenas para dizer o óbvio, é por isso que estamos aqui. Algo especial está acontecendo aqui e em muitos lugares no mundo. Quando os líderes mundiais vieram para cá em 1944, vieram com um propósito e fizeram um trabalho muito importante. E um trabalho está acontecendo neste exato momento, nesta sala. Se vocês pensarem no que aconteceu no fim da Primeira Guerra Mundial, quando as pessoas foram até Versalhes, e pensarem no que aconteceu aqui, em Bretton Woods, em 1944, perceberão que houve uma profunda mudança. Claire disse algo esta manhã que ainda está soando em meus ouvidos: 'Se pensarmos o futuro daqui a cinquenta anos e imaginarmos que escolhas precisamos fazer hoje para permitir que esse futuro aconteça, então esse é o lugar certo para vir fazer essas escolhas e fazer o que quer que sejamos chamados a fazer em termos do trabalho maior'. Betty então insistiu na pergunta: 'Portanto, qual é o próximo passo? Qual o próximo passo?' Essa é a questão para nós hoje".

A sala silenciou outra vez. Depois de alguns momentos, vi que Claire Nuer e sua filha estavam se aproximando e vinham em direção ao palco, onde estavam os apresentadores. Elas estavam muito próximas de mim quando se sentaram. Lara tinha o rosto próximo ao de Claire, e seu braço a estava amparando. Na outra mão, ela segurava um pequeno microfone na lapela, a fim de traduzir para que os outros pudessem ouvir. A cabeça de Claire estava curvada quando ela começou a falar diretamente para mim, muito suavemente, quase num sussurro. Percebi que sofria muito e estava tomada pela dor. Não era uma surpresa para mim. Enquanto eu contava a história que acabei de narrar, vi nos rostos dos presentes o reflexo da minha imensa dor. Isso permitiu que eu continuasse. Contudo, as primeiras palavras que Claire murmurou me deixaram sem fôlego: "Meu pai morreu em Auschwitz". Ela fez uma longa pausa e inspirou profundamente. "É inacreditável para mim, cinquenta anos depois, estar ao seu lado neste momento. Vim para dizer obrigada a você por ter tomado a decisão de escrever seu livro e por partilhar conosco o que disse hoje." Novamente um longo silêncio. Então, ela continuou: "Meu pai nasceu a apenas alguns quilômetros de Auschwitz. Seus dez irmãos e irmãs também moravam lá perto. Agora, todos se foram. Tudo foi apagado, como se todos eles nunca tivessem existido. Antes de hoje, pensei que a forma de continuar era simplesmente me render aos fatos. No entanto, depois do que aconteceu hoje, as coisas estão melhores. O caminho que devemos tomar está claro. Meu pai não tinha diplomas – era um trabalhador simples. Seu pai tinha vários diplomas e era um grande advogado. Sinto a presença deles conosco aqui hoje. Juntos, sinto que eles criaram o mundo. Isso é o que vejo quando me sento perto de você agora".

Ela ficou quieta por longos instantes, depois prosseguiu: "Eu não tinha tempo para vir de Paris para cá essa semana. Tive muitos, muitos conflitos para resolver na minha empresa, mas algo me chamava para cá". Então, ela ergueu os olhos para mim e disse: "Agora, eu sei por que eu deveria estar aqui hoje".

Com isso, ela ficou em silêncio. Ficamos ali, naquele salão, todos os 350. Não se ouvia um som. Nenhum movimento na sala toda. No entanto, o poder do que estava acontecendo preencheu todo o espaço. Foi um dos momentos mais comoventes de toda a minha vida. Senti o espírito do meu pai ali entre nós. Senti naquela sala, entre todas as pessoas, uma intimidade, uma proximidade, uma conexão muito grande entre todos nós.

Claire falou mais uma vez com Peter. Disse que havia trazido uma fita de vídeo sobre um assunto que achava importante para nós e perguntou se seria possível projetá-la na tela para que todos assistissem. Os organizadores se reuniram com os técnicos e concluíram que isso podia ser feito. Em pouco tempo, as luzes diminuíram e o vídeo começou. Eram cenas que Claire havia filmado em Auschwitz cerca de um ano antes. Ela havia reunido coragem para voltar lá depois de todos aqueles anos para recordar o horror do infame campo de concentração. A qualidade da filmagem era muito boa. Em imagens surrealistas, vimos as áreas cercadas com arame farpado, as torres dos guardas, as câmaras de gás, os grandes fornos de gás. Fiquei ali sentado em silêncio, soluçando enquanto observava as cenas que destacavam toda a tristeza e dor que eu havia sentido enquanto contava a história do meu pai durante a guerra. Então, no fim da fita as cenas se tornaram belas e a música suave acompanhou uma imagem surpreendente na tela: dois pássaros empoleirados em um delicado e fino galho de árvore no inverno. Essa imagem acompanhava a seguinte legenda:

> "Diga-me, quanto pesa um floco de neve?", perguntou o chapim-carvoeiro a um pombo selvagem.
>
> "Nada mais do que nada", foi a resposta.
>
> "Nesse caso, preciso contar a você uma história maravilhosa", disse o chapim-carvoeiro.
>
> "Eu pousei em um galho de um abeto, próximo ao seu tronco, quando começou a nevar... não uma nevasca forte, nem uma tempestade – não, era como em um sonho, sem barulho e sem violência. Como eu não tinha nada melhor para fazer, contei os flocos de neve que estavam caindo nos ramos e nas folhas daquele galho. Seu número era exatamente 3.741.952. Quando o floco de número 3.741.953 caiu sobre o galho, nada mais do que nada, como diz você... o galho quebrou."
>
> Tendo terminado de falar, o chapim-carvoeiro voou para longe.
>
> A pomba, desde os tempos de Noé uma autoridade no assunto, pensou na história por um instante e finalmente disse para si mesma: "Talvez só esteja faltando a voz de uma pessoa para que a paz venha ao mundo".

Passou-se um longo tempo antes que alguém se movesse ou falasse. As palavras finais ecoavam na minha mente: "Talvez só esteja faltando a voz de uma pessoa para que a paz venha ao mundo".

Aquela ideia, pensei, capturava completamente o espírito do livro e o espírito que deve direcionar o nosso trabalho.

Por fim, depois de um longo silêncio, o moderador veio ao palco e encerrou a sessão, dizendo simplesmente: "Invocado ou não, Deus está presente".

PARTE V

A JORNADA CONTINUA

A mente intuitiva é uma dádiva sagrada, e a mente racional é um criado fiel. Nós criamos uma sociedade que honra o criado e esquece a dádiva.

Albert Einstein

26. Trechos de cartas sobre o livro *Sincronicidade*

Steve Piersanti, presidente da Berrett-Koehler Publishers, sugeriu que eu incluísse uma amostra das centenas de cartas que recebi desde que a primeira edição do livro *Sincronicidade* foi publicada. Fico sensibilizado com essas cartas – ainda que no início me sentisse oprimido por elas, especialmente por aquelas que me pediam ajuda ou conselhos. São essas cartas e o meu sentimento de inadequação em relação a elas que me inspiraram a aprender tanto quanto eu pudesse sobre os princípios que construíam a jornada descrita em *Sincronicidade* – e que estão no âmago do meu outro livro, *A Fonte: uma jornada à criação do conhecimento, à essência da liderança eficaz*.

Alguns comentários eram dramáticos e curtos: "Gostei tanto do livro que pedi demissão do meu emprego. (É verdade!)". Outros, no entanto, se estendiam por páginas e mais páginas. Uma professora de Nova York narrou uma tragédia terrível que a levou a entrar em um *ashram* para um prolongado período de retiro. Lá, certo dia, ela conversou longamente com um brasileiro chamado Adrian.

> Então, mais tarde naquela mesma noite, Adrian me procurou e, ao olhar para seu rosto radiante e sua cintilante energia, percebi que algo estava acontecendo. Ele me disse que havia passado o dia todo pensando em nossa conversa e que, ao entrar em uma livraria nas proximidades, ficou surpreso por encontrar lá o seu livro. Ele me contou que *Sincronicidade* havia contribuído para modificar o curso da sua vida dois anos antes e, mesmo sem saber a razão, ele se sentiu compelido a dá-lo de presente para mim. Tentei agradecê-lo

> pelo presente tão generoso, mas Adrian foi firme, apesar de um pouco acanhado, ao me afirmar com segurança que ele não era o "doador", mas, sim, o "mensageiro". Ele sabia que tinha de fazer o livro chegar às minhas mãos, mas não sabia exatamente a razão.
>
> As palavras de Adrian ainda soavam em meus ouvidos ao terminar, ontem, a leitura das últimas páginas de *Sincronicidade*. Seu livro (ainda que pareça estranho chamar essa entidade de "livro", porque eu realmente o vejo como um raio de luz) me ajudou a realinhar o corpo, a alma e o espírito com a razão pela qual eu escolhi ser professora. Não se trata de conteúdo, e, sim, de transformar o mundo, um dia após o outro. É por isso que respiro e que cuido, e é esta, fundamentalmente, a razão pela qual ensino. Seu texto desencadeou uma série de reações, tanto internas como externas (como um ajuste retroativo), que me permite retomar a minha vida com gratidão e novo entusiasmo. E, de fato, desenvolvi um curso de literatura tendo como eixo central o livro *O herói de mil faces*, de Joseph Campbell, simplesmente porque você o mencionou em seu livro.
>
> Obrigada, Joe, por erguer sua luz como uma tocha, na forma desse grande livro, e por relembrar a uma alma esfarrapada e cansada a importância do trabalho que fazemos. Deus o abençoe, Joe. Estou feliz por fazer parte de um grupo que conta com pessoas tão sinceras como você.[39]

Muitos dos remetentes, de todas as partes do mundo, disseram que nunca antes haviam escrito a um autor – que estavam escrevendo às 4h30 da manhã (ou algum horário avançado da madrugada) e que não haviam conseguido parar de ler até o final do livro.

"Permita-me começar por lhe dizer que seu livro *Sincronicidade* mudou minha vida. Obrigado. Seu livro é o único que um leitor,

[39] Trecho de uma carta enviada por uma ex-professora do ensino médio em Nova York.

anteriormente ávido, foi compelido a finalizar, em trinta anos de exílio de seu país."

De um retiro de meditação na Holanda, um jovem me escreveu para dizer que:

> Muitos reconhecimentos aconteceram nesses dois últimos dias em que estive lendo seu livro. Por muito tempo, andei procurando um caminho para ser um líder. Tenho um desejo forte de sê-lo, mas a forma de fazê-lo permanecia para mim um mistério. Fortalecido com o fluxo do retiro de meditação, eu agora sei que a minha vida nunca mais será a mesma. Mais do que nunca, eu agirei a partir do amor e a partir de uma consciência do fluxo da vida. Não sei ainda em que campo a minha liderança se manifestará, mas estou seguro de que isso acontecerá e que as oportunidades se apresentarão.[40]

Com o passar dos anos, comecei a receber cartas de pessoas que estavam relendo o livro e me contando como suas vidas haviam mudado. "Acabei de reler seu livro *Sincronicidade: o caminho interior da liderança*, depois de ter feito a primeira leitura dele cerca de oito anos atrás", escreveu um leitor da África do Sul. "Nesse momento, centenas e milhares de pessoas devem ter lido o seu livro. E estou certo de que, como autor, você nunca compreende totalmente o impacto que seu livro pode causar na alma e no coração de uma pessoa."

Senti-me muito próximo a muitas dessas pessoas. Lembro-me de uma mulher que trabalhava em um laboratório químico e que deixou esse trabalho para abrir uma empresa que levava para a criação de cavalos os princípios e as práticas da sustentabilidade:

> Gostaria de agradecê-lo por escrever o livro *Sincronicidade*. Eu o li pela primeira vez há muitos anos (cinco, seis?), e foi um livro essencial na minha vida naquela época.

[40] Reproduzido com a permissão de Barbara Nussbaum.

> Eu sabia que tinha de lê-lo outra vez e estou fazendo isso agora (acabei de chegar ao capítulo 18) – e, desta vez, estou sublinhando muitos trechos para poder voltar a eles! Fui capaz de realmente me identificar com alguns dos sentimentos pessoais e desafios que você experimentou! É reconfortante saber que você, mesmo sendo tão bem-sucedido como era nos círculos da advocacia e dos negócios, enfrentou as mesmas dúvidas sobre sua habilidade para iniciar um novo empreendimento, o Fórum Americano de Liderança. Quem sou eu – mãe, bióloga – para assumir a minha missão? Se eu não entendesse que estou conectada à Consciência como todas as pessoas e sou, portanto, um canal da Sabedoria Ilimitada, sairia correndo implorando por trabalho em um escritório.[41]

Muitas cartas compartilhavam as aspirações de quem as escrevia ou descreviam projetos:

> Quero somente agradecê-lo por ter escrito esse livro incrível. Por mais de dez anos, venho trabalhando em um plano para desenvolver uma rede orgânica e consensual de organizações de base, que seja estruturada para estimular e empoderar a imaginação humana coletiva, em conselhos locais, regionais e globais. É um empreendimento enorme que chega algumas vezes a ser opressivo.
>
> *Sincronicidade* atingiu aspectos muito profundos dentro de mim. Estou totalmente elevado pela expansão do seu trabalho e pela profundidade do seu comprometimento.
>
> Do fundo do meu coração: OBRIGADO.

Uma estudante polonesa de 22 anos relatou que o livro transmitiu a ela a certeza de que não estava sozinha:

---

41 Reproduzido com a permissão de Rebecca Picton.

Até o momento presente, o meu sonho era trabalhar para uma determinada empresa, e todos os passos que empreendi foram direcionados para alcançá-lo. De qualquer forma, eu sabia que poderia torná-lo realidade se focasse inteiramente nisso e se acreditasse com força suficiente – eu pensava. Em novembro do ano passado, passei por todos os estágios das entrevistas e, finalmente, recebi o contrato com o qual havia sonhado. Pensei que havia conseguido o objetivo estabelecido por mim e agora devia estar mais feliz do que nunca. No entanto, tenho um pensamento incômodo e insistente de que talvez esse não seja realmente o meu chamado. Fui à seção de livros direcionados à "gestão de pessoas" e folheei alguns deles. Peguei inicialmente alguns títulos, mas em menos de cinco segundos larguei todos eles e fiquei somente com o *Sincronicidade* em minhas mãos. Comecei a lê-lo e não podia acreditar em quão alinhados estavam os conceitos com tudo aquilo em que eu acreditava. Senti que finalmente havia encontrado alguém com uma experiência similar e que eu não estava sozinha.

Estou escrevendo tudo isso provavelmente para justificar a mim mesma por que tenho a ousadia de importunar uma pessoa tão ocupada e famosa como o senhor. Durante toda a semana passada, senti uma urgência de lhe escrever, e toda vez que eu ia fazê-lo, alguns pensamentos me detinham. O senhor escreve sobre a experiência de uma vida madura, mas como eu poderia, com 22 anos de idade, afirmar que eu sentia e entendia essa experiência? Nesse momento, encontrei as anotações que eu havia feito de uma conferência da qual participei em Londres no mês de fevereiro. Uma das palestrantes enfatizou a importância de se ter um mentor, para qualquer coisa que você queira fazer – alguém que possua as qualidades que você admira.

"Peça aquilo que você pensa que nunca ousaria pedir, e você ficará surpreso" – eu grifei essa frase no meu diário. Peguei

> novamente o *Sincronicidade* e reli o capítulo a respeito do guia e do momento do ataque. Uma das citações que sempre ouvi veio à minha mente: "Quando o discípulo está pronto, o mestre aparece". Não tenho o direito de pedi-lo, e nenhuma ideia de como isso poderia acontecer, mas acredito que o Universo se ajusta quando necessário – desse momento em diante, eu sabia que o senhor era a única pessoa com quem eu desejava parecer e cujas ações estavam em perfeita sintonia com os valores que eu sempre procurei. O que me surpreendeu foi o fato de que essa convicção era tão forte que me peguei pensando que poderia estar pronta para declinar da oferta de trabalho que tão arduamente desejei e seguir o chamado.[42]

Houve tantos pedidos para que eu fosse a encontros – e, quando eu dizia não aos convites, sempre pensava, com certa culpa, o quanto David Bohm havia sido generoso comigo.

Com uma montanha de cartas para responder, contratei Sheryl Erickson, uma amiga e colega, para trabalhar como uma espécie de filtro. Sheryl organizava workshops e grupos de conversa para que eu pudesse responder às pessoas de forma coletiva, em vez de individualmente. A maioria dessas conversas aconteceu nas imediações do litoral norte de Boston, e delas participavam cerca de 20 a 25 pessoas, com Sheryl mediando o diálogo. Nesses diálogos, minha compreensão principal, e que eu tentava explicar às pessoas, era a de que "*Sincronicidade* veio através de mim, e não por mim". Contudo, como mencionei, eu não conseguia responder a todas as questões que me eram endereçadas.

Após uma dessas sessões, Sheryl me escreveu sobre algo que ela via como um potencial paradoxo:

> Como autor de um livro tão popular, você será saudado como um guru e como aquele que sabe tudo. Todos nós (incluindo

---

[42] Reproduzido com a permissão de Magdalena Szuszkiewicz.

> você próprio), consciente ou inocentemente, iremos conspirar para criar e depois manter uma posição em que você será reconhecido como um dos próximos gurus da área de organizações.
>
> Ao mesmo tempo, o cerne da mensagem de sua história claramente se opõe ao "paradigma do guru". *Sincronicidade* fala sobre a compreensão de uma nova liderança, que não reside no outro, no guru, ou em qualquer outra pessoa fora, mas, sim, em uma compreensão acessível a qualquer pessoa, por meio de novas e aguçadas sensibilidades para olhar e escutar o nosso interior e a Vida, à medida que ela se desdobra.
>
> E também, inerente à popularidade do livro, estarão os funcionamentos de uma série de crenças profundamente incrustadas na psique dos leitores. Essas crenças estão em forte contradição com a mensagem essencial de *Sincronicidade*. Aí reside o paradoxo não tão evidente. A popularidade de *Sincronicidade* advirá, em parte, de crenças como:
>
> - Em algum lugar lá fora está o herói.
> - Alguém, que não eu, tem a resposta.
> - Ele sabe (Eu não).
> - Eles sabem (Nós não).
>
> A mente ocidental é condicionada ou "enredada" para não acreditar na mensagem de *Sincronicidade.* A mente ocidental não está preparada para aceitar uma crença alternativa que [é descrita] na sua história, isto é, *Eu tenho acesso* à *sabedoria que preciso para agir nesse momento.*[43]

Por ter assimilado essa advertência de forma profunda no meu coração, fiquei encorajado pelo fato de que tantos leitores de

[43] Reproduzido com a permissão de Sheryl Erickson.

Sincronicidade realmente vivenciaram a mensagem que Sheryl tinha medo que eles não entendessem:

> Bom dia, senhor Jaworski. Sinto-me compelido a me comunicar com o senhor. O senhor menciona em seu livro os diversos momentos significativos em que encontrou pessoas que foram importantes para a sua vida e o seu crescimento. Eu também experimentei o encanto dessa inesperada perfeição. Nesse caso, tive essa experiência por meio de sua palavra escrita. Se realmente a vida é "entrelaçada", faz sentido que não tenhamos de estar próximos fisicamente para estabelecer uma relação.
>
> Enquanto lia seu livro, sentei muitas vezes com lágrimas nos olhos, tão tocado eu estava pela sacralidade da sua experiência e pelo que eu estava aprendendo para a minha própria trajetória. Ao descrever o seu caminho, o senhor criou um mapa para que eu entendesse o meu. Conectei-me muito com seu comentário sobre talvez se sentir louco – indo a algum lugar, sabendo em sua profundidade que é para lá que deve ir, mas não enxergando o caminho. Isso é o que tenho experimentado por muitos anos. Comunico-me com o senhor por sentir que esse é um daqueles "centímetros cúbicos de chance" que se apresentou. Não estou me permitindo ser devorado pelo meu pensamento condicionado de que o senhor é muito ocupado e importante. Estou me permitindo "escutar" o meu coração. Não tenho objetivo, somente me sinto compelido a "falar" com o senhor.
>
> Penso que a coisa mais significativa que o senhor me proporcionou foi a compreensão da validade do meu caminho. A mente ocidental é tão condicionada pelo "empírico". Eu não estava encontrando conexão com outros que estavam nessa jornada, nem na área da escola pública, nem na universidade. Meus contatos vieram de livros e conferências. Pensei estar fora de compasso com minhas organizações, etc.

> O senhor também faz um chamado “às armas”. O chamado para o comprometimento foi alto e claro para mim. Fiquei sem fôlego ao ler a história do chapim-carvoeiro e do pombo selvagem. Obrigado. Acredito que estou pronto para ouvi-lo e sinto que estou pronto para agir. Estou escutando mais atentamente o meu coração e percebendo que é o meu destino seguir.
>
> Bohm afirma que devemos dar muita atenção à consciência.
>
> A consciência ilumina a nossa vida. Vivifica a experiência. O saber vem do nosso ser em sua inteireza; precisamos compreender para ouvir.
>
> Fundamentalmente, por meio da compreensão desses princípios, pessoas de todas as áreas da vida estão aprendendo a viver no “fluxo”. Estão aprendendo como liberar suas capacidades. A ordem-implicada está entrelaçada na vida. Quando as pessoas entendem, elas vivem de outra maneira.
>
> A palavra “numinoso” tem significado aqui. Não consigo encontrar palavras para expressar o impacto profundo e transformador que o senhor me causou. Obrigado, de *eu* para *tu*.[44]

Muitos leitores reconheceram que eu era essencialmente um mensageiro – e, quando viviam a mensagem, experimentavam as mesmas e poderosas reações que eu havia experimentado.

> Gostaria de expressar o meu sincero agradecimento por compartilhar a sua jornada pessoal de liderança em sua obra *Sincronicidade*. Sinto-me inspirado. O impacto certamente ficará comigo.
>
> Na semana passada, já tarde da noite, terminei de ler o epílogo. Minha experiência emocional foi tão profunda que

[44] Reproduzido de uma carta enviada por um ex-professor universitário de Oregon.

comecei imediatamente a soluçar (de meu âmago) pela primeira vez desde a morte do meu pai. Da inundação de emoções que invadiram a minha percepção, fui capaz de sentir, sem nenhum esforço consciente e de forma simultânea, todos os eventos importantes da minha vida adulta (negativos e positivos), totalmente conectados. Nunca antes eu havia vivenciado essa sensação de abertura e conectividade em minha percepção como nos momentos imediatamente seguintes ao término da leitura de *Sincronicidade*. Experimentei uma avassaladora "abertura" na clareza da minha percepção sobre quem eu sou. Enquanto soluçava, deitado ao lado da minha mulher, podia claramente perceber todos aqueles eventos que moldaram a minha trajetória e me trouxeram para onde estou agora. Levantei-me e beijei cada um dos meus filhos pequenos. Recordo-me de ter me sentido inteiramente entrelaçado em unidade com eles. Contemplando-os, meus pensamentos sobre essa experiência culminaram com as palavras profundas de Jung: "Invocado ou não, Deus está presente".[45]

[45] Reproduzido com a permissão de Dom Macdonald.

27. TRANSFORMANDO O SISTEMA PREDOMINANTE DE CRENÇAS

Dois anos após a publicação de *Sincronicidade*, participei de um diálogo em Oxford, Inglaterra, com aproximadamente doze líderes de diferentes partes do mundo. O diálogo foi projetado para explorar "o chamado do nosso tempo", a responsabilidade coletiva que temos em um tempo crucial de mudança no mundo e, especialmente, o papel da reflexão em uma vida dedicada ao servir.

Os primeiros dois dias do diálogo foram encerrados com uma leitura feita pelo ator shakespeariano Robin Ramsey, que se sentava sozinho em uma banqueta, sob um holofote, em um pequeno palco no salão onde acontecia a reunião. Na primeira noite, Robin leu uma passagem do livro *Beyond Certainty*, de Charles Handy, e na segunda noite, uma passagem do livro *A quinta disciplina*, de Peter Senge. Na sessão de encerramento, na terceira noite, quando me sentei no fundo da sala, fiquei atônito ao ouvir Robin ler uma passagem de *Sincronicidade*, concluindo com a página final do epílogo. Quando ele chegou ao trecho: "Talvez só esteja faltando a voz de uma pessoa para que a paz venha ao mundo", comecei a chorar silenciosamente, do mais fundo do meu coração.

Embora a minha reação fosse imediata e sem aviso prévio, eu não estava realmente surpreso, porque era assim a cada vez que eu pegava o livro e lia certos trechos. Finalmente, compreendi que a razão pela qual aquelas linhas com frequência evocavam emoções poderosas era porque as histórias contêm sagradas lições universais, encontradas ao longo dos tempos e em todas as culturas. Embora eu possa rememorar-me escrevendo essas passagens, comecei a me considerar apenas como o mensageiro da sabedoria universal. Eu sei disso porque, ao longo dos anos, quando leio e releio o livro, minha compreensão do significado dessas lições se aprofunda em paralelo com o meu desenvolvimento e o meu crescimento pessoal. No entanto, por que as lágrimas vinham de um lugar tão profundo? Como amigo e mestre, John P. Milton me explicou: "Joseph, liberar essas emoções é simplesmente uma forma de abertura do coração".

* * *

Logo após a publicação do livro, leitores começaram a me questionar sobre os aspectos essenciais das lições que eu havia aprendido por meio das experiências diretas. A verdade é que eu não conseguia responder-lhes. De fato, enquanto conduzia workshops e trabalhava em sistemas de clientes, algumas vezes me sentia como um advogado "praticando sem licença". Havia peças faltando no "todo" que eu não conseguia articular. Algumas vezes, sentia que estava próximo do saber – eu tinha a "noção", mas não a "dicção", ou seja, a capacidade para expressá-la. Eu estava ganhando conhecimento tácito, mas não conseguia dar voz a ele.

Alguns leitores me pediram para explorar com eles o tema dos sistemas de crenças da sociedade – nossa imagem mental da realidade. Como compreendi posteriormente, eles me perguntavam sobre metafísica, a filosofia do ser e do saber. A metafísica estava muito além de qualquer coisa que eu pudesse ter vivenciado até aquele momento. Tudo o que eu sabia era que aquilo que eu descrevia se encaixava na minha *experiência direta* – e na experiência direta de centenas de leitores que me escreviam afirmando: "Agora sei que não sou louco".

* * *

Todas essas questões e o meu próprio crescimento pessoal acabaram me levando a embarcar em uma busca completamente nova para entender os princípios fundamentais subjacentes a essas experiências. Finalmente, compreendi que a motivação para aprender e conhecer nossa natureza fundamental é uma *necessidade humana básica*. A metafísica formata e permite a experiência e, por sua vez, molda a realidade científica, social e individual. Ela fornece uma descrição da experiência humana que satisfaz um desejo profundo em nosso interior. O renomado físico Dean Brown, ao responder a essa questão – Qual o uso da metafísica? –, afirmou: "Nós nos tornamos o que contemplamos".

Certa vez, Willis Harman me disse: "Ao mudar intencionalmente a imagem interna da realidade, as pessoas podem, com certeza, mudar o mundo". E acrescentou: "As mudanças fundamentais e verdadeiras nas sociedades não aconteceram por ordens de governos e resultados de batalhas, mas pelo grande número de pessoas que mudaram sua mente".

* * *

Após percorrer a jornada da compreensão – história que conto no meu livro A *Fonte: uma jornada à criação do conhecimento, à essência da liderança eficaz* –, formulei os dois primeiros princípios, de um conjunto que viria a ser composto por quatro, que orientam nossa conexão com a Fonte:

1. Existe uma característica aberta e emergente no universo

Um grupo de simples componentes pode subitamente reemergir em um nível mais elevado de auto-organização, como uma nova entidade com novas propriedades. Não podemos encontrar a causa ou a razão para essa qualidade emergente, mas, à medida que a vivenciamos de forma recorrente, vemos que o universo oferece possibilidades infinitas.

2. O universo é um domínio de totalidade não dividida; tanto o mundo material quanto a consciência são partes do mesmo todo indivisível

A totalidade da existência está entrelaçada no interior de cada fragmento de espaço e tempo – seja um objeto simples, seja um pensamento ou evento. Portanto, tudo no universo, incluindo as intenções e as formas humanas de ser, afeta todo o restante, porque tudo é parte do mesmo todo não fragmentado.

* * *

Eu estava satisfeito com essa reformulação do meu estado de conhecimento sobre o universo. Entretanto, duas questões incômodas permaneceram: Qual é a fonte da nossa capacidade de acessar a sabedoria de que necessitamos para agir em um determinado momento? Como podemos aprender a habilitar essa capacidade, de forma confiável, individual e coletiva?

A resposta revelou-se de forma lenta, ao longo de um período de dez anos, começando com a descoberta do "U".

Revelando a teoria U

Na primavera de 1998, eu estava sentado no fundo de um grande auditório no Shell Learning Center, em Woodlands, a norte de Houston. Um ano e meio antes, a companhia de petróleo Shell (na época uma unidade autônoma do Grupo Royal Dutch Shell), a Texaco e a Saudi Aramco haviam anunciado sua intenção de estabelecer uma aliança entre todas as suas refinarias, incluindo a distribuição e as ações de marketing (suas operações *downstream*) nos Estados Unidos. A "Aliança" seria a maior organização de *downstream* no mundo, com lucro de quase 40 bilhões de dólares. Diante disso, a empresa Generon, da qual eu era cofundador, foi contratada para ajudá-los a desenvolver sua liderança sênior e para apoiá-los na integração das unidades em um processo coeso.

Naquele dia de primavera, cerca de 250 gestores seniores, membros da "equipe de transição", tinham se reunido para o lançamento do novo empreendimento. O diretor de operações da Texaco, Glenn Tilton, fez o discurso de abertura. Em sua fala, ele identificou o maior desafio que a Aliança enfrentava – como competir eficazmente com as mais novas e ágeis empresas empreendedoras em operações de *downstream* que tinham surgido no mercado nos últimos cinco anos.

"Nós, nesta sala, estivemos trabalhando como 'elefantes', em grandes companhias de petróleo. No entanto, a partir já da próxima semana, teremos que agir como 'gazelas' – para nos tornarmos empreendedores verdadeiros –, ou em cinco anos já não estaremos mais na lista telefônica." O silêncio era tanto que você poderia ouvir um alfinete cair. Tilton continuou: "Temos que estar prontos para esses tempos – mas, para ser honesto, não estou seguro de como começar. Estou contando com cada um de vocês para descobrir isso. Nosso trabalho será mais desafiador do que podemos imaginar".

Naquele instante, as questões saltaram diante de mim: Qual é a *Fonte* do impulso empreendedor? Qual é a *Fonte* da nossa capacidade de acessar a sabedoria de que precisamos para agir a cada momento?

Apesar de não saber a resposta, eu *concretamente sabia* que havia *implicações ocultas que eu descobriria* se me mantivesse comprometido. Lentamente, nos dez anos seguintes, esse "conhecimento oculto" me foi revelado.

Quando a sessão se encerrou, fui falar com Gary Jusela, o diretor de aprendizagem. Ao longo de um almoço de três horas, descrevi a visão que tive – desenvolver um processo pelo qual as equipes pudessem perceber o futuro que deseja emergir e possibilitar sua realização. Senti que as equipes poderiam guiar esse processo por meio de suas intenções, sua forma de ser e suas escolhas. Estaríamos pesquisando o processo pelo qual os avanços reais, a criação do conhecimento que transforma o mundo como o conhecemos, ocorrem em qualquer campo. Gary imediatamente compreendeu o que eu estava falando.

Na manhã seguinte, nos reunimos com Jim Morgan, o presidente da Aliança. Lembrei a ele os comentários de Tilton e o desafio que havia lançado para os líderes seniores. Eu disse: "Jim, posso ajudá-lo a desenvolver o *impulso empreendedor* em sua equipe. Preciso de oito meses para finalizar a pesquisa, desenvolver o processo e realizar um curso-piloto. Podemos criar um laboratório de liderança, um ambiente de aprendizagem que possa ajudar esses gestores a agir como 'gazelas', permitindo-lhes criar novas plataformas de importante crescimento para a Aliança e melhorar significativamente seu desempenho operacional". Assim como as "portas que se abriram" regularmente durante os anos do Fórum de Liderança, ali mesmo, Jim deu a mim e a Gary o sinal verde.

No dia seguinte, peguei um avião de volta para casa, em Boston, desmarquei meus compromissos e contratei Otto Scharmer, que estava estudando com Peter Senge, para se juntar a mim no projeto. Começamos na semana seguinte e, ao longo de três meses, entrevistamos dezenas de cientistas, líderes sociais e empreendedores, e finalmente desenvolvemos o que chamamos de "processo U", uma forma de descrever o que pode acontecer quando uma equipe ou uma organização trabalha em conjunto para fazer emergir um novo futuro que não é simplesmente uma projeção do passado.

Em colaboração com uma equipe interna da Aliança, criamos o primeiro Laboratório de Liderança pelo Processo U, elaborado para capacitar os participantes de 21 unidades a criar novas propostas de empreendimentos e plataformas de crescimento para a Aliança. Na conclusão do contrato, Otto e eu escrevemos um artigo documentando o desenvolvimento do Processo U, intitulado "Liderança na nova economia: pressentindo e efetivando futuros emergentes".

Aquele artigo foi a primeira explicação escrita do Processo U e se tornou o manual de operações para mim e para os meus colegas da Generon. Além do trabalho, começamos a aplicar esses princípios em outros contextos, alguns em grande escala – por exemplo, um projeto envolvendo uma cadeia sustentável de suprimentos de alimentação englobando três países e um projeto para erradicar a subnutrição infantil na Índia. Uma quantidade de livros, artigos e muitos workshops surgiram com base na experimentação desse processo, e existe um interesse contínuo sobre o Processo U e a teoria U, bem como sobre o que possibilita ao Processo U produzir resultados excepcionais.

Durante todo esse período de 2000 a 2007, permaneci com uma vaga incerteza. Para mim, as explicações da Teoria U, em centenas de páginas de livros e artigos, deixavam escapar algo vital, particularmente quando tentavam descrever o que acontece na "base" do U. Algumas vezes, chegamos muito perto de uma explicação adequada – mas, então, regredíamos para formas demasiadamente analíticas de descrever o que ocorre lá. À medida que meus colegas e eu escrevíamos sobre "redirecionamento" em um livro chamado *Presença*, publicado nessa época, continuei pensando: "Algo tão fundamental não pode ser tão complicado. Precisamos de uma afirmação simples e clara sobre a forma como as pessoas podem acessar e utilizar essa força que está na base do U".[46] Enquanto eu quebrava a cabeça tentando desvendar como abordar esse assunto, recebi um convite muito importante.

Pari e Princeton

Esse convite veio de David Peat, um amigo próximo e colaborador de David Bohm. "Venha para um diálogo sobre 'O Legado de David Bohm'", dizia o convite. O diálogo seria realizado na cidade medieval de Pari, que fica no topo de uma montanha ao sul de Siena, na Itália. Pouco mais de dez pessoas haviam sido convidadas, a maioria era de colaboradores de longa data do dr. Bohm e antigos estudantes, agora cientistas famosos por seu próprio trabalho.

Aceitei imediatamente. Ali estava um presente de grande importância para mim, uma oportunidade para corrigir, pelo menos em parte, um dos maiores erros da minha vida – minha falha ao não aceitar o convite de Bohm para continuar nosso diálogo em Londres. Posteriormente, descobri que eu havia sido colocado na lista de convidados por Taher Gozel, um jovem empresário bem-sucedido e filantropo de Baku, no Azerbaijão, que havia lido *Sincronicidade* no ano de sua publicação. Ele contou que sua vida havia mudado depois da leitura do livro e, de fato, o livro o havia apresentado ao trabalho de Bohm, levando-o a entrar em contato com David Peat e agir como patrocinador do evento, incluindo nossas despesas de viagem.

Regressei do encontro em Pari com dois presentes. O primeiro foi uma compreensão muito mais profunda sobre o que o dr. Bohm havia me falado sobre a ordem implicada. E o segundo foi ser apresentado

46 Ver, por exemplo, os livros: *Presença: propósito humano e o campo do futuro*, de Peter Senge, Otto Scharmer, Joseph Jaworski e Betty Flowers; *Teoria U: como liderar pela percepção e realização do futuro emergente*, de Otto Scharmer; *Poder & amor: teoria e prática da mudança social*, de Adam Kahane.

a um dos mais respeitados cientistas vivos, Robert Jahn, professor emérito da Faculdade de Engenharia de Princeton. Ambos me levaram a formular o terceiro princípio que me ajudaria a completar a minha compreensão sobre aquilo que há tantos anos lutava para entender. Eu havia desenvolvido a "noção" da fonte da descoberta, da criação, da renovação e da transformação, mas não tinha sido capaz de explicar essa noção. Sem esse passo, portanto, a minha compreensão estava incompleta.

Em Pari, aprendi que as metáforas de Bohm (por exemplo, a gota de tinta na glicerina) eram apenas uma sombra do que ele entendia por ordem implicada. A analogia da gota de tinta é demasiadamente simplista e mecanicista. Bohm via o implicado como "mais profundo" e mais fundamental que o explicado. "Somente uma parte do implicado ou implícito pode se desdobrar em um determinado momento", afirmou Peat. "O restante permanece inacessível ao nosso mundo explicado. Em determinado momento no tempo, somente um aspecto limitado da ordem implicada pode se tornar explicado ou explícito."

A noção de ordem implicada de Bohm é, efetivamente, uma afirmação ontológica sobre a realidade. Como Bohm costumava dizer, ressaltou Peat, a ordem implicada pode também se referir a um "nível particular de realidade", um "campo material sutil para além do campo de partículas e forças, um nível particular de existência que não pode ser apreciado pelos nossos sentidos habituais".

Nos últimos anos de sua vida, Bohm falou do potencial quântico em termos de um "campo de informação ativa", explicando que a informação tem uma existência objetiva no mundo físico – ela ocupa um lugar central na física e tem uma atividade em si própria. Portanto, como me disse Peat, temos de estar abertos para a possibilidade de que a tríade fundamental da realidade seja informação, matéria e energia. Como a "ordem implicada" de Bohm, essa era uma nova imagem surpreendente do mundo, permitindo-me acessar novas áreas do pensamento sobre a criação do conhecimento.

Depois de ouvir a minha história do encontro com o dr. Bohm em Londres e da busca que eu tinha empreendido desde aquele período, um dos físicos, Jeffrey Tollaksen, sugeriu fortemente que eu me encontrasse com Robert Jahn, professor emérito da Faculdade de Engenharia de Princeton, e sua parceira de pesquisa, Brenda Dunne. "Se alguém pode ajudá-lo a verificar e descrever a Fonte tácita do conhecimento na base do U, são eles."

Pouco depois disso, eu estava em Princeton me reunindo com Jahn e Dunne. Não há como mensurar o valor daquele encontro e das conversas subsequentes que tive com eles. A história completa se encontra em meu outro livro, *A Fonte: uma jornada à criação do conhecimento, à essência da liderança eficaz*. Para mim, aquelas conversas, assim como a que tive com Bohm, mudaram a minha vida e comprovaram a visão de mundo que vinha se formando no meu interior há quase três décadas. Naquele dia, eles me falaram da insuficiência da teoria científica contemporânea em explicar o funcionamento humano extraordinário, tal como ocorre em descobertas e inovações profundas – um fracasso que pode ser resultado de uma compreensão inadequada do processo de troca de informações entre a mente e sua Fonte suprema. Em um artigo que me deram naquele dia, eles escreveram:

> Existe uma fonte muito mais profunda e vasta da realidade, que está amplamente isolada da experiência, das representações e até mesmo da compreensão humana direta. É um campo que há muito tempo tem sido proposto e contemplado por metafísicos e teólogos, psicólogos junguianos e jamesianos, filósofos da ciência e alguns físicos progressistas contemporâneos, todos batalhando para capturar e representar sua essência e sua função. Vários termos têm sido usados como tentativa de definição, como "Tao", "qi", "prana", "vazio", "registro akáshico", "campo arquetípico", "ordem oculta", "ordem implicada", "vácuo de ponto zero", "nível ontológico", "realidade primordial, atemporal, indivisa", entre muitos outros, nenhum deles capturando em sua completude a natureza sublime e esquiva desse campo. No entanto, para o nosso propósito atual, daqui em diante,

> vamos nos referir a ele simplesmente como a "Fonte" (Jahn & Dunne, 2007, p. 327).

Poucos dias depois dessa reunião, escrevi o terceiro dos quatro princípios que orientam nossa conexão com a Fonte:

3. Existe uma Fonte criativa, de potencial infinito, entrelaçada no universo

A conexão a essa Fonte conduz a novas realidades emergentes – descobertas, criações, renovações e transformações. Somos parceiros no desdobramento do universo.

* * *

Enquanto escrevia essas palavras, relembrei as linhas que David Peat havia lido para nós na abertura do diálogo em Pari. O trecho veio de um pequeno discurso que o dr. Bohm havia escrito para uma cerimônia em memória de um amigo seu de longa data, que havia sido seu colega de classe na Universidade Estadual da Pensilvânia. O mesmo discurso foi lido também numa cerimônia em memória do próprio Bohm, realizada no Birkbeck College de Londres:

> O campo do finito é tudo o que podemos ver, ouvir, tocar, relembrar e descrever. Esse campo é basicamente aquilo que é manifesto, tangível. A qualidade essencial do infinito, ao contrário, é a sua sutileza, sua intangibilidade. Essa qualidade é transmitida na palavra *espírito*, cuja raiz significa "vento ou respiração". Isso sugere uma energia invisível, mas penetrante, à qual o mundo manifesto do finito responde. Aquilo que é verdadeiramente vivo no ser vivo é essa energia do espírito, que nunca nasce e nunca morre.[47]

[47] O discurso completo de Bohm pode ser encontrado a partir da página 322 do livro *Infinite Potential: the Life and Times of David Bohm*, de David Peat.

Coprodução condicionada com a Fonte

Em conversas com Robert Jahn, Brenda Dunne e os físicos em Pari, falamos do grande princípio organizador do universo – criar a realidade por meio do nosso diálogo dinâmico com a Fonte. Nesse campo sutil, a comunicação não é unidirecional. Esse canal de informação possui uma capacidade bidirecional – que permite passar informações à Fonte e também extrair informações dela. O físico Dean Brown referiu-se a isso como "coprodução condicionada"[48] com a Fonte – condicionada porque existem pré-requisitos fundamentais que devem ser preenchidos na preparação para um empreendimento tão sagrado.

Um dos físicos presentes no encontro de Pari era Lee Nichol, que havia sido o principal colaborador de Bohm quando este desenvolvia suas ideias sobre pensamento coletivo e comunicação. Eles trabalharam juntos durante os dez últimos anos da vida de Bohm, quando ele formulava os princípios encontrados no artigo "On Dialogue". O artigo, segundo Lee, foi escrito inicialmente para ser distribuído para as pessoas que haviam participado dos "seminários de Bohm", em Ojai, na Califórnia, e que já estavam familiarizadas com os elementos mais profundos do processo.[49] Era uma versão condensada das ideias de Bohm – uma descrição vigorosa, mas incompleta, das características essenciais do que veio a ser conhecido como "diálogo". Essa versão condensada tem sido ampliada em um grande número de livros do tipo "como fazer", direcionados ao mercado de massa. Juntos, o artigo original e os materiais secundários definiram o campo do diálogo para uma geração inteira de praticantes.

Lee contou que, pouco antes de sua morte, Bohm havia comentado sobre o seu desapontamento com o diálogo. No início, ele tinha grandes esperanças quanto ao poder transformador do diálogo na

---

48 Brown utilizou esse termo constantemente em conversas com o meu colega Kazimierz Gozdz, de quem ele foi amigo e mentor de 1995 até sua morte, em 2003. Sou grato a Kaz por me transmitir a sabedoria de Brown.

49 Ver o ensaio de Lee Nichol, "Wholeness Regained: Revisiting Bohm's Dialogue", em *Dialogue as a Means of Collective Communication*, de B. Banathy e P. Jenlink. Sou grato a Lee por ter me enviado esse ensaio após o encontro em Pari para que eu pudesse adquirir uma compreensão mais profunda de tudo o que discutimos juntos naquela ocasião.

mente coletiva. Contudo, nos seus últimos anos, Bohm sentiu que o impacto do diálogo tinha sido errático, pobre mesmo. Ele sentia que isso era consequência da comercialização do diálogo, em que o treinamento do facilitador era deficiente. Como resultado, a essência do diálogo havia sido marginalizada. Bohm disse que o pré-requisito essencial para o diálogo eficaz era que o facilitador e os participantes realizassem um trabalho profundo sobre si mesmos e somente então levassem de volta ao círculo os frutos daquele trabalho – e era preciso fazer isso de forma consistente. O "trabalho sobre si mesmos" seria a prática contemplativa – qualquer forma de meditação, atenção ou treinamento em percepção.

Lee apontou que, quando a mente está silenciosa, transcendendo o ego (como acontece em estado de meditação profunda), algo além do pensamento começa a operar – um conhecimento que é original. É uma consciência dissociada da nossa visão de nós mesmos ou da nossa visão de mundo. É genuinamente uma nova ordem de compreensão.

Essa é uma descrição precisa da conexão com a Fonte. Lee afirmou ainda que, se um trabalho disciplinado é realizado, "o corpo é o portal individual para uma riqueza incrível e inesperada de informação". Esse ponto de vista foi enfatizado por Jahn e Dunne durante nosso encontro em Princeton: o esforço agora, segundo eles, precisa ser focado em como acessar e utilizar "essa Fonte primordial inefável". Eles também concluíram que uma autogestão interior disciplinada – incluindo práticas contemplativas e energéticas – amplifica a nossa troca de informação com a Fonte.

O árduo trabalho de construir essa capacidade nos facilitadores e nos líderes seniores de organizações raramente foi feito. Somente os facilitadores que fizeram o trabalho interior podem "estabelecer o campo" para os participantes e ajudá-los a aprender o caminho para esse território mais profundo de conexão com a Fonte. Somente quando essa conexão for estabelecida, o grupo poderá começar a operar como uma "inteligência única", liberando as "capacidades fenomenais" nele entrelaçadas.

Um dos sócios fundadores da Generon, Bill O'Brien, sempre dizia: "O sucesso de uma intervenção depende do estado interior de quem intervém". Eu vim a compreender que a chave determinante do sucesso de qualquer uso do Processo U reside no estado interior da pessoa ou das pessoas que lideram o processo – suas intenções e sua forma de ser.

* * *

Nos seus últimos anos de vida, Bohm gostava de dizer: "Uma mudança de significado é uma mudança de ser". Em *Unfolding Meaning*, Bohm afirma que significado é um aspecto da realidade, ligado à realização de objetivos e a contextos específicos, por demais complexos para serem representados por qualquer tipo de fórmula fechada. Habitamos um universo infundido de significado profundo. Totalidade, amor e significado infundem e informam o universo, e lhe dão contorno e forma.

O que também me ficou claro em Pari e em Princeton é que, para que o Processo U possa levar a soluções realmente inovadoras, ele deve ser infundido de significado. Verdade e amor estão no cerne do Processo U, que é desenhado para gerar a realidade emergente da maneira como ela deseja emergir – e não como desejado por pessoas egoístas e mal-intencionadas. Para possibilitar a dissolução de limites entre o eu, os outros e o universo, uma pessoa ou um grupo deve, *de forma não ambígua*, colocar-se em um lugar de amor, cuidado e sacrifício para com os outros, inclusive para com todo o sistema envolvido. Nesse momento de unicidade, os participantes agem a partir da ordem generativa que se desdobra – a totalidade indivisível, da qual emergem eventos aparentemente isolados. Promovem-se novas realidades no sistema como um todo. Ao levar os participantes a se conectarem com a Fonte, o Processo U desencadeia um ato volitivo de amor, cujo propósito é servir à vida.

O trabalho de Bohm e de seus colegas em Pari e Princeton sugere que existe uma ponte entre os dois mundos da mente e da matéria, e que esses são dois lados de uma mesma realidade; que a Fonte eternamente criativa, situada para além do tempo, constantemente dá a luz ao universo a cada momento; que o universo é infundido com profundo significado; e que compaixão, mente honesta e propósito são centrais para a capacidade dos participantes de alcançar o que chamávamos de "base do U", permitindo-lhes conectar-se a essa Fonte e, portanto, agir a partir da ordem generativa que se desdobra.

Muitos anos atrás, Willis Harman me disse que as potencialidades da mente em geral permanecem latentes e não manifestas, mas que, se quisermos alcançá-las, temos de seguir certas regras que se harmonizam com a sabedoria perene. Harman mencionou as palavras do filósofo e místico medieval Mestre Eckhart: "O trabalho exterior nunca será pequeno se o trabalho interior for grandioso. E o trabalho exterior nunca será grandioso se o trabalho interior for pequeno".

* * *

Em consequência, escrevi o último dos quatro princípios que orientam nossa conexão com a Fonte:

4. O ser humano pode aprender a extrair conhecimento do infinito potencial da Fonte, optando por seguir um caminho disciplinado em direção à autorrealização e ao amor, a energia mais poderosa do universo

O caminho em direção à Fonte pode incluir ensinamentos das antigas tradições, desenvolvidos ao longo de milhares de anos, práticas contemplativas e exposição direta ao processo generativo da natureza.

Formação da estratégia e conexão com a Fonte

Em uma manhã de outubro de 2010, eu estava ocupado em finalizar o epílogo de *Sincronicidade*. Estava sentado à mesa na minha sala de jantar, contemplando as Green Mountains e me indagando sobre a conclusão daquele capítulo – o que eu poderia escrever que fosse interessante e importante? De repente, me ocorreu entrar em contato com um velho amigo, Napier Collyns, que eu havia conhecido no meu primeiro dia na Royal Dutch Shell, em Londres. Mandei imediatamente um e-mail a ele marcando um telefonema para o dia seguinte.

"Qual foi a última vez que nos vimos, Napier?", eu lhe perguntei. Sem hesitar, ele respondeu: "Em Washington, no Arlington Institute, quando você fez aquela apresentação. Foi uma palestra incrível – você parecia exatamente como Pierre Wack".

Sentei-me por um momento, atordoado. O que Pierre Wack, um dos mais antigos pioneiros de planejamento de cenários no setor privado, tinha a ver com o que eu havia falado em Washington – a minha jornada para descobrir o terceiro e o quarto princípios que estavam faltando, as capacidades extraordinárias que os seres humanos processam naturalmente e o que realmente acontece na "base" do U?

Durante os anos 1970, Wack havia liderado a primeira equipe mundial de planejamento de cenários para o Grupo Royal Dutch Shell, em Londres. Essa equipe, da qual Napier fazia parte, foi tão bem-sucedida que o Grupo Shell foi capaz de "permanecer ativo" e, desse modo, reagir rapidamente a não apenas uma, mas duas crises do petróleo induzidas pelos árabes durante aquela década. Os artigos de Wack, publicados na *Harvard Business Review*, são considerados clássicos nesse campo. Na verdade, esses artigos, juntamente com cópias confidenciais do seu conjunto de cenários, foram minha leitura obrigatória enquanto me preparava, no início dos anos 1990, para assumir a antiga posição de Wack na empresa.

Tudo o que eu havia lido e ouvido sobre Wack tinha me conduzido a vê-lo como um executivo da Shell altamente educado e inteligente, cujo trabalho se fundamentava na lógica, de acordo com a visão de mundo aceita e predominante. Aquela perspectiva foi aniquilada pelo comentário de Napier. Minha mente me levou aos debates internos da nossa equipe de cenários sobre "Novas fronteiras". Líderes seniores da empresa insistiam que os cenários da Shell eram elaborados para ajudar o tomador de decisões a *reagir* mais rapidamente a novas realidades – não para *moldar* o futuro. Cenários nunca pretenderam ser previsões de novas realidades emergentes, mas apenas histórias plausíveis, e internamente consistentes, de futuros alternativos; cada cenário é tratado igualmente como um futuro plausível. O processo de planejamento de cenários usado pelo

Grupo Shell sempre foi descrito como confiando não na probabilidade, mas no pensamento causal qualitativo fundamentado em uma lógica sólida.

"Eu parecia Pierre Wack?"

"Certamente", disse Napier, e então, nas duas horas que se seguiram, ele me contou sobre o lado reservado e oculto de Pierre, que Napier só havia descoberto após a morte dele.

A visão de mundo de Pierre havia sido moldada em Paris, durante a Segunda Guerra Mundial, pelo seu encontro, quando tinha apenas 20 anos, com Gurdjieff, um místico e mestre espiritual armênio. Gurdjieff foi o primeiro a fazer Pierre enxergar que "níveis mais altos de consciência podiam existir". Pelos dezenove anos seguintes, Pierre estudou com uma sucessão de mestres espirituais. Viveu em monastérios zen no Oriente longínquo, praticou meditação em Burma e na Tailândia e visitou um grande número de mestres na Índia e no Japão. Finalmente, em 1961, Pierre encontrou na Índia um mestre com o qual estudou por pelo menos cinquenta períodos (alguns durando até três semanas) pelos treze anos seguintes. Lá, de acordo com Napier, Pierre aprendeu uma forma diferente de adquirir conhecimento sobre o futuro, que seu mestre indiano chamava "a arte de ver".

Perguntei a Napier como ele havia tomado conhecimento de todos esses detalhes sobre a busca disciplinada de Pierre por níveis mais altos de consciência. "Está tudo registrado em um ensaio de quatro páginas que Pierre me mostrou em 1993", respondeu Napier. "Foi escrito em francês. Pierre me entregou e comecei a ler, mas, quando cheguei ao final da terceira página, ele o arrancou das minhas mãos, dizendo: 'O restante não é para você, Napier'. Ele era extremamente cauteloso, poder-se-ia dizer até misterioso, sobre tudo isso. Não queria perder a legitimidade que havia conquistado na Shell durante tantos anos de serviço."

Uma semana antes da morte de Pierre, em 1997, Napier o visitou no hospital em Chartres. "Depois de passar a manhã na catedral, fui até o hospital para me despedir. Levei para ele livros e artigos, como eu sempre fazia. Eu estava sentado ao lado da cama, com Eve, a esposa de Pierre, sentada ao meu lado. Pedi a Pierre permissão para criar um arquivo para todos os seus escritos. Ele respondeu: 'Por favor, faça-o'. Foi dessa forma que pude ter acesso ao pequeno ensaio que havia visto quatro anos antes. Eve o traduziu para o inglês, e eu guardei uma cópia por todos esses anos. Existem duas versões. Uma foi editada, excluindo qualquer referência à vida profissional de Pierre, particularmente a seu trabalho na Shell. A outra é a original – eu a enviarei a você."

Poucos dias depois da minha conversa com Napier, recebi o ensaio pelo correio. Imediatamente, eu o li e reli, aturdido pela sincronicidade da sua confirmação implícita dos quatro princípios que eu havia descoberto. O ensaio era surpreendente em sua profundidade, poder e extrema simplicidade.

No topo, vinham as palavras:

> Pierre Wack
>
> Texto original conforme ditado por Pierre a Eve.
>
> O primeiro parágrafo dizia: "Pierre Wack, nascido em 1922, encontrou-se pela primeira vez, na primavera de 1961, com Svami Prajnanpad (chamado de Svamiji por seus discípulos). Foi o primeiro francês a visitar o Ashram Channa".

Svamiji era um mestre hindu, e o seu Ashram Channa fica em Bengala, na Índia, logo ao norte de Calcutá. Eu fiquei fascinado ao ler que Wack tinha visitado a Índia com o propósito específico de buscar um mestre. "Eu tinha alguns endereços no meu bolso", escreveu ele. "Svami Prajnanpad estava no último lugar da lista – eu o imaginava como um 'teólogo' vedanta."

Wack visitou dois mestres, um em Calcutá e outro, um mestre sufi, em Kampur. Ficou três semanas com o mestre sufi, encontrando-se com ele todas as manhãs e todas as tardes. Depois da experiência com o sufi, Wack partiu com a intenção de retornar aos monastérios budistas que havia visitado anteriormente, no norte da Tailândia.

> Ao retornar de Kampur para Calcutá, por trem, com a intenção de voltar à Tailândia, observo que o meu trem faz uma parada em Khana Junction, a estação mais próxima do *ashram* de Svamiji. Chego na estação às 5 horas da manhã, deixo minha bagagem lá – com a certeza de que logo partirei – e caminho pelos campos de arroz por duas horas e meia até chegar ao *ashram*. Svami Prajnanpad está lá sozinho, o que é muito raro. O *ashram* é um enclave milagroso. Permaneço lá por três semanas, e depois por mais duas. Tenho uma sessão de manhã e outra à tarde. É a experiência mais forte que já tive. Pela primeira vez na minha vida, me sinto pleno.

A essência da experiência de aprendizagem de Pierre Wack com Svamiji Prajnanpad, durante treze anos, é narrada sob o título de "A arte de ver", em que Pierre diz: "No período de treze anos, devo ter tido pelo menos cinquenta sessões, densas e intensas, pessoais e operacionais, apenas para 'ver as coisas como elas são', para aprender a arte e a disciplina de ver. Essas sessões transformaram a minha vida e, em primeiro lugar, a minha vida profissional".

Wack foi ensinado a:

> Ver, estabelecer inter-relações, ver através e ser uno com o que é visto. Eu (fui) literalmente incendiado pelo sabor, pela sensação de "ver". O comprometimento que Svamiji tinha comigo para que eu "visse coisas" era revolucionário. Todas as vezes que eu experimentava dificuldades, ou tinha dúvidas sobre como prosseguir, ia pedir conselhos a Svamiji. E Svamiji sempre encontrou uma maneira de me ajudar. Seus ensinamentos se interessavam pelo *funcionamento ideal de uma pessoa em sua totalidade.* [destaque nosso]

Wack também descreveu seu papel de líder da equipe de planejamento de cenários do Grupo Shell como "uma oportunidade excepcional", porque "as previsões formariam um teste implacável", e falou da consequência de sua prática. Michael Albert, o antigo diretor do grupo francês, descreveu os resultados da abordagem de Wack:

> Testemunhei, com anos de antecedência, a maneira como os economistas na Shell (e provavelmente os únicos no mundo) eram capazes de antever as crises do petróleo e convencer seus superiores a construir estratégias a partir dessas visões de futuro.

* * *

Greenleaf chamava de antevisão "a ética central da liderança", acrescentando que "ver o imprevisível" e "conhecer o incognoscível" é o diferencial de um líder. As conversas em Pari e em Princeton estavam infundidas com a noção do "conhecimento" que transcende o tempo e o espaço. O conhecimento original, o conhecimento oriundo da Fonte, está além da ordem do tempo. Robert Jahn foi claro comigo ao afirmar: "A consciência humana é capaz de extrair informações de aspectos físicos do seu ambiente por meios independentes do tempo e do espaço". E Brian Josephson, físico que recebeu o Prêmio Nobel e amigo de muitos dos físicos presentes em Pari, disse: "Até agora, a evidência é persuasiva. O que parece acontecer é que a informação está vindo do futuro" (Josephson *apud* Dossey, 2009, p. 181). Dean Radin, um antigo companheiro de pesquisa de Jahn e Dunne em Princeton, e que atualmente é um autor reconhecido no assunto, aborda esse conhecimento da seguinte maneira:

> Quando você se distancia de todas as pesquisas e estudos, o que você encontra é um corpo espetacular de evidência convergente, indicando que a nossa compreensão do tempo é totalmente incompleta. Esses estudos indicam que algum aspecto da nossa mente pode perceber o futuro. Não inferir o futuro, ou antecipar o futuro, ou calcular o futuro, mas realmente percebê-lo (Radin, 2006, p. 179).

Nesse ensaio, Wack falou da "obrigação de seu mestre para fazê-lo 'ver coisas'" como tendo "um sabor de certeza existencial, ver coisas diretamente como elas são – não acreditando, imaginando, especulando, e, sim, vendo". Escreveu ainda que ser "capaz de transmitir essa sabedoria em termos pessoais e operacionais tem sido a verdadeira grandeza de Svamiji".

A observação de Wack sobre *ver* caracteriza, para mim, a essência do impulso empreendedor – usar o poder de antevisão no contexto de mudança contínua, complexidade e incertezas. Wack descreve um processo contínuo: aprofundar a consciência pessoal e o poder de renovação; libertar-se de sistemas de crenças limitadoras; perscrutar o ambiente de negócios; identificar as forças motrizes que estão em ação e as cadeias de causa e efeito resultantes; acessar compreensões além do alcance mental anterior; e agir no momento certo. Ao usar esses princípios, uma equipe encarregada pela direção estratégica mais ampla da empresa pode aprender a formular e a implantar estratégias em *paralelo*, em vez de sequencialmente, criando assim um ciclo contínuo de aprendizagem e ação – "fazer o caminho ao caminhar".

* * *

Na nossa conversa ao telefone, Napier me lembrou de como ele havia me apresentado a Pierre. Eu respondi dizendo que o segundo maior erro na minha vida, depois de não voltar a Londres em 1980 para me encontrar com David Bohm, após o seu convite para que eu retornasse, foi não passar um tempo significativo com Pierre depois que fui apresentado a ele no meu primeiro dia na Shell. Quando nos encontramos, embora por apenas uma hora, tive um bom pressentimento sobre a profundidade do seu caráter, da sua espiritualidade e da sua consciência. Mesmo assim, e como antes havia acontecido com o dr. Bohm, eu permiti que as exigências do momento interferissem. O que eu senti em função daquilo que eu havia perdido somente aprofundou a minha resolução de evitar a "armadilha da hiperatividade".

Cenários generativos

Um ponto deve ser acrescentado para completar a história que contei sobre os cenários da Shell para o período entre 1990 e 2020. Entre os capítulos 19 a 23 deste livro, descrevi como nossa equipe criou os cenários "Novas fronteiras" e "Barricadas" e como encorajamos o Grupo Shell a usar cenários não apenas para se *adaptar* às diferentes possibilidades futuras, mas para *gerar* e participar da viabilização de futuros melhores. Essa foi uma mudança fundamental na forma com que o Grupo Shell utilizava os cenários como ferramenta para formação de estratégia. Enquanto eu completava a primeira edição deste livro, em 1995, fiquei me perguntando se o esforço da equipe para criar uma mudança tão fundamental na abordagem do Grupo Shell iria durar.

Para mim, é gratificante relatar que a mudança está sendo duradoura. Na apresentação da mais recente versão pública dos cenários da Shell (que revela algumas percepções confidenciais, mas não segredos comerciais), o diretor executivo Jeroen van der Veer escreveu: "Nunca antes a humanidade se deparou com um horizonte tão desafiador em relação às questões energéticas e ao planeta. Isso pode ser resumido em apenas seis palavras: 'Mais energia, menos dióxido de carbono'".

Van der Veer descreveu então dois cenários. No primeiro, "Escaramuças", ocorre uma disputa insana entre as nações para assegurar recursos. Os elaboradores de políticas públicas enxergam a energia como um jogo de soma zero, prestando pouca atenção ao consumo energético até que a oferta se torne escassa. A emissão de gases causadores do efeito estufa não é abordada com seriedade até o momento em que ocorrem impactos climáticos significativos. O segundo cenário, intitulado "Projetos", corresponde a um mundo de cooperação política entre os diversos governos acerca dos tributos e dos padrões de eficiência; existe uma convergência nas políticas relativas ao comércio de licenças de emissão e às iniciativas locais para a melhoria da eficiência energética em edifícios. O resultado é a diminuição significativa de emissões de dióxido de carbono em todo o mundo.

Van der Veer concluiu que "os resultados do cenário 'Projetos' oferecem maior esperança para um futuro sustentável".

> Eu estou convencido de sua viabilidade, desde que, globalmente, haja a combinação correta de políticas, de tecnologias e de comprometimento por parte dos governos, da indústria e da sociedade. No entanto, alcançá-los não será fácil, e o tempo é escasso. Nós precisamos urgentemente de clareza de pensamento, investimentos vultosos e liderança efetiva. Qualquer que seja o seu papel nisso, espero que os cenários possam ajudá-lo a entender melhor as escolhas que você enfrentará.

A linha tênue entre Deus e a Fonte

Em fevereiro de 2001, enquanto eu estava em Baja, em uma vivência de duas semanas na natureza selvagem, tive uma experiência marcante com duas baleias-cinzentas. Nessa época do ano, a região de Baja fica cheia de cardumes de baleias. Elas migram para o sul durante o inverno, vindas do mar de Bering em uma jornada de 9.600 quilômetros. É uma das mais extraordinárias façanhas já registradas no mundo animal.

Armei minha barraca em um penhasco, cerca de 15 metros acima do oceano, em uma vasta e despovoada região costeira onde o deserto de Sonora encontra o Oceano Pacífico. No sexto dia da minha experiência solitária, num momento em que estava parado na beirada de um alto penhasco de frente para o oceano, bem na minha frente, duas baleias gigantes emergiram da água dezessete vezes, em perfeita união, com seus corpos arqueando por completo, como se fossem golfinhos, mergulhando então de cabeça. Momentos depois, das profundezas do oceano, as baleias emergiram novamente como foguetes disparados no ar. Sua cauda saiu por completo da água e elas ficaram como que pairando no ar por alguns instantes, antes de escorregarem de volta para dentro da água, aparentemente sem provocar qualquer onda. Elas fizeram três vezes esse movimento.

Quando retornei daquela vivência, minha vida estava diferente. Trazia na memória a lembrança de ter estado na presença do divino. As bases da minha identidade estavam mudando novamente, colocando-me em uma trajetória que me levou à fundação da Iniciativa Global de Liderança (Global Leadership Initiative) e ao lançamento de Projetos para Demonstração (Demonstration Projects), que foram elaborados para testar em escala a eficácia do Processo U.

* * *

Essa passagem pela natureza selvagem foi guiada por John P. Milton, um ecologista pioneiro, educador e explorador que se tornou meu mestre e meu guia, muito semelhante ao que Svami Prajnanpad foi para Pierre Wack. Quando deixei a trilha para me encaminhar ao local onde ficaria sozinho, John me sugeriu que, durante aquela semana, eu levasse comigo o nome de uma pessoa que eu respeitasse, talvez uma figura histórica que tivesse alguma importância pessoal ou mesmo um ancestral cuja memória fosse significativa para mim.

Nessa caminhada de três horas pelo deserto em direção ao local onde estaria sozinho, escolhi o nome "Joseph", em memória do chefe Joseph, o grande líder da tribo Nez Perce, e de meu avô paterno, o pastor luterano de quem herdei o nome. Enquanto eu continuava caminhando, sorri, porque minha mãe sempre me chamava de Joseph quando queria ser severa comigo: "Joseph! Venha para dentro de casa agora!".

Depois dessa experiência, eu passei a me apresentar como Joseph em vez de Joe, um ato que era um pequeno reflexo da mudança que estava ocorrendo em minha vida. E, hoje, a maioria dos meus amigos se refere a mim como Joseph.

* * *

Sete anos depois, em fevereiro de 2008, pressentindo que eu estava prestes a descobrir os princípios remanescentes que estava buscando, retornei a Baja para uma segunda vivência. No meu último dia lá, sentei-me com cerca de oito participantes daquele encontro ao redor de uma mesa lindamente esculpida em um tronco de madeira, posicionada debaixo de uma cabana de palmeira palapa, que John havia construído para o treinamento de consciência e percepção que ele sempre ministrava nos quatro dias antes e nos dois dias depois da vivência solitária.

No último dia da nossa jornada, John estava discorrendo sobre o assunto da Fonte, valendo-se de suas décadas de treinamento com os mestres budistas tibetanos e taoistas. Quando ele fez uma pausa, ergui minha mão e perguntei: "John, qual é a diferença entre Deus e a Fonte?".

John refletiu por um breve momento e, com sorriso quase imperceptível, respondeu: "Joseph, existe uma linha tênue entre os dois. Mais adiante, podemos falar a respeito disso".[50]

Então, ele se virou para o grupo e continuou com os ensinamentos. Aproximadamente um minuto depois, escrevi no meu diário as palavras de Carl Jung que John W. Gardner havia me ensinado e que eu havia utilizado como a última linha do meu livro *Sincronicidade*: *Vocatus atque non vocatus, Deus aderit.*

"Invocado ou não, Deus está presente."

[50] Como John Milton havia prometido, nós tivemos posteriormente uma conversa de três horas sobre a pergunta que eu havia feito a ele. Essa conversa é relatada no meu livro intitulado *A Fonte: uma jornada à criação do conhecimento, à essência da liderança eficaz*.

Bibliografia

BACH, Richard. *Jonathan Livingston Seagull* [Título em português: *Fernão Capelo Gaivota*]. Nova York: Macmillan, 1970.

BOHM, David. *Wholeness and the Implicate Order* [Título em português: *A totalidade e a ordem implicada*]. Londres: Routledge & Kegan Paul, 1980.

______. *Unfolding Meaning*. Nova York: Doubleday, 1985.

BROWN, E. D. & WIEGAND, W. "Cosmic Law: Patterns in the Universe". Em *The FMBR. Where Science and Consciousness Produce Wisdom*. Disponível em http://www.fmbr.org/cosmiclaw/index.htm. Acesso em 23-11-2010.

BUBER, Martin. *I and Thou* [Título em português: *Eu e Tu*]. Trad. Walter Kaufmann. Nova York: Charles Scribner's Sons, 1970.

______. *I and Thou* [Título em português: *Eu e Tu*]. Trad. Ronald Gregor Smith. Nova York: Charles Scribner's Sons, 1958 [1952].

CAPRA, Fritjof. *The Tao of Physics: an Exploration of the Parallels Between Modern Physics and Eastern Mysticism* [Título em português: *O Tao da Física: um paralelo entre a física moderna e o misticismo oriental*]. Boston: Shambhala Press, 1985.

CAMPBELL, Joseph. *The Hero with a Thousand Faces* [Título em português: *O herói de mil faces*]. Princeton: Princeton University Press, 1968 [1949].

______. *The Power of Myth* [Título em português: *O poder do mito*]. Nova York: Doubleday, 1988.

CLEVELAND, Harlan. *Birth of a New World: an Open Moment for International Leadership*. São Francisco: Jossey-Bass Publishers, 1993.

CSIKSZENTMIHALYI, Mihaly. *Flow: the Psychology of Optimal Experience*. Nova York: Harp & Row, 1990.

DAUMAL, René. *Mount Analogue: a Novel of Symbolically Authentic Non-Euclidean Adventures in Mountain Climbing* [Título em português: *O monte análogo: romance de aventuras alpinas, não euclidianas e simbolicamente autênticas*]. Trad. Roger Shattuck. Baltimore: Penguin, 1960 [1952].

DOSSEY, L. *The Power of Premonitions: How Knowing the Future Can Shape Our Lives*. Boston: Dutton, 2009.

FROMM, Erich. *The Art of Loving* [Título em português: *A arte de amar*]. Nova York: Harper & Row, 1956.

______. *To Have or To Be?* [Título em português: *Ter ou ser?*]. Nova York: Harper & Row, 1976.

GARDNER, John W. *No Easy Victories*. Nova York: Harper Colophon Books, 1968.

______. *On Leadership*. Nova York: The Free Press, 1990.

______. *Self-Renewal: the Individual and the Innovative Society*. Nova York: W. W. Norton & Company, 1995.

GREENLEAF, Robert. *My Debt to E. B. White*. Westfield: Robert K. Greenleaf Center, 1987.

______. *Servant Leadership: a Journey into the Nature of Legitimate Power and Greatness*. Nova York: Paulist Press, 1977.

______. *The Servant as Leader*. Westfield: Robert K. Greenleaf Center, 1973.

HALBERSTAM, David. *The Amateurs: the Story of Four Young Men and Their Quest for an Olympic Gold Medal*. Nova York: Ballantine Books, 1985.

HALIFAX, Joan. *The Fruitful Darkness*. Nova York: Harper San Francisco, 1993.

HESSE, Herman. *Demian: the Story of Emil Sinclair's Youth* [Título em português: *Demian*]. Trad. M. Roloff e M. Lebeck. Nova York: Bantam Books, 1965.

HOLDER, Robert J. & MCKINNEY, Richard N. "Corporate Change and the Hero's Quest". Em *World Business Academy Perspectives*, vol. 6, nº 4, 1992.

ISAACS, William N. *Dialogue: the Art of Thinking Together*. Nova York: Crown Business, 1999.

JAHN, Robert & DUNNE, Brenda. "The Pertinence of the Princeton Engineering Anomalies Research (PEAR) Laboratory to the Pursuit of Global Health". Em *Explore, The Journal of Science and Healing*, nº 3, maio/junho de 2007.

JAMES, Thomas. *Education at the Edge: the Colorado Outward Bound School*. Denver: Colorado Outward Bound School, 1980.

JAWORSKI, Joseph. *Source: the Inner Path of Knowledge Creation* [Título em português: *A Fonte: uma jornada à criação do conhecimento, à essência da liderança eficaz*]. São Francisco: Berrett-Koehler Publishers, 2012.

JAWORSKI, Leon. *After Fifteen Years*. Houston: Gulf Publishing, 1961.

______. *The Right and the Power: the Prosecution of Watergate*. Nova York: Reader's Digest Press, 1976.

JUNG, Carl Gustav. *Memories, Dreams, Reflections* [Título em português: *Memórias, sonhos, reflexões*]. Trad. Richard e Clara Winston. Nova York: Pantheon, 1961.

______. "Synchronicity: an Acausal Connecting Principle". Em *The Structure and Dynamics of the Psyche*, vol. 8. The Collected Works of C. G. Jung. Princeton: Princeton University Press, 1960.

KAHANE, Adam. *Power and Love: a Theory and Practice of Social Change* [Título em português: *Poder & amor: teoria e prática da mudança social*]. São Francisco: Berrett-Koehler, 2010.

KOESTLER, Arthur. *Janus: a Summing Up*. Nova York: Random House, 1978.

KOFMAN, Fred & SENGE, Peter M. "Communities of Commitment: the Heart of Learning Organizations". Em *Organizational Dynamics*, 1993.

MATURANA, Humberto & VARELA, Francisco. *The Tree of Knowledge: the Biological Roots of Human Understanding* [Título em português: *A árvore do conhecimento: as bases biológicas da compreensão humana*]. Boston: Shambhala, 1991 [1987].

MAY, Rollo. *Freedom and Destiny*. Nova York: W. W. Norton & Company, 1981.

NICHOL, Lee. "Wholeness Regained: Revisiting Bohm's Dialogue". Em BANATHY, B. & JENLINK, P. *Dialogue as a Means of Collective Communication*. Nova York: Kluwer-Plenam Academic Publishing, 2004.

NOUWEN, Henri Jozef Machiel. *Reaching Out: the Three Movements of the Spiritual Life*. Garden City: Doubleday, 1975.

PEAT, F. David. *Infinite Potential: the Life and Times of David Bohm*. Boston: Addison Wesley Longman, 1996.

______. *Synchronicity: the Bridge Between Matter and Mind*. Nova York: Bantam, 1987.

PECK, M. Scott. *The Road Less Travelled: a New Psychology of Love, Traditional Values and Spiritual Growth*. Nova York: Simon e Shuster, 1978.

PRATHER, Hugh. *Notes to Myself*. [Título em português: *Notas para mim mesmo*]. Moab: Real People Press, 1970.

RADIN, Dean. *Entangled Minds: Extrasensory Experiences in a Quantum Reality*. Nova York: Paraview Pocket Books, 2006.

RUSSELL, W. & BRANCH T. *Second Wind: Memoirs of an Opinionated Man*. Nova York: Random House, 1979.

SCHARMER, Otto. *Theory U: Leading from the Future as it Emerges* [Título em português: *Teoria U: como liderar pela percepção e realização do futuro emergente*]. São Francisco: Berrett-Koehler, 2009.

SENGE, Peter. *The Fifth Discipline: the Art and Practice of the Learning Organization* [Título em português: *A quinta disciplina: arte e prática da organização que aprende*]. Nova York: Doubleday, 1990.

______; SCHAMER, C. Otto; JAWORSKI, Joseph; FLOWERS, Betty Sue. *Presence: an Exploration of Profound Change in People, Organizations and Society* [Título em português: *Presença: propósito humano e o campo do futuro*]. Nova York: Doubleday, 2004.

SHELDRAKE, Rupert. *The Presence of the Past: Morphic Resonance and the Habits of Nature*. Londres: Fontana/Harper Collins, 1989.

SHELL OIL COMPANY. *Shell Energy Scenarios to 2050*. Londres: Shell International B. V., 2008.

TRUNGPA, Chögyam. *Shambhala: the Sacred Path of the Warrior*. Boston & Londres: Shambhala, 1988 [1984].

VARELA, Francisco; THOMPSON, Evan; ROSCH, Eleanor. *The Embodied Mind: Cognitive Science and Human Experience*. Cambridge: MIT Press, 1991.

WHEATLEY, Margaret. *Leadership and the New Science: Learning About Organization from an Orderly Universe*. São Francisco: Berrett-Koehler, 1992.

WILBER, Ken. *No Boundary: Eastern and Western Approaches to Personal Growth*. Boston/Londres: Shambhala, 1979.

WINNOGRAD, Terry & FLORES, Fernando. *Understanding Computers and Cognition: a New Vision for Design*. Nova Jersey: Addison Wesley, 1989.

ZELINSKI, Mark & SHAEFFER, Gary. *Outward Bound: the Inward Odyssey*. Hillsboro: Beyond Words Publishing, 1991.

ZOHAR, Danah. *The Quantum Self. Human Nature and Consciousness Defined by the New Physics*. Nova York: William Morrow, 1990.

ZUKOV, Gary. *The Dancing Wu Li Masters: an Overview of the New Physics*. Nova York: Bantam, 1980.

Sobre o autor

Joseph Jaworski dedicou a maior parte de sua vida a explorar as dimensões mais profundas da liderança transformacional. Como fundador e presidente da Generon International e da Iniciativa Global de Liderança (Global Leadership Initiative), Jaworski colabora com líderes comprometidos em desenvolver capacidades de inovação e transformação que resultam em mudanças fundamentais, tanto em si próprios como em suas organizações.

Jaworski começou sua carreira profissional como advogado do escritório Bracewell & Giuliani, de renome internacional, no qual era um sócio sênior e membro do comitê executivo. Em 1975, foi eleito membro do American College of Trial Lawyers, honra concedida a apenas um por cento dos advogados criminalistas. Além disso, Jaworski dirigiu um empreendimento de sucesso na criação de cavalos, a Circle J Enterprises, e ajudou a fundar vários outros negócios, incluindo uma empresa de seguros de vida e uma refinaria de petróleo.

Em 1980, Jaworski fundou o Fórum Americano de Liderança, uma organização não governamental dedicada a fortalecer a liderança civil colaborativa nos Estados Unidos. Dez anos mais tarde, juntou-se ao Grupo Royal Dutch Shell, em Londres, para liderar um renomado time de especialistas em planejamento de cenários. Sob sua liderança, a equipe da Shell fez uma mudança fundamental na forma como a companhia construía e usava cenários como uma ferramenta para a composição de estratégias. Jaworski estimulou a empresa a usar cenários não somente para se adaptar aos distintos e possíveis futuros, mas para *gerar* – participar do surgimento de – futuros melhores.

Jaworski retornou aos Estados Unidos como colaborador sênior e membro do Conselho de Diretores do Centro de Aprendizagem Organizacional no Instituto de Tecnologia de Massachusetts (MIT) e posteriormente foi cofundador da Society for Organizational Learning (SoL). É coautor do livro *Presença: propósito humano e o campo do futuro*, que explora o desenvolvimento colaborativo de uma nova teoria sobre mudanças e inovações profundas. O livro mais recente de Joseph Jaworski, *A Fonte: uma jornada à criação do conhecimento, à essência da liderança eficaz*, foi publicado em 2012.

O filho mais velho de Jaworski, Joe, é o prefeito de Galveston e trabalha como advogado na região da costa do Golfo, no Texas. Seus filhos mais novos, Leon e Shannon, moram respectivamente em Minnesota e na Califórnia. Jaworski reside atualmente nas Green Mountains, em Stowe, Vermont.

Sobre a Generon International

A Generon é uma empresa internacional de consultoria especializada em quatro áreas distintas de atuação:

- Processos decisórios avançados e formação de estratégia.
- Inovação.
- Melhoria do desempenho humano e da excelência operacional.
- Renovação institucional essencial.

Nosso foco é desenvolver e apoiar "Organizações Estágio IV", lideradas por "Líderes Estágio IV", que são aqueles que demonstram uma capacidade de atuação e desempenho extraordinários. No cerne dessa qualidade de desempenho está a capacidade de acessar conhecimento tácito, que pode ser usado no processo de pensamento voltado para avanços significativos, composição de estratégia e inovação, incluindo a visualização e a criação das instituições ou sociedades que almejamos.

Generon International
(802) 253-3080
www.generoninternational.com

Índice remissivo

A

B

C

F

G

H

I

K

L

M

N

O

P

Q

R

S

T

U

V

W

Z

Este livro foi composto com as fontes Meta Plus Normal e GoudyOlSt,
impresso em papel offset 90 g/m² no miolo e cartão supremo 250 g/m² na capa,
nas oficinas da Rettec Artes Gráficas e Editora Ltda, em Dezembro de 2014.